Dialogmarketing Perspektiven 2012/2013

Deutscher Dialogmarketing Verband e.V.
(Hrsg.)

Dialogmarketing Perspektiven 2012/2013

Tagungsband 7. wissenschaftlicher interdisziplinärer Kongress für Dialogmarketing

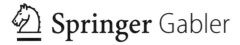

Herausgeber
Deutscher Dialogmarketing Verband e.V.
Wiesbaden, Deutschland

ISBN 978-3-658-02038-5   ISBN 978-3-658-02039-2 (eBook)
DOI 10.1007/978-3-658-02039-2

Die Deutsche Nationalbibliothek verzeichnet diese Publikation in der Deutschen Nationalbibliografie; detaillierte bibliografische Daten sind im Internet über http://dnb.d-nb.de abrufbar.

Springer Gabler
© Springer Fachmedien Wiesbaden 2013
Das Werk einschließlich aller seiner Teile ist urheberrechtlich geschützt. Jede Verwertung, die nicht ausdrücklich vom Urheberrechtsgesetz zugelassen ist, bedarf der vorherigen Zustimmung des Verlags. Das gilt insbesondere für Vervielfältigungen, Bearbeitungen, Übersetzungen, Mikroverfilmungen und die Einspeicherung und Verarbeitung in elektronischen Systemen.

Die Wiedergabe von Gebrauchsnamen, Handelsnamen, Warenbezeichnungen usw. in diesem Werk berechtigt auch ohne besondere Kennzeichnung nicht zu der Annahme, dass solche Namen im Sinne der Warenzeichen- und Markenschutz-Gesetzgebung als frei zu betrachten wären und daher von jedermann benutzt werden dürften.

Redaktion: Bettina Höfner

Gedruckt auf säurefreiem und chlorfrei gebleichtem Papier

Springer Gabler ist eine Marke von Springer DE. Springer DE ist Teil der Fachverlagsgruppe Springer Science+Business Media.
www.springer-gabler.de

Editorial

Die Zukunft des Dialogmarketings

Der Titel eines Beitrags des vorliegenden Tagungsbandes beschreibt perfekt, was der Deutsche Dialogmarketing Verband (DDV) mit seinem Engagement in Wissenschaft und Forschung erreichen möchte: Die Zukunft des Dialogmarketings. Als traditionell innovationsgetriebene Branche ist das Dialogmarketing in hohem Maße darauf angewiesen, neue Methoden und Technologien zu erschließen, um damit auch zukünftig wettbewerbsfähig zu sein. Der DDV versteht es als Auftrag und Ziel, für die Dialogmarketingbranche den Rahmen für die wissenschaftliche Auseinandersetzung bereitzustellen und zu organisieren.

Der DDV veranstaltet deshalb bereits seit dem Jahr 2006 den wissenschaftlichen interdisziplinären Kongress für Dialogmarketing, dessen diesjährige Vorträge die Basis dieses Sammelbandes bilden. Die Konferenz bietet mit der Präsentation von Forschungsergebnissen eine einzigartige Plattform für den Erfahrungsaustausch zwischen Wissenschaft und Praxis. Sie regt die Diskussion in der akademischen Welt – auch über die Disziplinen hinweg – an und trägt die Ergebnisse von den teilnehmenden Hochschullehrern in die Praxis weiter.

Bereits zum siebten Mal fand am 25. September 2012 unser Kongress statt, diesmal an der Hochschule der Medien in Stuttgart. Unter der professionellen und abwechslungsreichen Tagungsleitung von Dr. Heinz Dallmer diskutierten Teilnehmer und Referenten einen Tag lang engagiert und lebhaft aktuelle Forschungsprojekte und -thesen. Wie seit Jahren Usus, kamen die Referenten aus ganz verschiedenen Fachbereichen und hatten unterschiedlichste Themen. Diese Vielfalt spiegelt die vielen Facetten des Dialogmarketings wider: So bestimmen technische Möglichkeiten und rechtliche Vorgaben das Dialogmarketing ebenso wie betriebswirtschaftliche oder kommunikative Überlegungen. Das Gros der Vorträge der Tagung findet sich vereint in diesem Band, der über die Veranstaltung hinaus die Diskussion anregen und den Wissenstransfer fördern will. Wie bereits gute Tradition, wurden die Vorträge des Kongresses ergänzt um weitere aktuelle Fachbeiträge.

Feierlicher Höhepunkt des Kongresses war wieder die Preisverleihung des Alfred Gerardi Gedächtnispreises, der 2012 an vier Nachwuchskräfte in den

Kategorien „Beste Dissertation", „Beste Master-/Diplomarbeit", „Beste Bachlorthesis" und „Beste Abschlussarbeit Akademie" ging. Erstmals stellten die vier Preisträger in kurzen Vorträgen die Themen ihrer zu Recht ausgezeichneten Arbeiten vor – eine inhaltliche Bereicherung der Veranstaltung, die deutlich machte, dass Urkunden und Geldpreise zu Recht an diese vier Nachwuchskräfte vergeben wurden!

Viele Personen, Institutionen und Unternehmen haben mit ihrem Engagement die Realisierung des Kongresses sowie des vorliegenden Tagungsbandes möglich gemacht. Ich möchte deshalb ganz herzlich danken: Den Referenten und Autoren für die inhaltlichen Beiträge zu Kongress und Sammelband. Dr. Heinz Dallmer für die engagierte Tagungsleitung und den fachlichen Input zur Gestaltung des Kongresses. Den Teilnehmern des Alfred Gerardi Gedächtnispreises sowie der Jury, die zahlreiche Arbeiten bewertet hat, um die Besten zu ermitteln, sowie der Schirmherrin des Awards, Victoria Gerardi-Schmid, die sich seit Anbeginn für den Wettbewerb einsetzt und alljährlich persönlich die Ehrungen überreicht. Last but not least möchte ich den Partnern und Sponsoren danken, die den Kongress, den vorliegenden Tagungsband und den Alfred Gerardi Gedächtnispreis mit finanzieller Unterstützung oder Sachleistungen ermöglichen: buw Holding GmbH, Dorner Print Concept GmbH, Jahns and Friends Agentur für Dialogmarketing und Werbung AG, Printus GmbH, serviceplan one GmbH & Co. KG., Schober Information Group Deutschland GmbH, Siegfried Vögele Institut GmbH, Tembit Software GmbH. Verbandspartner waren der BVDW Bundesverband Digitale Wirtschaft, bwcon baden württemberg connected, der Dialog Marketing Verband Österreich sowie der Schweizer Dialogmarketing Verband. Als Medienpartner engagierten sich acquisa, Fischers Archiv, marketingBÖRSE und OnetoOne.

Ich wünsche Ihnen eine anregende Lektüre der vorliegenden Publikation und lade Sie bereits heute herzlich zum 8. wissenschaftlichen interdisziplinären Kongress ein, der im Herbst 2013 stattfinden wird. Wir würden uns freuen, Sie dort begrüßen zu können!

Martin Nitsche
DDV-Vizepräsident Bildung und Forschung

Kontakt

Martin Nitsche
Vizepräsident
Deutscher Dialogmarketing Verband e.V.
Hasengartenstraße 14
65189 Wiesbaden
E-Mail: info@ddv.de

Inhalt

Editorial 5

Digital Dialog Insights 2012 11
Prof. Harald Eichsteller / Dr. Jürgen Seitz

Die Zukunft des Dialogmarketings! –
Träumen Androiden von elektrischen Schafen? 37
*Rebecca Bulander / Johannes Britsch / Bernhard Kölmel /
Johanna Wüstemann*

Digitale Revolution – Auswirkungen auf das Marketing 63
Ralf T. Kreutzer

Dialogmarketing-Excellence:
Erfolgsfaktoren der direkten Kundenansprache 89
Andreas Mann / Andrea Liese

Der Aufbau von Erlebniswelten im Marketing 115
Heinrich Holland / Andreas Hofem

Erfolgreicher Einsatz von Online-Gewinnspielen im Dialogmarketing 135
Michaela Rauch / Matthias Schulten / Gotthard Pietsch

Social Commerce – Der Einfluss interaktiver Online-Medien
auf das Kaufverhalten der Kunden 149
Alexander Rossmann / Ralph Sonntag

Crowdsourcing-Kampagnen – Teilnahmemotivation von Konsumenten 179
Heinrich Holland / Patrizia Hoffmann

Spenderrückgewinnung: Segmentierung und Ansprache
inaktiver Geldspender 211
Moritz Parwoll / Andreas Mann

Sprache in interaktiver Kundenkommunikation 233
Sandra Hake / Andreas Pasing-Husemann

Dialogorientierung im Marketing für Städte und Regionen 261
Prof. Dr. Marion Halfmann

Alfred Gerardi Gedächtnispreis 275

Dank an die Sponsoren 279

Digital Dialog Insights 2012

Prof. Harald Eichsteller / Dr. Jürgen Seitz

Inhalt

1	Einführung	13
1.1	Vorwort	13
1.2	Studiendesign	14
1.3	Highlights	15
2	Digitale Dialoginstrumente	16
2.1	Lead Generierung	17
2.1.1	Status Quo	17
2.1.2	Perspektiven	17
2.1.3	Trends	17
2.1.4	Leadgenerierung ‚Classic'	18
2.1.5	Experteninterview Dr. Peter Figge, Jung von Matt, Chief Executive Officer	18
2.1.6	Leadgenerierung über Social Media	19
2.1.7	Experteninterview Jürgen Sievers, Kiteworldwide, Head of Marketing & Product Management	19
2.2	Sicherheit	20
2.3	E-Mail-Marketing	21
2.3.1	Status Quo	22
2.3.2	Perspektiven	22
2.3.3	Optimierungs-Potenziale von E-Mail-Marketing-Features	22
2.3.4	Investitionstrends	24
2.3.5	Special Bewegtbild	24
2.4	Weitere Digitale Dialoginstrumente	25
2.4.1	Suchmaschinenmarketing	25
2.4.2	Mobile	26
2.4.3	Affiliate	26
3	Konversionsoptimierung	26
3.1	Targeting	26

3.1.1	Status Quo	27
3.1.2	Trends	28
3.1.3	Perspektiven	28
3.1.4	Wirkungsverstärkung von Targeting-Arten	28
3.2	Customer Analytics, Customer Journey Optimierung und Personas	30
3.2.1	Customer Analytics	30
3.2.2	Customer Journey Optimierung	30
3.2.3	Personas	30
4	Trendeinschätzungen	31
4.1	Kampagnenkonzeption	31
4.1.1	Crossmediale 360°-Integration	31
4.1.2	Social – Local – Mobile	31
4.1.3	Digitale Distribution von Flyern und Prospekten	32
4.2	Ressourcen	32
4.3	Marketing-Controlling	33

Literatur 34
Die Autoren 35
Kontakt 35

Management Summary

> Die 120 Experten, die an der Studie Digital Dialog Insights im Sommer 2012 teilgenommen haben, sind überzeugt, dass der Kunde in Zukunft noch stärker in den Mittelpunkt rücken wird und die Bedeutung von Kundenanalysetools und Targetinglösungen steigen wird. Der Einsatz von Bewegtbild, so die mehrheitliche Meinung, sei für Unternehmen sinnvoll und würde sich auszahlen. Knapp 70 Prozent der Befragten sind zudem überzeugt, dass die Verbesserung des allgemeinen Sicherheitsgefühls bei Kunden in den kommenden Jahren eine zentrale Rolle spielen muss. Daneben bedeutet für die absolute Mehrheit der Marketeers die Integration crossmedialer Inhalte den Schlüssel zum Erfolg bei der Konzeption von Kampagnen.

1 Einführung

1.1 Vorwort

Online-Markt
Der deutsche Online-Werbemarkt erreichte 2012 ein neues Rekordniveau. Die Erhebung der Bruttowerbeinvestitionen durch den Online-Vermarkterkreis (OVK) im Bundesverband Digitale Wirtschaft (BVDW) e.V. ging im September 2012 von 6,44 Mrd. Euro aus. Aufgrund der ungebrochenen Investitionsbereitschaft seitens der werbungtreibenden Industrie wäre damit die im Frühjahr 2012 getroffene Wachstumsprognose um einen weiteren Prozentpunkt auf insgesamt 12 Prozent angestiegen.

Werbekuchen
Mit einem Anteil von rund 22 % des Bruttowerbekuchens festigt das Internet seine Position als zweitstärkstes Werbemedium im Media-Mix. Online verringert somit den Abstand zur Mediengattung TV und setzt sich gleichzeitig von Zeitungen und Publikumszeitschriften weiter ab. Im Dialog Marketing Monitor 2012 wurde festgestellt, dass die Unternehmen 700 Mio. Euro mehr als im Vorjahr in die Dialogmarketing-Medien investiert haben; einerseits betrifft dies voll-, teil- und unadressierte Werbesendungen sowie aktives und passives Telefonmarketing, andererseits E-Mail-Marketing, Aufbau und Pflege der eigenen Website sowie externes Onlinemarketing wie Display- oder Videowerbung, Suchmaschinenmarketing, Affiliatemarketing, Social-Media-Marketing, sowie Mobile Display Advertising. Damit wächst der Dialogmarketing-Anteil am Werbekuchen um zwei Prozentpunkte und liegt nun mit 37 % gleichauf mit den Klassikmedien.

Motivation
Die digitalen Anteile sowie die crossmediale Verknüpfung in erfolgreichen Dialogmarketing-Strategien sind die innovativsten Felder unserer Branche und stehen deshalb im Fokus unserer Studie. So haben wir eine Diskussion mit Experten aus allen Branchen begonnen und die spannendsten Themen rund um Leadgenerierung, E-Mail-Marketing, Targeting u.v.m. beleuchtet sowie die Experteneinschätzung zu den Potenzialen verschiedener Konversionsoptimierungsansätze eruiert. Flankiert werden die Ergebnisse der Onlinebefragung mit jeweils einem Experteninterview zu Leadgenerierung ‚Classic' und über Social Media. Trends zur Kampagnenkonzeption, zu Ressourcen und zum Marketing Controlling schließen die Studie ab.

1.2 Studiendesign

Die Studie Digital Dialog Insights 2012 basiert auf der Auswertung eines Online-Fragebogens, den 120 Onlineexperten aus den Bereichen Produktion, Handel und Dienstleistung in der Zeit vom 23. Juli bis 7. August vollständig ausgefüllt haben. Die Teilnehmer rekrutieren sich aus dem Experten-Netzwerk der Hochschule der Medien (HdM) Stuttgart, sowie aus der werbetreibenden Wirtschaft, die digitales Dialogmarketing u. a. auf Plattformen der United Internet Dialog GmbH betreiben.

Neben den Branchensegmenten wurden auch die Umsatzgrößenklassen vom Dialog Marketing Monitor der Deutschen Post übernommen, jedoch im Bereich über 25 Mio. € weiter ausdifferenziert. Die Unternehmen teilen sich auf in:

5 % < 250 Tsd. € | 13 % bis 1 Mio. € | 31 % bis 25 Mio € | 18 % bis 250 Mio. 15 % bis 2 Mrd. | 18 % > 2 Mrd. €.

Die inhaltlichen Fragen gliedern sich in die Kategorien:

A Digitale Dialoginstrumente
B Targeting/CRM/Customer Centric
C E-Mail-Marketing
D Trendeinschätzungen

Zur Verbreitung der digitalen Dialoginstrumente (Status quo) wurden die Experten danach gefragt, wie viel Prozent der Unternehmen in der jeweiligen Branche diese ihrer Meinung nach einsetzen. Um die Perspektiven für die kommenden drei Jahre zu ermitteln, wurde nach der Wahrscheinlichkeit gefragt, mit der größere Investitionen in diesen Bereichen getätigt werden (0 bis 100 %).

Als Bandbreiten für die Quantifizierung von Optimierungspotenzialen wurden folgende Optionen angeboten: bis 10 % | 10–25 % | 25–50 % | > 50 %. Experten, die mit einzelnen Instrumenten und Features keine fundierte Erfahrung vorweisen konnten, machten dies entsprechend kenntlich (k.A.).

Qualitative Aussagen zu Trends im digitalen Dialog wurden von den Experten auf einer sechsstufigen Skala bewertet (1 = stimme voll & ganz zu | 6 = stimme gar nicht zu). Die Einschätzung des Reifegrads des Marketing-Controllings erfolgte nach Schulnoten von 1 bis 6.

Die Studie kann unter www.digital-dialog-insights.de angefordert werden.

1.3 Highlights

Trends für Konversionsoptimierung

Der Kunde steht im Mittelpunkt – Die Experten sind sich einig, dass auf Basis dieser grundlegenden Erkenntnis des Marketings in den nächsten drei Jahren verstärkt in Kompetenz und Personal für die Analyse von Kundensegmenten, Präferenzen, Kaufverhalten und Klickwegen investiert wird. Mehr als 75 % der befragten 120 Experten aus Produzierendem Gewerbe, Handel und Dienstleistung sehen eine starke Zunahme der Bedeutung von Customer Analytics. Die Konversionsverstärkung von Targeting in den unterschiedlichen Ausprägungen wurde erstmals von einer breiten, unabhängigen Expertengruppe quantifiziert. Targeting auf Basis eigener CRM-Daten und Re-Targeting werden die höchsten Lift-ups bei der Erhöhung der Relevanz für die erreichten Zielgruppen zugesprochen. Der Handel hat sowohl in allen Spielarten des Targeting als auch bei den Konzepten Customer Insight, Customer Journey Optimierung sowie Zielgruppenklassifizierung über Personas die breiteste Erfahrung und die größten Erfolge bei der Konversionsoptimierung.

Video und Rich Media wirken

Bewegtbild weiter auf dem Vormarsch – Jeder dritte Experte ist der Meinung, dass der Einsatz von Bewegtbild für die Unternehmen seiner Branche sinnvoll ist und sich auszahlt. Insgesamt prognostizieren fast 60 % der Experten größere Investitionen in den Einsatz von Video-Elementen im Dialogmarketing in den nächsten drei Jahren. Das Vorliegen von wenig zuverlässigen technischen Standards ist immer noch ein Hemmnis für den durchschlagenden Erfolg; 39 % der Experten gehen davon aus, dass sich Lösungen mit Sicherheitssiegel als Standard durchsetzen werden. Die Mehrheit der Experten prognostiziert hohe Optimierungspotenziale von 25 % und mehr durch den Einsatz von Video sowie Rich-Media bei der Kampagnenwirkung. Unzweifelhaft ist das Potenzial dieser Features, Emotionen als entscheidende Komponente bei der Kaufentscheidung zu transportieren.

Sicherheit: Vertrauen als Treiber der Performance

Unternehmen müssen den wachsenden Sicherheitsbedürfnissen ihrer Kunden Rechnung tragen – Knapp 70 % der befragten Experten sind davon überzeugt, dass der Verbesserung des allgemeinen Sicherheitsgefühls der Kunden in den nächsten drei Jahren eine hohe Bedeutung zukommen wird. Insbesondere die Nachfrage nach Techniken zum Schutz der Kunden hat oberste Priorität: Die Experten erwarten verstärkten Handlungsbedarf für Lösungen zum Schutz der Kunden vor Spam und Phishing, zur Erkennung von gefälschten E-Mails sowie für Siegel zur Unterscheidung zwischen echten und gefälschten E-Mails.

Alle Kampagnen zukünftig crossmedial integriert,
Prospekte und Flyer verstärkt digital distribuiert.

360°-Kommunikation – Crossmediale Integration ist der Schlüssel zum Erfolg bei der Konzeption von Kampagnen – davon sind Dreiviertel aller Befragten überzeugt. Die befragten Experten aus dem Handel sind sogar geschlossen dieser Meinung. Dienstleister und Produzierendes Gewerbe erwarten zudem bei der Konzeption von Kampagnen, dass Prospekte und Flyer in den nächsten drei Jahren verstärkt digital distribuiert werden. Dienstleistungsunternehmen sehen im Dreiklang von Social-Local-Mobile verstärkt einen Trend, der die Kampagnenkonzeption maßgeblich beeinflusst. Wie viele andere Studien der letzten 18 Monate bestätigt auch diese Expertenumfrage, dass in den nächsten drei Jahren die ‚Classic' im Digitalbereich ihre führende Position behaupten wird.

„War for Talents" nimmt zu.

Unternehmen werben um Talente – In der Digitalbranche ist besonders deutlich zu spüren, dass sich der Markt gedreht hat: Erfolgreiche Unternehmen präsentieren sich als Arbeitgeber mit einem attraktiven Wertekern! Die Herausforderung für die nächsten drei Jahre besteht darin, Nachwuchs zu finden sowie interne Kapazitäten und Know-how auf- und auszubauen.

2 Digitale Dialoginstrumente

2.1 Lead Generierung

Digitale Dialoginstrumente haben sich im Marketingmix für die Akquise von Neukunden etabliert. Der englische Begriff Lead bedeutet Hinweis, Spur oder Anhaltspunkt und wird im Marketing als qualifizierter adressierbarer Kontakt verstanden, der meist online über die Anmeldung zu einem Newsletter, die Teilnahme an einem Gewinnspiel oder eine Neukundenregistrierung generiert wird.

Erfolgsentscheidend ist übrigens die Schnelligkeit. Response-Studien der US-amerikanischen Business Schools Kellogg und Harvard zeigen, dass Antworten innerhalb von einer Stunde beste Ergebnisse erzielen.[1]

2.1.1 Status Quo

Die Hälfte der Branchenexperten schätzt den aktuellen Einsatz von Leadgenerierung auf eigenen Seiten auf über 65 %, den auf fremden Seiten auf über 43 % der Unternehmen in ihrer Branche ein. Die verschiedenen Social-Media-Plattformen werden den Experten zufolge in 31 % der Unternehmen bereits eingesetzt.

2.1.2 Perspektiven

In den nächsten drei Jahren werden größere Investitionen in die Leadgenerierung auf der eigenen Internetseite fließen – davon sind sechs von zehn Experten überzeugt. Der Druck auf die Marketingverantwortlichen, auch die Investitionen in die eigenen Digitalplattformen mit entsprechenden Key Performance Indicators (KPI) zu hinterlegen, wächst. Doch auch hier funktioniert die erfolgreiche Leadgenerierung nur im Zusammenspiel der Medien und Kanäle in einer 360°-Integration, wo klassische Offline- und Onlinekomponenten mit gelungenen Web- und Mobile-Sites verknüpft sind.

2.1.3 Trends

Jeder zweite Experte meint: Kampagnen zur Leadgenerierung werden in den kommenden drei Jahren noch aggressiver. Ebenfalls jeder zweite Experte schätzt allerdings, dass bei der Leadgenerierung in der Kampagnenkonzeption mehr Rücksicht auf Bestandskunden genommen wird.

2.1.4 Leadgenerierung ‚Classic'

Eigene Website wird stärker zur Neukundenakquise eingesetzt – Probefahrten, Gewinnspiele, Coupons, Produktproben, Newsletter. Neben der Kundendatenbank fokussiert sich das dialogorientierte Marketing ebenso stark auf den Aufbau von Interessentendatenbanken, die auf hochfrequente (Wieder-)Käufe im

---
1   Siehe auch: Harvard Business Review 03/2011.

FMCG-Segment sowie auf die Vorbereitung des Kaufs von höherwertigen High-Involvement-Produkten zielen.

2.1.5 Experteninterview Dr. Peter Figge, Jung von Matt, Chief Executive Officer

Welche Rolle spielt die Generierung von Leads auf Online-Angeboten Dritter bei der Einführung eines neuen Modells in der Automobilbranche?

Die Online-Angebote Dritter dienen vor allem dazu, über klassische Online-Werbung Traffic auf den eigenen Websites oder Markenplattformen im Social Web der Automobilhersteller zu generieren. Dort haben die Hersteller die besten Möglichkeiten, ihre Modelle zu präsentieren, Kunden und Interessenten in ihre Markenwelten zu involvieren und Leads zu generieren.

Welche Erfahrungen haben Sie mit der Online-Leadgenerierung bei der Markteinführung der Mercedes Benz A-Klasse gemacht?

Markteinführungskampagnen beginnen heute weit vor dem eigentlichen Verkaufsstart des neuen Modells. So auch bei der neuen A-Klasse. Um frühzeitig die richtige Zielgruppe zu erreichen, hatten wir Anfang des Jahres zur Mercedes-Benz QR Trophy aufgerufen: Statt mit den üblichen Tarnmustern fuhren Monate vor der offiziellen Modelleinführung Erlkönige der neuen A-Klasse vollflächig beklebt mit QR-Codes durch Deutschland. Ob auf der Straße, im Netz oder auf Bildern in den Medien, Autointeressenten konnten die Codes scannen und eine Reise zur Weltpremiere der A-Klasse in Genf gewinnen. Damit haben wir von Anfang an Interesse und Begeisterung in der jüngeren, technik-affinen Zielgruppe geweckt und gleichzeitig Leads für den Interessenten-Dialog generiert.

Wie schätzen Sie generell die Bedeutung der Onlineleadgenerierung in der Automobilbranche ein?

Es gibt zwei Gründe, warum Online-Leadgenerierung unverzichtbar ist: Marketer können nur dort Leads generieren, wo sich die Zielgruppe aufhält, und dies sind digitale Medien jeglicher Art. Sie sind selbstverständlicher Bestandteil des Lebensstils und die Differenzierung in Online und Offline eigentlich obsolet. Der zweite Aspekt: Erst die Digitalisierung hat einen wirtschaftlichen, weitgehend automatisierten Interessenten- und Kundendialog möglich gemacht. Es ist schon aus Kostengründen sinnvoll, Interessenten- und Kundendaten ohne Medienbruch digital zu akquirieren.

2.1.6 Leadgenerierung über Social Media

Branding wird immer wichtiger – Nur wenige Marken haben das Potenzial, dass sich die Menschen mit ihnen ständig und intensiv auseinandersetzen möchten und die Produkte und Dienstleistungen zu ihren Lieblingen küren. Markenkommunikation muss heute glaubhaft und authentisch sein. Dieser Trend betrifft auch alle anderen Kommunikationsdisziplinen, wie Presse, PR, Testimonials, Bildsprache, Wording und natürlich Social Media. Hier musste manches Unternehmen durch sein eher konservatives Kommunikationsverständnis und eine entsprechende Organisation einige negative Erfahrungen machen. Junge Unternehmen mit emotionalen Produkten tun sich naturgemäß hierbei leichter und erreichen erstaunliche Resonanz.

2.1.7 Experteninterview Jürgen Sievers, Kiteworldwide, Head of Marketing & Product Management

Die Facebook-Sites von Kiteworldwide haben mit 80.000 Fans mehr als die meisten etablierten Reiseveranstalter. Was sind die Erfolgsfaktoren?

Klingt trivial – aber ganz klar: Authentisch kommunizieren, zielgruppengerecht, keine direkte Werbung, nicht nur über eigene Produkte sprechen, sondern ‚kuratieren'. Außerdem funktioniert Facebook nicht, ohne Geld auszugeben. Die Facebook-Anzeigen zur Fangenerierung, zur Interaktionssteigerung und Sponsored Posts, die auf unsere Fan-Sites verlinken sowie Displays zur Leadgenerierung über unsere Website funktionieren in unserer Zielgruppe mit einem aktiven Lifestyle wirklich gut.

Wer ist alles in die Pflege der Facebook-Sites involviert?

Content bekomme ich von allen Mitarbeitern und Partnern weltweit zugespielt. Die Pflege in dem für uns zentralen Kommunikationskanal mache ich seit drei Jahren zu 80 % selbst. By the way: Try & Error ist nie vorbei, es gibt immer wieder Überraschungen, was funktioniert und was nicht. Beispielsweise erhielten wir auf eine Facebook-Stellenanzeige für eine Küchenhilfe in Brasilien 50 Top-Bewerbungen.

Welche klassischen digitalen und welche Offline-Medien und Kanäle nutzt Kiteworldwide außerdem?

Offline lediglich Aktionen bei Events wie beim Kite World Cup in St. Peter Ording. Online E-Mail-Newsletter, Display auf Spezialseiten und ganz neu YouTube-Anzeigen.

Kann man schon etwas zu Konversionsquoten sagen?

Bei YouTube ist es noch zu früh für valide Aussagen. AdWords performen bei 3 % Conversion Rate und Facebook liegt überraschenderweise nur etwa 20 % darunter.

2.2 Sicherheit

Sicherheitsgefühl verbessern

Die Datenschutzdiskussion verunsichert die Nutzer – 70 % der Deutschen haben laut einer GfK Studie schon einmal von einem Onlinekauf abgesehen, weil das Vertrauen fehlte. Man kann dies aber auch positiv als Zeichen von Onlinekompetenz der Shopper bei der Sicherheitseinschätzung im E-Commerce werten.

Bei E-Mails ist das für den Online-User wesentlich schwieriger, weil der Schaden ja schon durch einen falschen Klick entstehen kann, bevor man erkennt, dass etwas nicht stimmt. Innovative Lösungsansätze werden von den Experten der verschiedenen Branchen unterschiedlich beurteilt. Der Handel sieht im Bereich technischer Lösungen zur Erkennung gefälschter E-Mails sowie bei Siegeln zur Unterscheidung gefälschter E-Mails weniger Handlungsbedarf in den nächsten drei Jahren als Dienstleister und Produzierendes Gewerbe.

Offensichtlich wird die Arbeit der Verbände, die sich mit Kommunikation und Digitaler Wirtschaft beschäftigen (IAB, BVDW, DDV) bzgl. der Schaffung von Qualitätsstandards als ausreichend beurteilt, sodass nur wenige Experten hier Handlungsbedarf innerhalb der Branchen sehen.

Fazit: Zwei von drei Experten sehen es als wichtigste Aufgabe der Unternehmen ihrer Branche, in Vertrauen zu investieren und das allgemeine Sicherheitsgefühl ihrer Kunden zu verbessern.

2.3 E-Mail-Marketing

Online-Marketing bringt täglich neue Interessenten auf die Websites von Unternehmen. Gelingt es, diese davon zu überzeugen, ihre E-Mail-Adresse zu hinterlassen, ist einer der effizientesten Wege eröffnet, regelmäßig maßgeschneiderte Informationen zu übermitteln. Zentrales Qualitätsmerkmal eines E-Mail-Newsletters ist, ob er gelesen wird und die Stammleser empfinden, dass sie auf diese wertvollen Informationen nicht verzichten können.[2]

Innovative Features von E-Mail-Marketing wirken.

Rich Media, Video, Deals, Social-Media-Buttons in E-Mails – Die Textversion der E-Mail hat ausgedient. Datenbankbasierte Personalisierung ermöglicht es seit mittlerweile über zehn Jahren, dass nicht nur die Anrede, sondern auch Produktauswahl und Reihenfolge der Inhalte einer E-Mail maßgeschneidert sind und so höhere Konversionsraten erzielt werden. Die neuen Features bringen Emotionalisierung[3] oder zusätzliche Services und bieten konsequent einen nächsten Schritt an, den der Empfänger gehen kann.

Attraktive Komponenten überzeugen Empfänger, doch am wichtigsten ist erst einmal, dass die E-Mail ankommt. E-Mail-Provider versuchen, ihre Nutzer durch Spamfilter vor unerwünschten und schädlichen Werbemails zu schützen. Je schärfer diese Filter eingestellt sind, desto mehr unseriöse und erwünschte E-Mails werden nicht zugestellt. Dafür ist die Einführung von Standards wichtig, wie es beispielsweise vom ECO Verband und dem Deutschen Dialogmarketing Verband (DDV) initiiert wurde. Wichtig ist außerdem, dass die E-Mails in den beliebtesten E-Mail-Programmen und auf verschiedenen Geräten perfekt dargestellt werden. Customizing verstärkt die Wirkung ebenfalls: Nicht nur die personalisierte Anrede, sondern die dynamische Zulieferung von individualisierten, auf das Profil abgestimmten Komponenten gehören heute dazu.

2.3.1 Status Quo

Die Hälfte der Branchenexperten schätzt, dass knapp 80 % der Unternehmen ihrer Branche E-Mail-Marketing an eigene Kunden betreiben und E-Mails an vermarktete Listen aus ca. 40 % der Unternehmen heraus verschickt werden.

Response-Elemente werden den Experten nach in 50 % der Unternehmen eingesetzt, was im Umkehrschluss bedeutet, dass eine beachtliche Zahl von Newslettern versendet wird, die Einbahnstraßen-Kommunikation betreiben, ohne einen sogenannten Call-for-Action anzubieten.

---

2 Siehe auch: Torsten Schwarz, Leitfaden Onlinemarketing.
3 Siehe auch: Harald Eichsteller, Andreas Schwend: Emotionalisierung im E-Commerce.

2.3.2 Perspektiven

Die Experten gehen allerdings davon aus, dass dieses Manko erkannt ist und in den nächsten drei Jahren größere Investitionen in Online-Marketing mit Response-Elementen fließen werden. Davon ist mehr als die Hälfte der Experten überzeugt, im Produzierenden Gewerbe und im Handel sind es sogar deutlich mehr.

Die Hälfte der Branchenexperten schätzt, dass die personalisierte Ansprache in E-Mail-Newslettern durchschnittlich in zwei von drei Unternehmen realisiert ist. Die Integration von Rich-Media- und Social-Media-Elementen (bspw. in Form eines Like-Buttons, der auf Facebook verlinkt) erreichen Verbreitungswerte von 50 % oder weniger. Der Median der Experteneinschätzungen für Deals und Zugaben liegt lediglich im Handel bei ca. 50 % der Unternehmen. Im Produzierenden Gewerbe und bei Dienstleistern liegt der Wert eher bei einem Drittel oder darunter. Ebenso konnten sich Call-Back-Buttons als Service Feature gerade einmal bei einem von drei Unternehmen durchsetzen.

Dazu passt, dass das E-Mail-Marketing an eigene Kunden nach Einschätzung der Experten in den nächsten drei Jahren verstärkt und, wie bereits erwähnt, intensiv zur Leadgenerierung eingesetzt wird. In E-Mails an vermarktete Listen wird nach Expertenmeinung nur noch im Handel signifikant investiert; im Produzierenden Gewerbe und bei Dienstleistern hat sich offensichtlich durchgesetzt, eigene Adressbestände aufzubauen und zu pflegen.

2.3.3 Optimierungs-Potenziale von E-Mail-Marketing-Features

Bei den meisten Features innovativer E-Mails schätzen die unabhängigen Experten die Wirkungsverstärkung als hoch und sehr hoch ein. Die meisten Elemente erreichen bei über der Hälfte der Experten eine Taxierung von 25 % und mehr, oftmals mehr als 50 %. Das bedeutet, dass sich die Investition in diese Bereiche zumindest in dem Maße lohnt, in dem sich das Optimierungspotenzial durch die Verstärkung der Wirkung der Kampagne erhöht.

Als Bandbreiten für die Quantifizierung der Optimierungspotenziale wurden den Experten grobe Wirkungskategorien angeboten. Bei zu wenig fundierter Erfahrung mit einzelnen Instrumenten und Features wurde dies entsprechend durch die Angabe k. A. kenntlich gemacht.

Folgende Features wurden zur Einschätzung des Optimierungspotenzials der Wirkung einer Kampagne durch deren Einsatz zur Auswahl gestellt:

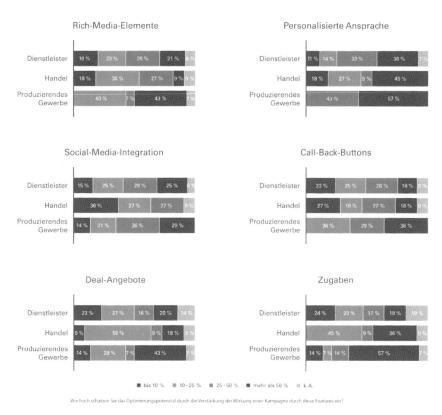

Abbildung 1: Optimierungs-Potenziale von E-Mail-Marketing-Features

2.3.4 Investitionstrends

Die Experten gehen davon aus, dass im Produzierenden Gewerbe verstärkt in den Aufbau von E-Mail-Marketing mit personalisierter Ansprache investiert wird. Hier besteht in vielen Fällen ein gewisser Nachholbedarf, was sich mit Erkenntnissen aus der B2B-Studie der Hochschule der Medien von 2011 deckt.

Die Integration von Rich-Media-Elementen und Social-Media steht bei jedem zweiten Experten auf der Topliste der Investitionen für die nächsten drei Jahre. Die Einschätzung bzgl. der Incentivierung mit Deals und Zugaben sowie des Serviceangebots eines Call-Back-Buttons ist uneinheitlich unter den Experten.

2.3.5 Special Bewegtbild

Heute werden von über 90 % der User grafisch gestaltete HTML-Mails bevorzugt. Die technische Einbindung von Bildern ist einfach, bei Videos gibt es unterschiedliche Techniken:

- *Statisches Bild:* Standbild eines Videoframes mit einem Play-Symbol, das beim Klick das Video in einem separaten Browserfenster öffnet.
- *GIF-Animation:* Konvertierung des Videos mit reduzierter Frame-Anzahl. Es ist zu empfehlen, nach den ersten Sekunden mit dem Video in höherer Qualität zu verlinken.
- *Referenzierte Videodatei:* Einbindung mit ‚HTML-Schnipsel' (bspw. für YouTube-Videos). Die Videodatei bleibt weiterhin auf dem entsprechenden Server liegen.
- *Eingebettete Videos:* Diese werden mit der E-Mail gemeinsam versendet.

Nach der Entwicklung hin zum stärksten Werbeformat in der Onlinewerbung ist Bewegtbild jetzt auch im Dialogmarketing unbestritten auf dem Vormarsch. Wegbereiter für diese Entwicklung sind vor allem technologische Neuerungen, die es ermöglichen, über E-Mail-Programme Bewegtbildinhalte direkt anzuzeigen oder über Zertifizierungsprogramme bestimmter Internet Service Provider Videos zu streamen. Video-Content kann direkt in die E-Mail integriert und im Postfach qualitativ hochwertig abgespielt werden.

Video-Elemente überführen damit die bislang über Bild-/Textelemente bestehende E-Mail in eine ‚Hochglanz-Mail' und eröffnen neue kreative Freiräume. Der Online-Dialogkanal kann vom Versender für eine multimediale, emotionale Kundenansprache genutzt werden und in der E-Mail-Kommunikation ein neues Markenerlebnis schaffen.

Die Hälfte der befragten Branchenexperten schätzt, dass aktuell 60 % der Unternehmen in ihrer Branche Video-Elemente einsetzen. Die Mehrheit der Experten bescheinigt dem Video-Content hohe Optimierungspotenziale bei der Kampagnenwirkung: Die Mehrheit der Experten bescheinigt dem Video-Content hohe Optimierungspotenziale bei der Kampagnenwirkung von über 25 %.

Die befragten Experten sind der Meinung, dass durch Video-Content die Potenziale des Online-Dialogkanals auch für Markenaufbau nutzbar sind und sich eine Investition lohnt: 56 % bestätigen authentischer Video-Kommunikation, dass sie in die Marke einzahlt. 33 % der Experten gehen davon aus, dass durch den Einsatz von Videos höhere Konversionsraten erzielt werden können. Ein Drittel der

Branchenexperten ist überzeugt, dass der Einsatz von Bewegtbild in der E-Mail-Kommunikation insgesamt sinnvoll ist.

Allerdings gibt es Sicherheitsbedenken bei den Nutzern, d. h. der Schutz vor Spam- und Phishing-Mails ist wichtig: 34 % der Befragten sehen ein Misstrauen bei Kunden gegenüber Video-Links in E-Mails. Vier von zehn Experten prognostizieren, dass bei Video-Mails Lösungen mit Sicherheitssiegeln in den nächsten drei Jahren zum Standard werden.

58 % der befragten Experten prognostizieren größere Investitionen in den Einsatz von Video-Elementen in den nächsten 3 Jahren.

2.4 Weitere Digitale Dialoginstrumente

Eine wichtige Rolle spielen die folgenden weiteren Dialoginstrumente im Marketing-Mix. Während Suchmaschinenmarketing einen beträchtlichen Teil des digitalen Werbekuchens für sich erobern konnte, ist Affiliate Marketing immer noch nicht bis in alle Branchen und Unternehmen vorgedrungen. Mobile Marketing wird von machen Experten gar als zentraler Ausgangspunkt für die Kampagnenkonzepte der Zukunft betrachtet.

2.4.1 Suchmaschinenmarketing

Mit 65 % erzielt Suchmaschinenmarketing (SEM) erwartungsgemäß ein hohes Ergebnis bei digitalen Dialogmarketing-Instrumenten. Die Leadgenerierung auf der eigenen Website wird neben klassischer Displaywerbung und digitalem Empfehlungsmarketing in den meisten Fällen synchron mit passenden Suchworten unterstützt. Die Investitionen für die nächsten drei Jahre werden von den Experten als hoch eingeschätzt.

2.4.2 Mobile

Mobile Marketing gewinnt an Bedeutung: Mehr als jeder Zweite ist davon überzeugt, dass in den nächsten drei Jahren größere Investitionen in Mobile Marketing fließen werden. Werte von über 50 % spiegeln die Überzeugung der Experten wider, dass zukünftige Kampagnenkonzepte die Möglichkeiten der allzeit verfügbaren Touchscreen-Handys kreativ angehen und ausschöpfen werden.

2.4.3 Affiliate

Affiliatekonzepte sind im Produzierenden Gewerbe und bei Dienstleistern noch nicht angekommen – die geringe Durchdringung liegt nach Einschätzung der Experten bei Werten unter 35 %. Die Wahrscheinlichkeit für höhere Investitionen in den kommenden drei Jahren schätzen Experten auf durchschnittlich 30 %. Scheinbar fällt es Händlern leichter, eine Provision für die erfolgreiche Vermittlung von Leads und Bestellungen einzuräumen.

3 Konversionsoptimierung

3.1 Targeting

Ohne Umwege über Werbeumfelder zur Zielgruppe

Die Reduzierung von Streuverlusten ist seit jeher Brot-und-Butter-Geschäft für alle Mediaplaner in allen Medien – Targeting-Methoden eröffnen Möglichkeiten, Werbung auch auf nicht-affinen Webseiten zielgruppengerichtet zu schalten. Damit kann Onlinewerbung im Vergleich zu den traditionellen Medien einen eigenen Weg beschreiten. Der Werbetreibende ist nicht mehr gezwungen, den Weg zum Konsumenten über den Umweg des (Werbe-)Umfelds zu gehen.

Im Zentrum von Targeting-Technologien steht die „Pseudonymisierung" des Users. Bspw. werden im Browser-Cookie abgelegte Daten verwendet, um den Onlinenutzer einer „Ähnlichkeitsklasse" zuzuordnen. Predictive Targeting benutzt komplexe Prognosetechnologien und Modelle mit über 1.000 Variablen, um viele verschiedene Nutzertypen zu kreieren. Targeting auf Basis eigener CRM-Daten oder mit Daten Dritter basiert auf der gleichen Funktionsweise.

Der Arbeitskreis Targeting im BVDW unterscheidet folgende Targetingarten:

- *Technische Parameter*
  Bandbreite, Browser, Betriebssystem, Plug-Ins, Geografie, Regionen, Zeitfenster, Frequency Capping
- *Sprache*
  nach Keywords, kontextuell, semantisch
- *Verhalten*
  Behavioral Targeting, Re-Targeting, Predictive Targeting, Predictive Behavioral Targeting
- *Soziodemografie*
  explizit vom Nutzer freigegebenes Profil (userdeclared)

Targeting arbeitet datenschutzkonform immer mit der Pseudonymisierung. Es findet keine Einzelnutzer- oder IP-Adressierung statt. Auch beispielsweise beim Re-Targeting wird nur auf Produkt-IDs zurückgegriffen. Beim Surfen außerhalb des Onlineshops, in dem dieses Produkt angeklickt wurde, kann dieses dann in Displayformaten angezeigt werden.

Der Deutsche Datenschutzrat Online-Werbung (DDOW) hat es sich zur Aufgabe gemacht, als Selbstregulierungsinitiative für nutzungsbasierte Online-Werbung (Online Behavioral Advertising, kurz OBA) Transparenz und Selbstbestimmung für Verbraucher zu stärken. Diese nationale Institution ist Teil einer europaweiten Initiative und steht für einen umfassenden, europäisch harmonisierten Marktstandard. Angesiedelt unter dem Dach des Zentralverbands der deutschen Werbewirtschaft wird der DDOW von den relevanten Verbänden, wie dem Bundesverband Digitale Wirtschaft (BVDW) getragen. Herzstück dieser Selbstregulierung ist ein Icon, das anzeigt, dass OBA verwendet wird und so dem Nutzer ermöglicht, sich darüber zu informieren.[4]

3.1.1 Status Quo

Die Hälfte der Branchenexperten schätzt, dass der aktuelle Einsatz von Targeting in allen Ausprägungsarten selten höher als 50 % in den Unternehmen ihrer Branche liegt. Lediglich das Targeting auf Basis eigener CRM-Daten kommt im Produzierenden Gewerbe und im Handel auf höhere Werte. Bei dieser Targeting-Art werden bei einer Zielgruppenselektion aus der Kundendatenbank Merkmale extrahiert, die mit denjenigen Merkmalen ge-„matcht" werden, die eine Pseudonymklasse bilden und die in Targeting-Angeboten von Portalen buchbar sind. Die zweithöchste Verbreitung kann für Demographic Targeting verzeichnet werden, bei der ein Nutzer eines Onlineangebots Daten bspw. zu seinem Geschlecht, Alter, Familienstand, Haushaltsgröße, Bildung, Berufsabschluss, Beruf, Haushaltsnettoeinkommen, Wohngebiet oder Ortsgröße freigegeben hat.

3.1.2 Trends

Über die Hälfte der Experten sieht die Zukunftsperspektive bei der Kampagnenkonzeption in der Einbindung von Social-Media-Daten in CRM sowie Targeting.

---

4 Siehe auch online: www.bvdw.org, www.ddow.de.

3.1.3 Perspektiven

Die Experten gehen davon aus, dass im produzierenden Gewerbe verstärkt in die Aufbereitung von CRM-Daten investiert wird, die für das Targeting verwendet werden können. Dies passt zur bereits festgestellten verstärkten Investition in das E-Mail-Marketing.

Basierend auf der Taxierung hoher Wirkungsoptimierungswerte erzielt diese Targeting-Art insgesamt die höchsten Wahrscheinlichkeitseinschätzungen für höhere Investitionen in den nächsten drei Jahren durch die Experten.

Jeder dritte Experte schätzt, dass in die anderen Targeting- Ansätze in den nächsten drei Jahren größere Investitionen fließen werden. Auch hier liegen die Einschätzungen der Experten aus dem Handel deutlich höher als bei den anderen Branchenvertretern. Beispielsweise schätzt jeder zweite Experte höhere Investitionen in Behavioral Targeting als sehr wahrscheinlich und wahrscheinlich ein.

3.1.4 Wirkungsverstärkung von Targeting-Arten

Den meisten Targeting-Arten wird von den unabhängigen Experten eine Wirkungsverstärkung von 25 % und mehr attestiert, oftmals mehr als 50 %. Das bedeutet wiederum, dass sich die Investition in diese Technik zumindest in dem Maße lohnt, in dem sich das Optimierungspotenzial durch die Verstärkung der Wirkung der Kampagne erhöht.

Im Handel liegen flächendeckende Erfahrungen mit den verschiedenen Ansätzen vor. Im Produzierenden Gewerbe und bei Dienstleistern fehlen durchschnittlich einem von fünf Experten Erfahrungswerte. Der höchste Wirkungsgrad wird dem Targeting auf Basis eigener CRM-Daten attestiert.

Als Bandbreiten für die Quantifizierung der Optimierungspotenziale wurden den Experten grobe Wirkungskategorien angeboten. Zu wenig fundierte Erfahrung mit einzelnen Instrumenten und Features wurde durch die Angabe k. A. kenntlich gemacht.

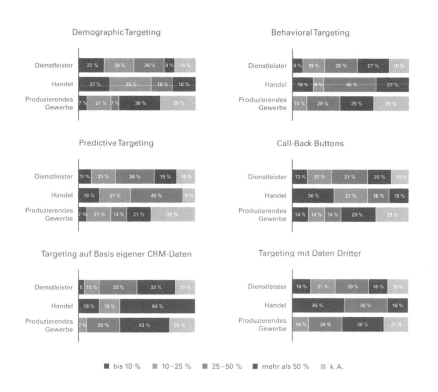

Abbildung 2: Wirkungsverstärkung von Targeting-Arten

3.2 Customer Analytics, Customer Journey Optimierung und Personas

3.2.1 Customer Analytics

Die Analyse von Kundendaten ist eine Hauptdisziplin des Kundenbeziehungsmanagements (CRM). Fragestellungen können sein: Was macht meine Top-Kunden aus? Welche Affinitäten haben sie? Aus welchen Milieus stammen meine Nichtkunden, Interessenten und Kunden? Können Kunden mit Kündigungsabsicht vorab erkannt werden? Was unterscheidet „Einmal-Besucher" von „Bestellern"? Wie können „Einmal- Besucher" erfolgreich nachgefasst werden? Was unterscheidet Newsletter-Leser von Nicht-Lesern?[5]

---

5   Siehe auch: Don Peppers, Martha Rogers: Return on Customer.

Die Branchenexperten zeichnen ein ernüchterndes Bild. Den Einsatz kundenzentrierter Konzepte sehen sie nur im Ausnahmefall bei mehr als jedem zweiten Unternehmen. Customer Analytics ist aber eindeutig im Trend – bei der Einschätzung der Bedeutung ebenso wie bei den geplanten Investitionen in den nächsten drei Jahren. Unserer Meinung nach ist hier übrigens mindestens ebensoviel in Knowhow und Personal zu investieren – Strategie und Konzepte sind im CRM ausschlaggebend, Software ist hilfreich, will aber intelligent bedient werden.

3.2.2 Customer Journey Optimierung

Wörtlich übersetzt wird die Reise des Kunden durchs Netz nachvollzogen – vom ersten Kontakt mit einem Werbemittel bis zum Kauf. Ziel der Analyse ist, für den Marketeer, an jeder Stelle die passenden Botschaften parat zu haben, um die maximale Effizienz, d. h. die Konversion in den nächsten Schritt zu erzielen.

Wenn Erfahrung mit den Tools vorhanden ist, werden diese als sehr effizient eingeschätzt. Überrascht hat uns, dass bei jedem fünften Experten aus Produktion und Dienstleistung keine Einschätzung vorgenommen werden konnte.

3.2.3 Personas

Personas sind Nutzer-Archetypen, also fiktive Personen, die jeweils typisch für eine bestimmte, relevante Zielgruppe sind. Das Modell wird Alan Cooper[6] zugeschrieben und stammt aus dem Bereich der Mensch-Computer-Interaktion. Es wird erfolgreich bei der zielgruppengerichteten Kreation digitaler Konzepte eingesetzt.

Personas-Konzepte helfen, diese Nutzer-Archetypen auf ihrer Reise durchs Netz zu begleiten und zu verstehen, was man idealerweise an jeder Stelle dieser Reise anbieten kann. Für diesen Ansatz braucht man geschulte Analytiker, die sehr strukturiert Angebote mit hohen Konversionswahrscheinlichkeiten konzipieren können.

Die Hälfte der Experten schätzen, dass dies jeweils nur in zwei, drei oder maximal vier von zehn Unternehmen ihrer Branche geschieht. Die Investitionsneigung in diese Bereiche ist eher gering, eventuell muss noch Überzeugungsarbeit

---

6   Siehe auch: www.cooper.com/journal/personas.

für die Wirksamkeit dieser Instrumente geleistet werden, wenn Erfahrungen bisher fehlen. Zudem ist die weit verbreitete Organisation der Unternehmen nach Produkten und Märkten für durchgängig kundenorientierte Ansätze nicht immer hilfreich.

4 Trendeinschätzungen

4.1 Kampagnenkonzeption

4.1.1 Crossmediale 360°-Integration

Drei von vier Branchenexperten stimmen zu, dass in den nächsten drei Jahren *alle* Kampagnen crossmedial integriert sein werden. Im Handel sind dies sogar alle teilnehmenden Experten. Der Trend, der 2011 festgestellt werden konnte, zumindest ausgewählte Kampagnen mit einem integrierten 360°-Kommunikationsansatz zu konzipieren, wird nun konsequent fortgesetzt, was konsistent zu den bereits dargestellten Investitionstrends ist.

4.1.2 Social – Local – Mobile

Den Zuwachs der Bedeutung von Mobile Marketing hatten wir schon konstatiert. Digitale Konzepte, die für Smartphones konzipiert werden und berücksichtigen, welche Freunde (*social*) gerade in der Nähe (*local*) sind, können wesentlich dazu beitragen, Relevanz zu gewinnen und dabei die Preissensitivität für die Inanspruchnahme einer Dienstleistung zu reduzieren. Keine Überraschung, dass dies bereits von jedem zweiten Dienstleister hohe Zustimmungswerte erreicht.

4.1.3 Digitale Distribution von Flyern und Prospekten

Experten aus dem Produzierenden Gewerbe und Dienstleistungsbereich stimmen mehrheitlich zu, dass Kosteneffizienzaspekte dazu führen, dass es zu einer verstärkten digitalen Distribution von Prospekten und Flyern in den nächsten drei Jahren kommt. Bei den Handelsexperten teilt dagegen nur jeder vierte diese Einschätzung.

4.2 Ressourcen

War for Talents, Weiterbildung, Outsourcing

Das Thema Personalressourcen im digitalen Dialogmarketing hat viele Facetten. ‚War for Talents' umschreibt – wie in den Produktmärkten der 1970er Jahre – eine signifikante Marktveränderung: Unternehmen müssen zukünftig um die Gunst von Nachwuchstalenten kämpfen und nicht mehr umgekehrt.

Interne Kapazitäten aufzubauen wird für alle schwieriger – mit der Globalisierung und Integration von lokalen Playern in internationale Agenturnetzwerke setzt auch hier ein Denken in Head-Counts ein. Im Produzierenden Gewerbe ist Outsourcing in allen Wertschöpfungsbereichen gängige Praxis und 86 % der Branchenexperten gehen davon aus, dass der Einkauf von Know-how von außen im digitalen Dialogmarketing zunehmen wird.

Jeder zweite Branchenexperte schätzt, dass externe Weiterbildung von Mitarbeitern intensiviert wird. Hier sind auch die traditionell auf einen Bildungsabschluss fokussierten Hochschulen gefragt, gemeinsam mit Unternehmen maßgeschneiderte Weiterbildungskonzepte zu entwickeln.

Oneway-Kommunikation vs. Dialogorientierung

Ein provokantes Fragenpaar sollte die Experten zu einer Einschätzung von Organisationen und Ressourcen bringen. Vier von zehn Experten stimmen zu, dass die Unternehmen traditionell auf Oneway-Kommunikation ausgerichtet sind. Im Durchschnitt geht jeder dritte Expertegeht im Schnitt davon aus, dass dies auch in den nächsten drei Jahren als Herausforderung bestehen bleibt und das dialogorientierte Know-how eine schwache Ausprägung behalten wird.

4.3 Marketing-Controlling

Seit der Einführung der Balanced Scorecard 1996 in das Controlling-Instrumentarium werden systematisch Leistungskennzahlen entwickelt, die über rein monetäre Messgrößen hinausgehen. Bei der Fülle verfügbarer Daten ist wichtig, genau diejenigen Schlüssel-Erfolgs-Indikatoren (Key Performance Indicator, kurz KPI) herauszuarbeiten, die erfolgsrelevant sind und idealerweise durch gezielte Maßnahmen beeinflusst werden können.

In der Abschlussfrage wurden die Experten gebeten, das Controlling in Unternehmen mit Schulnoten zu bewerten. Das Ergebnis ist eher ernüchternd. Selten erzielen die Einzeldisziplinen des Marketing-Controlling überhaupt bei der Hälfte der Experten ein ‚sehr gut' oder ‚gut'. Die Durchschnittswerte aller Experten zeigen eher, dass nur einer von vier diese Noten verteilen würde. Der Handel liegt hier weiter vorn. Immerhin empfinden mehr als die Hälfte der Experten das KPI-System als stringent.

Effizienz vs. Effektivität

Beide Kenngrößen beschäftigen sich mit der Erreichung von Zielen. Effektivität bedeutet, die richtigen Dinge zu tun, um das Ziel zu erreichen. Effizienz betrachtet die Wirtschaftlichkeit, die Dinge also richtig zu tun. Diese Unterscheidung geht auf einen Artikel von Peter Drucker zurück, der 1963 im Harvard Business Review erschien.[7] Für den Einsatz von Medien bedeutet dies, den Kanal auszuwählen, über den die avisierte Zielgruppe auch erreicht werden kann. Innerhalb eines Kanals gilt es, Effizienzwerte zu vergleichen, d. h. die Zielerreichung und die eingesetzten Werbeausgaben ins Verhältnis zu setzen.

Mit den Vergleichskennziffern innerhalb der Kanäle ist knapp jeder Zweite der Experten zufrieden, beim Effektivitätsvergleich der Kanäle nur jeder Dritte. Auffallend ist, dass die Zufriedenheitswerte der Dienstleister in allen Einzeldimensionen weit zurückliegen und oftmals nur jeder fünfte bis achte Experte gute und sehr gute Noten vergibt.

Langfristige Effekte nur wenig berücksichtigt

Das Kundenkapital (Customer Equity) ist gleich der Summe der Werte, die ein Unternehmen mit jedem einzelnen Kunden während seines kompletten Lebenszyklus' (Customer Lifetime Value) realisiert. Der von Don Peppers eingeführte Return on Customer (RoC)[8] lenkt die Betrachtung darauf, dass ein positiver Effekt nur dann erzielt werden kann, wenn nicht nur ein kurzfristig positiver Cashflow erreicht wird, sondern darüber hinaus die zukünftigen Lifetime Values der Kunden nicht erodieren.

---

7 Peter Drucker: Managing for Business Effectiveness.
8 Siehe auch: Don Peppers, Martha Rogers, Return on Customer.

Markenkapital wird meist erst mit dem Verkauf eines Unternehmens oder von Einzelmarken eines Unternehmens realisiert. Bilanztechnisch wird dieser Wert dann als Good Will abgeschrieben. Es gibt vier Kategorien von Markenbewertungsmodellen:[9]

a) betriebswirtschaftlich/finanzorientierte
b) psychografisch/verhaltensorientierte
c) betriebswirtschaftlich/verhaltenswissenschaftliche
d) Input-,Output- und Portfolio-Modelle.

Das bekannteste Modell ist das Interbrand Ranking der Top-Marken, das zur Kategorie c) zählt.

In der Bewertung durch die Branchenexperten kommen die Konzepte, die auf Langfristigkeit fokussiert sind, ganz schlecht weg. Nur jeder siebte Experte attestiert den kundenwertbezogenen Berechnungsmodellen eine gute oder sehr gute Performanz. Die markenwertbezogenen Ansätze erhalten gar nur von jedem 14. der Befragten diese Noten. Es stellt sich die Frage, ob langfristige Effekte im Setup und in den Incentivierungssystemen unserer Organisationen nur unzureichend berücksichtigt sind oder ob es Defizite im Know-how und Mindset der Verantwortlichen gibt.

Literatur

(1) Torsten Schwarz: Leitfaden Onlinemarketing, Band 2, marketing-BÖRSE, 2012
(2) Harald Eichsteller, Andreas Schwend: Emotionalisierung im E-Commerce in: Matthias Schulten, Artur Merten, Andreas Horx (Hrsg.): Social Branding, Springer-Gabler, 2012
(3) Don Peppers, Martha Rogers: Return on Customer, Crown Business, 2005
(4) BBDO: Reihe Brand Equity Excellence: Band 1: Brand Equity Review, 2001
(5) Harvard Business Review, div. Jahrgänge

---

9   Siehe auch: BBDO: Reihe Brand Equity Excellence: Band 1: Brand Equity Review.

Die Autoren

Prof. Harald Eichsteller ist Professor für Internationales Medienmanagement und Studiendekan des Masterstudiengangs Elektronische Medien an der Hochschule der Medien (HdM) in Stuttgart. Der studierte Betriebswirt (WHU Koblenz, Northwestern University, ESC Lyon) war vor seinem Wechsel zurück an die Hochschule 20 Jahre in Medienunternehmen, Agenturen und der Industrie tätig. Die Schwerpunkte seiner Praxis- und Forschungsprojekte liegen in den Bereichen kundenorientierte Strategien, Innovationsmanagement, CRM, Social Media und Multichannel Retailing. Als Referent und Chairman ist Harald Eichsteller auf Kongressen und Workshops weltweit unterwegs, in zahlreichen Fachartikeln und Interviews vertritt er die Position der HdM in diesen Themenfeldern.

Dr. Jürgen Seitz ist Gründer und Geschäftsführer der United Internet Dialog GmbH, Deutschlands führendem Unternehmen für digitales Dialogmarketing. Er verantwortet darüber hinaus Produkte und Kooperationen der United Internet Media AG als Mitglied der Geschäftsleitung. Die vorherigen beruflichen Stationen des promovierten Wirtschaftswissenschaftlers und MBA in International Consulting waren u. a. Smithkline Beecham, Microsoft und die Web.de AG.

Kontakt

Prof. Harald Eichsteller
Hochschule der Medien (HdM)
Nobelstraße 10, D-70569 Stuttgart
eichsteller@hdm-stuttgart.de
www.eichsteller.com | www.hdm-stuttgart.de/emm

Dr. Jürgen Seitz
Geschäftsführer United Internet Dialog GmbH
Brauerstraße 48, D-76135 Karlsruhe
juergen.seitz@united-internet-dialog.de
www.united-internet-dialog.de

Die Zukunft des Dialogmarketings! – Träumen Androiden von elektrischen Schafen?

Rebecca Bulander / Johannes Britsch / Bernhard Kölmel / Johanna Wüstemann

Inhalt

1	Motivation: Zeitreise zurück ins Jahr 2002	38
2	Vision oder Realität?	40
3	Internet of Services	42
3.1	Definition und Vision	42
3.2	Reale Beispiele	44
3.2.1	Kontextbasierte Werbung	44
3.2.2	Carsharing-Konzept car2go	45
3.2.3	Kombination von Carsharing & Mitfahrgelegenheit	46
3.2.4	Virtual Stores – Einkaufen per QR-Code	47
3.2.5	CAS PIA – Customer Relationship Management-System	48
4	Internet of Things	49
4.1	Definition und Vision	49
4.2	Reale Beispiele	51
4.2.1	Bezahlen mit dem Mobiltelefon	51
4.2.2	Das vernetzte Haus	53
4.2.3	Der smarte Getränkeautomat	53
4.2.4	Patientenüberwachung	53
5	Kontextwissen ist die Basis der personalisierten Ansprache	54
6	Schlussfolgerungen	56

Literatur ... 58
Die Autoren ... 60
Kontakt ... 61

Management Summary

Das Internet ist der Auslöser konvergenter Technologieentwicklungen; mit zunehmender Vernetzung entstehen neue Interaktionskanäle zwischen ehemals getrennten Bereichen, Wertschöpfungsprozesse verändern sich und die Arbeitsteilung wird neu organisiert. Viele Objekte (z. B. Autos, Beleuchtungen und Wohnungsheizungen) werden neben den menschlichen Teilnehmern zukünftig in das Internet eingebunden werden. Dieser Entwicklung muss das Dialogmarketing Rechnung tragen. Der Trend zu einem Marketing, das den Kunden nicht stört, sondern ihm im situationsabhängigen Dialog Nutzen stiftet, wird weiter zunehmen. In diesem Beitrag stellen die Autoren Chancen für Unternehmen im Dialogmarketing und bereits rudimentär vorhandene reale Beispiele des „Internet of Things and Services" vor.

1 Motivation: Zeitreise zurück ins Jahr 2002

Im Film „Minority Report" aus dem Jahr 2002 von Steven Spielberg mit Tom Cruise werden Passanten abgescannt, um anschließend personalisierte Reklame für sie einzublenden.[1] Diese Vision hat erste Schritte zur Wirklichkeit genommen. Durch die freiwillige Überlassung vieler Daten und Informationen an Google, Facebook oder Amazon werden viele Internet-Nutzer bereits heute mit kontextbasierter[2] Werbung aktiv von Werbetreibenden angesprochen. Die Devise lautet: „Facebook knows what you like but Google knows what you want whereas Amazon knows what everybody like you had."[3] Über die ständigen Begleiter der Menschen, die jeweils aktuellste Generation von Smartphones, werden zunehmend auch die Kontextfaktoren Ort und Zeit aktiv bei den „Location-Based-Advertisings" berücksichtigt. Mit immer kleiner und effizienter werdenden Geräten der Informations- und Kommunikationstechnologie (IKT) und bei weiterhin fallenden Kommunikationspreisen eröffnen sich heute Möglichkeiten, die die Verknüpfung von realer und virtueller (Daten-)Welt ermöglichen. Über neuartige

---

1 Vgl. The Internet Movie Database – Minority Report (2002): http://www.imdb.com/title/tt0181689/ (14.05.2012).
2 Dey und Abowd (2000) formulieren eine grundlegende Kontextdefinition, die sehr weit verbreitet ist und genutzt wird: „*Context is any information that can be used to characterize the situation of an entity. An entity is a person, place, or object that is considered relevant to the interaction between a user and an application, including the user and applications themselves.*"
3 Nash, P. (2012): Digital Inclusion – Minority Report: http://rsafellowship.com/profiles/blogs/digital-inclusion-minority-report (15.05.2012).

Apps, wie die Instagram-App[4], werden beispielsweise die Interessen der Anwender getrackt und in der kontextsensitiven Ansprache zielführend genutzt.

Aufgrund einer fortschreitenden Vernetzung aller Objekte im Internet wird auch gerne der Begriff der „total vernetzten Welt" verwendet. Das Internet der Dinge (auch engl.: Internet of Things) bezeichnet die Verknüpfung eindeutig identifizierbarer physischer Objekte (Things) mit einer virtuellen Repräsentation in einer Internet-ähnlichen Struktur. Das Internet der Dinge besteht nicht mehr nur aus menschlichen Teilnehmern, sondern auch aus Dingen. Der Begriff geht zurück auf Kevin Ashton, der erstmals 1999 „Internet of Things" verwendet hat.[5] Diese vollständige Vernetzung (basierend auf technologischen Entwicklungen wie Internet Protocol Version 6 (IPv6), Moore's Law etc.) von Menschen, Unternehmen und intelligenten Objekten wird neuartige Dienste, Anwendungen und Interaktionen im Markt ermöglichen. Beispielsweise werden kontextbasierte Systeme sinnvoll, welche die Klimaanlage oder die Heizung regeln und uns somit beim Energiesparen helfen. Weiterhin wird der bereits prototypisch vorhandene intelligente Kühlschrank, der erkennt was wir essen und trinken wollen und selbständig für Nachschub sorgt, eine in Kürze verfügbare, preislich attraktive Realität werden. Dieses Beispiel steht als „pars pro toto" für die technische Entwicklung und eine Vielzahl neuer Möglichkeiten.

Durch die technische Entwicklung werden zahlreiche Funktionalitäten bereitgestellt und deren zuverlässiges Zusammenwirken gewährleistet. Hierzu gehören das ganzheitliche Erfassen der Umwelt, das Erkennen des Zustands, Status oder Standorts von sich selbst, aber auch von anderen oder von interaktionsfähigen Objekten, die Aufnahme und Interpretation von eindeutigen Informationen (elektronische Daten) und unscharfen Informationen (Bilder, Geräusche) sowie die multimodale Interaktion und Kommunikation mit Menschen und anderen Objekten.

Diesen Entwicklungen muss auch das Dialogmarketing Rechnung tragen. Durch die Berücksichtigung und Kombination aller Kontextinformationen wird eine direkte Ansprache des Kunden unter Berücksichtigung der aktuellen Wünsche und Bedürfnisse ermöglicht. Durch die multimodale Interaktion und Kommunikation mit Menschen und anderen Objekten wird ein zielgenauer und hochwerti-

---

4 „Instagram-App" ist eine kostenlose Foto-Sharing-Applikation für iOS- und Android-Mobilgeräte. Mit dieser können Nutzer Fotos erstellen, verfremden und über das Internet mit anderen teilen.
5 Ashton, K. (2009): That 'Internet of Things' Thing. In: RFID Journal: http://www.rfidjournal.com/article/view/4986 (13.05.2012).

ger Dialog möglich, der relevantes Wissen aus historischen Daten und aus der Analyse der intelligenten Objekte als Informationsgrundlage für das Gespräch nutzt. Nicht zuletzt aufgrund der ständig wachsenden Informationsflut wird der Trend immer stärker heißen: Marketing, das den Kunden nicht stört, sondern ihm im situationsabhängigen Dialog Nutzen stiftet.

Durch die zentrale Stärke des Dialogmarketings, nämlich die hervorragende Messbarkeit, werden in Zukunft bessere und qualifiziertere Response-Raten möglich, die sich anhand von Tests weiter optimieren lassen. Somit werden neue Kundenbeziehungen aufgebaut, die zu einer gesteigerten Kundentreue und engeren Kundenbindung führen. Diese Kundennähe und die Kundenzufriedenheit haben weiterhin positive Abstrahlungseffekte auf den Markt. Durch die Übersättigung des Verbrauchers mit Massenwerbung führen immer weniger Werbeaktionen zum gewünschten Erfolg. Dagegen wird die kontextbasierte Kontaktansprache insbesondere die Streuverluste der eingesetzten Werbemittel minimieren und somit zu einer Gewinnverbesserung aufgrund der Kostensenkungspotenziale führen.

In diesem Beitrag werden die bereits rudimentär vorhandenen realen Beispiele skizziert. Weiterhin werden Chancen und Umsetzungsansätze für Unternehmen der Dialogmarketingbranche diskutiert. Im Hinblick auf das „Internet der Dinge" soll thematisiert werden, wie das zukünftige Setting für Dialogmarketing aussehen wird: Was passiert, wenn der Kühlschrank plötzlich autonom entscheidet, was gekauft wird – frei nach dem Motto: „Do Androids Dream of Electric Sheep"[6]?

2 Vision oder Realität?

Nun stellt sich die Frage, wieweit wir von dem Szenario der personalisierten Ansprache bzw. Werbung à la „Minority Report" noch entfernt sind, oder wie stark wir von einem „Big Brother" überwacht werden.

Die Geschichte des Politikers Malte Spitz, der bei der Telekom die Herausgabe der über ihn gespeicherten Daten einklagte und von dem mit diesen Daten ein fast vollständiges Bewegungs- und Aktivitätsprofil abgeleitet werden kann, gibt uns die Antwort: Jemand, der ständig ein Mobiltelefon mit sich führt und häufig

---

6   Titel eines Science-Fiction-Romans von 1968 des Autors Philip K. Dick: Do Androids Dream of Electric Sheep?: http://www.philipkdick.com/works_novels_androids.html (15.05.2012).

das mobile oder stationäre Internet benutzt, ist bereits für einige Unternehmen ein „guter Datenlieferant".[7]

Jedoch sind nicht alle Dienste, die auf der Auswertung umfangreicher Datenquellen basieren, per se negativ zu beurteilen. Das Internet ist der Auslöser konvergenter Technologieentwicklungen; mit zunehmender Vernetzung entstehen neue Interaktionskanäle zwischen ehemals getrennten Bereichen. Wertschöpfungsprozesse verändern sich, die Arbeitsteilung wird neu organisiert. Durch die Verknüpfung von Komponenten und Geräten mit programmierbarer Rechenleistung und Speichervermögen entstehen neue Möglichkeiten in der Architektur komplexer Systeme und Infrastrukturen[8]: Aus passiven Komponenten werden mit Hilfe von Software „intelligente" Objekte, die selbständig Aufgaben erledigen, Aktionen auslösen und via Internet mit anderen „intelligenten" Objekten oder Diensten kommunizieren können. Damit erhöht sich die Skalierbarkeit und Flexibilität dieser Systeme dramatisch, eine neue Stufe der Komplexität wird beherrschbar.

Neben dem Internet sind weitere wichtige technologische Fortschritte maßgebend. So ersetzen Embedded-Lösungen, wie z. B. programmierbare (Kleinst-) Rechner, zunehmend konventionelle Steuerungen in Geräten sowie Systemen; diese werden über das Internet gesteuert. Selbst in Haushaltsgeräten werden solche Lösungen zunehmend kostengünstiger und leistungsstärker. So wird eine Waschmaschine nebenbei kommunikationsfähig und kann – ohne besonderen Mehraufwand – mit der aktuellen Software ausgestattet sowie mit einem entsprechenden Internet-Dienst, der zu jedem Kleidungsstück die passende „Wasch-App" liefert und Waschzeiten an aktuellen Stromkosten orientiert, gekoppelt werden.[9] Unsere Systeme werden intelligent, wodurch Objekte mit Informationen über sich und ihre Position gekoppelt sind und auf Informationen reagieren können. Objekte können unmittelbar und über eine einfache Identifikation hinaus in Dienste einbezogen werden. Durch sichere Nutzeridentifikation gilt dies auch für menschliche Akteure.

---

7   Vgl. Matzat, L. (2011): Vorratsdaten: Der Funkmast als Wachturm: Wo war Malte Spitz während der Demonstration „Freiheit statt Angst" am 12.09.2009: http://blog.zeit.de/opendata/2011/02/25/vorratsdaten-funkmast-als-wachturm/ (23.10.2012).
8   Vgl. European Commission (2012a): Unleashing the Potential of Cloud Computing in Europe: http://ec.europa.eu/information_society/activities/cloudcomputing/docs/com/com_cloud.pdf (23.10.2012).
9   Vgl. Geisberger, E./Broy, M. (2012): agendaCPS – Integrierte Forschungsagenda Cyber-Physical Systems (acatech STUDIE), Springer Verlag, Heidelberg u. a., 2012.

In den folgenden Kapiteln werden die relevanten Technologien „Internet of Things" (IoT) und „Internet of Services" (IoS) erläutert und mit Beispielen verdeutlicht. Mit Hilfe des Kontextmanagements können aus diesen Datenquellen sinnvolle Dienste bereitgestellt und automatisiert werden.

Daraus könnte man provozierend ableiten, dass das Dialogmarketing in fünf bis zehn Jahren vollständig automatisiert von Service Providern übernommen wird. Allerdings werden die „Androiden und Schafe" die Bedeutung des Dialogmarketings durchaus wieder in den Vordergrund stellen.

3 Internet of Services

3.1 Definition und Vision

Die Europäische Kommission definiert das „Internet of Services" als „Vision des Internets der Zukunft, in dem alles, was benötigt wird, um Softwareanwendungen zu nutzen, als Dienste zur Verfügung gestellt wird, wie die Software selber, die Werkzeuge, um die Software zu entwickeln, oder die Plattform (Server, Speicherplatz und Kommunikation), um die Software auszuführen. Cloud Computing ist ein [...] Modell des Internet-basierten Betreibens von Anwendungen, bei dem Server, Speicherplatz, Netzwerke, Software und Informationen auf Abruf bereitgestellt werden."[10]

Das Internet der Dienste zeichnet im Wesentlichen drei Charakteristika aus: (1) Web-Anbindung bzw. -Distribution von Services, (2) nutzungsabhängige Abrechnungsmodelle und (3) das breite Spektrum an (kombinierbaren) Angeboten.

Grundlegendes Konzept des IoS ist es, einzelne Services und Funktionalitäten in feingranulare Softwarekomponenten (z. B. Apps) zu fassen. Über das Internet – meist über die „Cloud", d. h. über weltweit verteilte auslastungsgesteuerte Serververbünde – werden diese Komponenten den Nutzern angeboten. Unternehmen können die benötigten IKT-Ressourcen bedarfsgerecht online beziehen und entsprechend den Aufwand selbst betriebener Hard- und Software reduzieren. Indem die Anwendungen webbasiert zur Verfügung stehen, sind sie plattform- und endgeräteunabhängig einsetzbar, so z. B. auch auf Smartphones.[11] Durch die

---

10 Eigene Übersetzung: European Commission (2012b): Towards the Internet of Services; http://cordis.europa.eu/fp7/ict/ssai/home_en.html (10.10.2012).
11 Vgl. Berlecon Research GmbH (2010): Das wirtschaftliche Potenzial des Internet der Dienste: http://www.berlecon.de/studien/downloads/Berlecon_IDD.pdf (10.10.2012).

Anbindung an das Internet und den Zugriff auf online verfügbare Daten können neue, innovative Arten von Diensten entstehen, die eine hohe Gebrauchstauglichkeit („Usability") aufweisen.

Die Abrechnung der Services erfolgt üblicherweise abhängig von der tatsächlichen Inanspruchnahme. Im Gegensatz zur traditionellen Software-Beschaffung auf Lizenzbasis sind im IoS Mietmodelle weit verbreitet. Andere Vergütungsansätze im IoS basieren beispielsweise auf der Berechnung von Dienste-Abrufen oder auf Provisionen bei der Vermittlung von Services. Insgesamt ergeben sich durch das Internet der Dienste verschiedene Möglichkeiten für neue Geschäftsmodelle, die den Konsumenten zielgerichtet ansprechen und ihm eine hohe Flexibilität bei der Nutzung gestatten. Auf Cloud-Plattformen können Kunden Dienste suchen und zusammenstellen – auch als individualisierte Komplettangebote. Entwicklern ermöglicht das IoS mittels dieser Plattformen webfähige Dienste auf einfache Weise zu vermarkten.[12]

Das IoS setzt sich aus Teilnehmern, den Diensten, ihren Geschäftsmodellen und einer Dienste-Infrastruktur zusammen und zielt darauf ab, jedweden („any") Service online zur Verfügung zu stellen. Dienste sollen von einer Vielzahl an Anbietern aggregiert, bei Bedarf zu „Mehrwertdiensten" gebündelt und über unterschiedliche Kanäle an Kunden vermittelt werden. Die Orchestrierung zu komplexen Lösungen erfolgt hierbei über standardisierte Schnittstellen der einzelnen Software-Komponenten. Das Internet der Dienste stellt die Grundlage dieser „Mehrwertdienste" dar und kann als „Betriebssystem der Vernetzung" bezeichnet werden. Die Entwicklung hin zu immer umfassenderen Service-Generationen wird dabei auch in deren Notationen erkenntlich: Sie reichen von „Software-as-a-Service" (SaaS) über „Platform-as-a-Service" (PaaS) und „Infrastructure-as-a-Service" (IaaS) bis hin zu „Anything-as-a-Service" (XaaS).

---

[12] Vgl. Ebenda.

3.2 Reale Beispiele

Im Folgenden werden einige bereits ansatzweise vorhandene, reale Beispiele des Internet of Services vorgestellt.

Tabelle 1: Übersicht und kurze Beschreibung der realen Beispiele des Internet of Services

Beispiel	kurze Beschreibung
Kontextbasierte Werbung	Werbeanzeigen, die in Abstimmung mit dem jeweiligen Kontext geschaltet werden.
Carsharing-Konzept car2go	Kurzzeit-Carsharing in großen Städten mit flexiblen Parkplätzen. Verfügbarkeitsprüfung und Buchung über eine App auf dem Mobiltelefon oder eine Website.
Kombination von Carsharing & Mitfahrgelegenheit	Eine Fahrt in einem DriveNow-Fahrzeug kann automatisch bei flinc angeboten werden (über DriveNow-Bordsystem oder Flinc-App). Umgekehrt zeigt flinc DriveNow-Fahrzeuge in der Nähe an.
Virtual Stores – Einkaufen per QR-Code	Quick Response-Code (QR-Code) Virtual Stores bestehen aus Plakaten, die meistens an hochfrequentierten Orten aufgehängt werden und im Design des jeweiligen Anbieters gestaltet sind. Mit Hilfe einer App und durch Scannen des QR-Codes mit dem Mobiltelefon können die Nutzer Produkte bestellen.
CAS PIA – Customer Relationship Management System	Customer Relationship Management auf Mietbasis als Software-as-a-Service. Über Apps besteht mobiler Zugriff auf Kontakte und Termine in Echtzeit, eine Datensynchronisation entfällt. Innendienst und mobiler Außendienst können nahtlos zusammenarbeiten.

3.2.1 Kontextbasierte Werbung

Automatische Anzeigenschaltung, abgestimmt auf den Inhalt von E-Mail-Nachrichten, ist ein Beispiel für kontextbasierte Werbung. Dieses Ausrichten der Werbung auf die Interessen der Nutzer wird schon seit einiger Zeit in Google

Mail verwendet. Mit Hilfe von automatischen Scans und Signalen, die es ermöglichen zwischen wahrscheinlich wichtigen und unwichtigen Nachrichten zu unterscheiden, lassen sich die Anzeigen herausfiltern, die für den Anwender nützlich sein könnten. Erhält jemand z. B. viele E-Mails zum Thema Tennis, könnte ein Angebot eines Sportgeschäfts in dessen Nähe oder eines Onlineshops für Tennisartikel von Interesse für denjenigen sein. Wurden diese Nachrichten aber als Spam markiert, werden Anzeigen dieser Art als wahrscheinlich nicht relevant für den Anwender aussortiert. Unter Verwendung der gleichen Technologie achtet Google außerdem darauf, dass bei Nachrichten mit sehr traurigem oder schockierendem Inhalt bestimmte Werbeanzeigen nicht geschaltet werden.[13]

Auch Google AdSense, ein kostenloses Programm zur Unterstützung der Anzeigenschaltung, funktioniert auf diese Weise. Ein Algorithmus liest und interpretiert die Textinhalte einer Website und blendet daraufhin thematisch passende Werbung auf dieser ein. Es gibt drei Möglichkeiten, die Anzeigen auszurichten: Bei der kontextuellen Ansprache werden ausschließlich Werbeanzeigen geschaltet, die sich auf den Inhalt der Website beziehen. Wird dagegen Placement-Targeting verwendet, können Inserenten ihre Anzeigen durch Branchen, demografische Merkmale oder geografische Standorte einschränken. Als dritte Möglichkeit lässt sich die Werbung basierend auf den Interessen der Nutzer und deren vorherigen Aktionen im Internet einblenden. Google AdSense ist generell für nahezu jede Website, auch für Communities und Foren, geeignet. Je nach Anzeigentyp verdient der Besitzer der Seite beim Klicken oder Anzeigen der Werbung Geld.[14]

3.2.2 Carsharing-Konzept car2go

Ein weiteres Beispiel für das Internet of Services lässt sich im Bereich Mobilität finden. Car2go der Daimler AG ist ein flexibles Carsharing-Konzept zur innerstädtischen Fortbewegung. Gestartet als Pilot in Ulm, ist car2go zwischenzeitlich auch in vielen weiteren deutschen Städten wie Berlin, Düsseldorf, Hamburg und

---

13 Vgl. Google Gmail: http://support.google.com/mail/bin/answer.py?hl=de&answer=6603 (12.09.2012).
14 Vgl. Windfelder, K. (2008): Einführung Online-Marketing: Kontextbasierte Werbung – Google Adsense: http://blog.100partnerprogramme.de/2008/07/04/einfuhrung-online-marketing-kontextbasierte-werbung-google-adsense-teil-8/ (12.09.2012); Vgl. außerdem Google AdSense: https://www.google.com/adsense (19.10.2012) sowie Google AdSense-Hilfe: https://support.google.com/adsense/bin/answer.py?hl=de&answer=17470&ctx=cb&src=cb&cbid=-17tixd9un45s9&cbrank=0 (13.07.2012).

Köln sowie in anderen Ländern, z. B. Frankreich, Niederlande oder USA, verfügbar.[15]

Die Überprüfung, ob ein Fahrzeug in der Nähe verfügbar ist, sowie die Buchung eines solchen lassen sich über ein Mobiltelefon durchführen. Hierfür stehen dem Nutzer verschiedene Apps für iPhone und Android zur Verfügung. Alternativ lässt sich ein Fahrzeug auch über die Website von car2go oder per Anruf beim Service-Team buchen.[16]

Durch die Mitgliedskarte mit integriertem RFID-Chip lässt sich das Fahrzeug über ein Kartenlesegerät an der Windschutzscheibe öffnen. Sehr flexibel macht das Carsharing-Konzept die Möglichkeit, das Fahrzeug nach der Nutzung auf einem beliebigen, öffentlich zugänglichen Parkplatz im Geschäftsgebiet abzustellen. Abgerechnet wird pro Minute, inklusive Kraftstoff und sonstiger Kosten. Ein Zwischenstopp ist zu einem reduzierten Preis möglich.[17]

Auch die Umweltfreundlichkeit wurde bei diesem Konzept nicht außer Acht gelassen. Die Fahrzeuge besitzen ein Solardach, welches die Telematik (Touchscreen zur Eingabe der PIN, Bewertung, usw.) mit Strom versorgt und die Fahrzeugbatterie kontinuierlich auflädt. In Amsterdam besteht die Carsharing-Flotte ausschließlich aus Elektrofahrzeugen.[18]

3.2.3 Kombination von Carsharing & Mitfahrgelegenheit

DriveNow ist der Carsharing-Service von BMW, MINI und Sixt. flinc bietet eine spontane und flexible Form der Mitfahrgelegenheit, bei der per App oder auf der flinc-Website Strecken gesucht oder angeboten werden können. Mitfahrer werden auf der kompletten Strecke und nicht nur am Start- und Zielort gesucht. Zudem lässt sich flinc auch für Kurzstrecken einsetzen. Durch die Kombination von DriveNow und flinc wird eine neue Stufe der Mobilität erreicht.[19]

---

15 Vgl. car2go: http://www.car2go.com/ (04.07.2012).
16 Vgl. Ebenda.
17 Vgl. Ebenda; sowie Rawiel, P. (2009): car2go – Carfinder, in: Franke, R. (Hrsg.): HFT Stallgeflüster, Nr. 32: http://www.hft-stuttgart.de/Aktuell/Presse-Marketing/Publikationen/Zeitung32.pdf/de (23.10.2012).
18 Vgl. car2go: http://www.car2go.com/ (04.07.2012).
19 Vgl. DriveNow: https://www.drive-now.com/lp-promotion1930 (22.10.2012); sowie flinc: https://flinc.org/ (04.07.2012).

flinc ist als Zusatzdienst im Bordsystem der DriveNow-Fahrzeuge integriert. Ist flinc bei einer Fahrt in einem DriveNow-Fahrzeug aktiviert, wird die im Navigationssystem eingegebene Strecke automatisch bei flinc angeboten und allen interessierten Nutzern per E-Mail, SMS oder Push-Meldung vorgeschlagen. Die Anfragen von Mitfahrern werden daraufhin auf dem DriveNow-Bildschirm angezeigt. Das System gibt den genauen Umweg, die Kosteneinsparung sowie die Abhol- und Ankunftszeit an. Haben sowohl Fahrer als auch Mitfahrer der gemeinsamen Fahrt zugestimmt, wird diese Strecke automatisch in die Routenplanung mit aufgenommen. Nach abgeschlossener Fahrt haben die Nutzer die Möglichkeit, sich gegenseitig zu bewerten.[20]

3.2.4 Virtual Stores – Einkaufen per QR-Code

Virtual Stores simulieren eine reale Einkaufssituation, indem Produkte wie im Ladengeschäft eines Anbieters auf Plakaten abgebildet werden. Die Plakate werden meist an hochfrequentierten Orten aufgehängt. Mit Hilfe einer Mobiltelefon-App lässt sich der zum Produkt gehörige QR-Code auf den Plakaten scannen und dadurch das Produkt in den virtuellen Einkaufskorb legen. Virtual Stores stellen damit eine Mischform aus E-Commerce und stationärem Handel dar.[21]

Die Virtual Stores haben ihren Ursprung in Südkorea, wo die Supermarktkette Tesco (jetzt Home plus) im Jahr 2009 in einer U-Bahnstation die erste Kampagne durchführte. Dieser Virtual Store war im Design der Kette gestaltet und gab den Kunden dadurch das Gefühl in einem der Märkte einzukaufen. Scannten die Kunden einen QR-Code, landete dieser im Online-Warenkorb. Nach abgeschlossenem Einkauf wurden die Produkte den Kunden nach Hause geliefert. Durch Platzierung in einer U-Bahnstation schaffte es Home plus, Warte- in Einkaufszeit umzuwandeln. Aufgrund dieser Kampagne konnte Home plus seinen Online-Umsatz um 130 % steigern.[22]

In den Jahren danach folgten immer mehr Kampagnen von weiteren Anbietern. Aliqua Naturkosmetik ist hierbei ein erfolgreiches Beispiel aus Deutschland. Im Oktober 2011 wurden zum Start des Onlineshops 55 Poster im Design der La-

---

20   Vgl. DriveNow-Blog: http://blog.drive-now.de/2012/03/23/drivenow_und_flinc/#more-1323 (12.09.2012); flinc: https://flinc.org/ (04.07.2012).
21   Vgl. QR Code Stores: http://www.shop2mobi.com/virtual-qr-code-store-examples/ (05.09.2012).
22   Vgl. Ebenda.

dengeschäfte an S- und U-Bahnstationen aufgehängt. Bei dieser Kampagne wurden in den ersten Tagen über 1.000 QR-Codes gescannt.[23]

Auf eine etwas andere Art und Weise setzten Toys for Tots und Ebay das Konzept der Virtual Stores um. Im November 2011 eröffneten sie in New York und San Francisco einen „Give-a-Toy Store", eine interaktive 3-D Weihnachtslandschaft in einem Schaufenster. Dort konnte per Scan eines QR-Codes Kinderspielzeug ausgewählt und gespendet werden.[24]

3.2.5 CAS PIA – Customer Relationship Management System

CAS PIA der CAS Software AG ist eine Komplettlösung für Kundenmanagement (Customer Relationship Management, CRM), die als Software-as-a-Service über das Internet bereitgestellt wird. Mit der Lösung können u. a. Kundenkontakte mit Kundenhistorie verwaltet, Aufgaben und Termine organisiert, Briefe und E-Mails versendet, der Vertrieb durch geografische Überblicke und Analysen unterstützt und Dokumente zentral verwaltet werden. Die typischen Ziele von CRM-Systemen werden somit vollständig abgedeckt: Unternehmen erhalten durch CAS PIA umfangreiches Kundenwissen, können Verkaufspotenziale konsequent nutzen, Marketingmaßnahmen für Kundengruppen optimieren und die Kundenzufriedenheit konsequent steigern.

Indem CAS PIA rein webbasiert funktioniert, ergeben sich zusätzliche Vorteile, die insbesondere für kleine und mittlere Unternehmen (KMU) von großer Bedeutung sind. Es muss keine Software installiert, gewartet oder verwaltet werden – als Dienstleistung wird SaaS direkt vom Hersteller angeboten und betreut. Über einen Internetzugang können Unternehmen die Lösung sofort nutzen; durch kostenlose Updates ist die Software immer auf dem neuesten Stand. CAS PIA ist zudem frei skalierbar und kann mit dem Unternehmen mitwachsen. Insgesamt können durch den SaaS-Ansatz Zeit und Kosten (z. B. für Hardware und internes IT-Know-how) eingespart werden.

---

23 Vgl. Ebenda; sowie Budnikowsky, I. (2011): Budnikowsky eröffnet virtuelle Boutiquen für „ALIQUA" Naturkosmetik: http://www.kosmetiknachrichten.de/produkte/budnikowsky-eroeffnet-virtuelle-boutiquen-fur-%E2%80%9Ealiqua%E2%80%9C-naturkosmetik/ (22.10.2012).
24 Vgl. Ljubic, N. (2012): Spielzeug via QR Code spenden: http://www.wds7.at/2012/01/erfolgreiche-qr-code-kampagnen/ (03.07.2012); sowie Macleod, D. (2011): eBay Give A Toy Store: http://theinspirationroom.com/daily/2011/ebay-give-a-toy-store/ (22.10.2012).

Auch bei der Nutzung der Lösung offenbaren sich neue Möglichkeiten: Mit mobilen internetfähigen Endgeräten besteht jederzeit und überall Zugriff auf aktuelle Kontaktdaten – sowohl im Büro als auch unterwegs oder im Home Office. Teams können durch die Online-Lösung als zentrale Anlaufstelle effizient und in Echtzeit zusammenarbeiten, z. B. Termine in einem gemeinsamen Kalender abstimmen oder Aufgaben untereinander verteilen. Gleichzeitig ist eine hohe Sicherheit der Daten gewährleistet: CAS PIA wird von einem zertifizierten Hochsicherheits-Rechenzentrum in Deutschland betrieben.[25]

4 Internet of Things

4.1 Definition und Vision

Laut der Definition der Europäischen Kommission handelt es sich beim „Internet of Things" um „[…] eine dynamische globale Netzwerk-Infrastruktur mit selbstkonfigurierenden Fähigkeiten basierend auf standardisierten und interoperablen Kommunikationsprotokollen, bei dem physische und virtuelle Dinge Identitäten, physikalische Attribute und virtuelle Persönlichkeiten besitzen, intelligente Schnittstellen nutzen und nahtlos in das Informationsnetzwerk eingebunden sind. Heute nutzt das IoT das Internet, kann aber auf jeder Art von Netzwerk basieren."[26]

Im Internet of Things wird die „Bevölkerung" des Webs um Dinge bzw. technische Geräte wie Konsumgüter, Kleidungsstücke, Getränkeautomaten oder Autos erweitert. Es kommunizieren nicht mehr allein menschliche Teilnehmer über Computer, Smartphones o. ä. mit eigenen Identitäten im weltweiten Netz, sondern ebenso mit Sensoren ausgestattete intelligente Objekte. Mit Hilfe der Sensoren als „Sinnesorgane" können diese Objekte Umweltinformationen berücksichtigen, mit anderen Netzwerkteilnehmern kommunizieren und eigenständig Aktionen auslösen. Verschiedenste Gegenstände des alltäglichen Lebens werden somit „smart" und integrativer Bestandteil eines weltweiten Netzwerks.

Im Vergleich zu heutigen IT-Systemen bringen die beschriebenen Objekte insbesondere drei wesentliche Neuerungen mit sich: Erstens wird Informationstechnik durch die Integration in jegliche Art von Dingen allgegenwärtig. Zweitens wird sie aber auch unsichtbar, da sie aus der direkten Wahrnehmung des Benutzers

---

25 Vgl. CAS PIA: http://www.cas-pia.de/ (15.10.2012).
26 Eigene Übersetzung: Martinez, C. (2012): Objective ICT-2013.1.4 A reliable, smart and secure Internet of Things for Smart Cities, Work Programme 2013.

verschwindet. Drittens werden die meisten intelligenten Objekte mit einer gewissen Autonomie ausgestattet sein, d. h. sie werden zu weiten Teilen ohne direkten Anstoß durch den menschlichen Nutzer handeln können.[27]

In seinen Grundzügen ist das IoT-Konzept zwar schon Ende der 1990er Jahre entstanden, flächendeckend möglich wird das Internet der Dinge aber erst durch eine eindeutige Identifizierbarkeit der intelligenten Objekte als individuelle virtuelle Entitäten. Dank der bevorstehenden Einführung des IPv6 wird das Internet zukünftig über einen erweiterten Adressraum verfügen, über den Milliarden von Geräten mit eigener Adresse direkt angesprochen werden können. Aus diesem Grund ist aktuell auch eine beschleunigte Entwicklung im IoT-Sektor zu beobachten, die mit hohen Erwartungen an sich auftuende Marktchancen verknüpft ist.

Neben dem IPv6 dient eine weite Bandbreite an Technologien als Grundlage für das Internet der Dinge. Sie umfasst Identifizierungstechniken wie QR-Codes oder Near Field Communication-Chips (NFC-Chips), Visualisierungstechniken wie Augmented Reality (AR), geolokations- und kontextanreichernde Dienste wie GPS-Ortung, Schnittstellen und Protokolle wie Message Queue for Telemetry and Transport (MQTT) sowie Kommunikationstechniken wie Sensor-Mesh-Netze. Auch im Bereich der Software ergeben sich durch das IoT neue Herausforderungen, die von Systemen für Enterprise Ressource Planning (ERP) oder Customer Relationship Management nicht mehr vollständig abgedeckt werden können. Mit dem Ziel, Dinge in Echtzeit in die Beziehungsstrukturen von Unternehmen einzubinden, entstehen daher derzeit neuartige Plattformansätze für „Anything Relationship Management" (xRM).[28]

---

27 Vgl. Gabriel, P./Gaßner, K./Lange, S. (2010): Das Internet der Dinge – Basis für die IKT-Infrastruktur von morgen. Institut für Innovation und Technik, Berlin, 2010: http://www.internet-of-things.eu/resources/documents (12.10.2012).
28 Vgl. Britsch, J./Schacht, S./Maedche, A. (2012): Anything Relationship Management, in: Business & Information Systems Engineering, Jhg. 4, Nr. 2, S. 85-87.

4.2 Reale Beispiele

Folgende bereits ansatzweise vorhandene Beispiele sollen einen Einblick in die Welt des Internet of Things gewähren:

Tabelle 2: Übersicht und kurze Beschreibung der realen Beispiele des Internet of Things

Beispiel	kurze Beschreibung
Bezahlen mit dem Mobiltelefon	Übertragungsstandard mit dem verbindungslos oder verbindungsbehaftet verschiedene Aktionen zwischen zwei Transmittern ausgeführt werden können, z. B. mit dem Mobiltelefon bezahlen, einchecken, Punkte sammeln, Web-Inhalte aufrufen, den Like-Button drücken, twittern etc.
Das vernetzte Haus	Verschiedene elektrische Geräte sind miteinander drahtlos vernetzt und können über ein intelligentes Haussteuerungs-System z. B. mit einem Smartphone gesteuert werden.
Der smarte Getränkeautomat	Dieser Automat besitzt einen Touchscreen mit eingebauter Kamera zur Erkennung von Geschlecht und ungefähr Alter der Kunden. Abhängig von Kontextinformationen empfiehlt der Automat den Kunden bestimmte Getränke. Aktuelle Kaufstatistiken werden an die Hersteller gesendet.
Patientenüberwachung	Mittels mobiler Endgeräte können Patienten z. B. hinsichtlich ihres Blutdrucks überwacht werden.

4.2.1 Bezahlen mit dem Mobiltelefon

Das Bezahlen mit dem Mobiltelefon wird mit dem neuen Übertragungsstandard NFC möglich. Unter NFC wird ein internationaler Übertragungsstandard verstanden, bei dem entweder verbindungslos mit passiven Hochfrequenz-Radio-Frequency-Identification-Tags (HF-RFID-Tags) oder verbindungsbehaftet zwischen gleichwertigen Transmittern eine Übertragung stattfindet. Andere Anwendungsfelder für NFC sind zum Beispiel das Einchecken in einem öffentlichen Verkehrsmittel, wie der U-Bahn, Punkte sammeln, bequem und schnell Web-Inhalte aufrufen, den Like-Button drücken oder Twittern.

NFC ist bereits bei der Fastfood-Kette McDonald's in Japan erfolgreich im Einsatz; die Kunden können nach einer erstmaligen Registrierung z. B. per E-Mail über ihre Smartphones Produkte bestellen und bezahlen. Dafür müssen die Kunden auf ihrem Smartphone eine Anwendung herunterladen und installieren. Anschließend werden über diese Anwendung die Bestellungen und das Bezahlen gesteuert; zusätzlich können Gutscheine vergeben, die Kunden über neue Produkte und Angebote informiert sowie Kunden mit Kundenbindungsprogrammen angesprochen werden.[29]

Ein weiterer sehr großer Anwendungsbereich für den Übertagungsstandard NFC könnte der öffentliche Nahverkehr werden. Auch hier bietet sich das bequeme und einfache Bezahlen mit dem Smartphone oder einem anderen mobilen Endgerät an. Somit könnte zukünftig das Mobiltelefon zum mobilen Fahrkartenautomat und zum Fahrschein werden. Als Beispiel ist hier die Anwendung „Touch&Travel" von der Deutschen Bahn zu nennen, welche deutschlandweit für alle Fernverkehrsverbindungen sowie für alle Verkehrsmittel in Berlin, Potsdam und Frankfurt a. M. gilt. Voraussetzung für den flächendeckenden Einsatz von NFC im öffentlichen Nahverkehr ist, dass sich die vielen beteiligten Unternehmen, Industriesektoren und Interessensvertreter auf einen Standard zur Kommunikation und Anwendung einigen können.[30]

In Deutschland wird NFC zum bargeldlosen Bezahlen bereits an einigen Stellen eingesetzt. So dient das Mobiltelefon bei der METRO GROUP im SB-Warenhaus der Zukunft als digitales Portemonnaie für kontaktloses Zahlen.[31]

Ein weiteres Beispiel für Micropayment in Deutschland, welches sich im Moment im Feldversuch befindet, ist das bargeldlose Bezahlen bis zu 20 Euro mit einer Funkkarte von den Sparkassen. Das kontaktlose Bezahlen soll mit der „Girogo"-Funktion ermöglicht werden.[32]

---

29 Vgl. Langer, J./Roland, M. (2010): Anwendung und Technik von Near Field Communication (NFC), Springer-Verlag, Berlin u. a., 2010, S. 227 ff.
30 Vgl. Ebenda, S. 212 ff.
31 Vgl. Future Store: http://www.future-store.org/fsi-internet/html/de/30209/index.html (16.07.2012).
32 Vgl. Spiegel Online: http://www.spiegel.de/netzwelt/netzpolitik/sparkassen-pilotprojekt-kontaktlose-geldkarte-verraet-ihren-besitzer-a-831711.html (18.10.2012).

4.2.2 Das vernetzte Haus

Verschiedene elektrische Geräte in Häusern oder Gebäuden können mittlerweile drahtlos miteinander vernetzt und über ein intelligentes Haussteuerungs-System z. B. mit einem Computer oder einem Smartphone gesteuert und kontrolliert werden. Ziel davon ist, dem Kunden einen gewissen Komfort, aber auch Sicherheitsfunktionalitäten und neue Möglichkeiten zum Energiesparen zu bieten.

Eine solche Lösung zur Heimsteuerung bietet das Unternehmen QIVICON, welches seinen Kunden eine Plattform bietet, in der Hausgeräte, Sicherheitslösungen und Gebäudetechnik unterschiedlicher Hersteller bereits eingebunden und miteinander kombinierbar sind.[33]

4.2.3 Der smarte Getränkeautomat

Der smarte Getränkeautomat ist ein weiteres Beispiel aus Japan. Dabei handelt es sich um einen Automaten mit einem 47-Zoll-Touchscreen und einer eingebauten Kamera, welche über entsprechende Software mit relativ guter Treffsicherheit das Geschlecht und das ungefähre Alter der Kunden vor dem Automaten erkennt. Entsprechend den zusätzlichen Kontextinformationen, wie z. B. Uhrzeit, Temperatur und Standort schlägt die Software im Getränkeautomaten den Kunden bestimmte Getränke vor. Hierzu werden v. a. Ergebnisse aus der Marktforschung der Getränkehersteller und auch die Verkaufsstatistiken herangezogen. Der Automat sendet die aktuellen Kaufstatistiken zeitnah an die Hersteller, sodass diese dadurch z. B. Auswirkungen verschiedener Dosen-Labels testen können. Die Bezahlung an den Automaten erfolgt schnell und bequem per Smartphone oder Bahnticket über integrierte NFC-Chips. Diese Art von Getränkeautomaten ist bereits seit zwei Jahren in den meisten größeren Bahnhöfen in Japan im Einsatz.[34]

4.2.4 Patientenüberwachung

Mit Hilfe der Übertragungstechnik NFC lassen sich auch medizinische Anwendungen verbessern. Damit wird es möglich, dass, meist über ein Mobiltelefon mit NFC-Technik, die Patientendaten wie z. B. der Blutdruck erfasst und anschlie-

---

33 Vgl. QIVICON: http://www.qivicon.com (18.10.2012).
34 Vgl. Telegraph: http://www.telegraph.co.uk/news/worldnews/asia/japan/8136743/Japanese-vending-machine-tells-you-what-you-should-drink.html (18.10.2012).

ßend an einen zentralen Server weitergeleitet werden. Dadurch können die Patientendaten über einen längeren Zeitraum aufgezeichnet und überwacht werden.[35]

Weit über das reine Senden und Überwachen von Patientendaten hinaus geht das Konzept „Ambient Assisted Living" (AAL). Das Konzept AAL kombiniert Produkte, Dienstleistungen und neue Technologien wie das IoT, sodass ältere und pflegebedürftige Menschen in allen Lebensabschnitten so gut unterstützt werden, dass ihre Lebensqualität erhöht wird und sie möglichst lange ein selbstständiges sowie selbstbestimmtes Leben zu Hause im gewohnten Umfeld führen können. Das Konzept muss hierfür verschiedene Anwendungsbereiche wie Gesundheit, Kommunikation mit Pflegepersonal und Ärzten sowie Heimautomatisierung von elektrischen Geräten miteinander zu einem Gesamtsystem vereinen. AAL befindet sich im Moment noch im Bereich der Forschung. Zu diesem Thema führt z. B. das Forschungszentrum Informatik in Karlsruhe einige Forschungsprojekte durch.

5 Kontextwissen ist die Basis der personalisierten Ansprache

Die Vision hinter dem Internet of Things besteht darin, die derzeit bestehende Informationslücke zwischen der realen und der virtuellen Welt zu minimieren, um so eine möglichst umfassende Abbildung der Realität im Internet zu ermöglichen. Dies soll durch Aspekte des „Future Internet" realisiert werden, dessen Vorstufe und gleichzeitiger Bestandteil auch das IoT sein wird. In diesem „Future Internet" werden das Internet of Services und das IoT miteinander kombiniert. Das IoS wird eine softwarebasierte Möglichkeit zum Erbringen von Diensten über verschiedene Netze hinweg bieten. Die Kombination des IoT mit dem IoS soll jedem Teilnehmer die Möglichkeit eröffnen, sich jederzeit („anytime") an jedem Ort („anywhere") mit Jedem („anything and anyone") unter der Verwendung jedes beliebigen Netzwerks („any path/network") mit Nutzung eines beliebigen Dienstes („any service") zu verbinden. Dadurch wird es möglich, Konzepte wie beispielsweise Kontextmanagement (Ambient Intelligence) umzusetzen.[36]

---

35 Vgl. Langer, J./Roland, M. (2010): Anwendung und Technik von Near Field Communication (NFC), Springer-Verlag, Berlin u. a., 2010, S. 235 f.
36 Botthof, A./Domröse, W./Groß, W. (2011): Technologische und wirtschaftliche Perspektiven Deutschlands durch die Konvergenz der elektronischen Medien, VDI/VDE/IT in Kooperation mit dem Institut für Gründung und Innovation der Universität Potsdam, 2011; PARADISO reference document (2011): A forward-looking analysis to identify new innovation paths for the Future Internet: http://paradiso-fp7.eu/files/2011/05/PARADISO_reference_document_May 2011.pdf (14.05.2012).

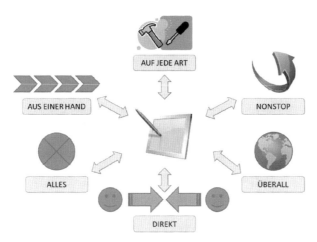

Abbildung 1: Dimensionen des Kontextmanagement auf Basis der Struktur von Gartner[37]

Der Kontext umfasst alle Informationsgrößen (sogenannte Kontextparameter), die zur Charakterisierung der aktuellen Gesamtsituation des Systems und somit als Wissensquelle für jegliches kognitives bzw. kontextsensitives Verhalten verwendet werden können. Kontextsensitive Systeme bestehen grundlegend aus zwei Schichten, Informationsquellen (Sensoren) und Informationssenken (Applikationen). Dabei werden die Informationssenken von der Quellenschicht mit Kontextparametern in Rohform, d. h. als Rohdatenmesswerte, beliefert. Kontextmanagement nutzt Informationen über den Anwender, seine oder die Umgebung von Objekten sowie Aktivitäten und Vernetzungen, um die Qualität der Anwendungen zu verbessern. Entsprechende Systeme, die mit ihrer Umgebung im Austausch stehen, können viele Bedürfnisse der Anwender vorwegnehmen und mit kontextabhängigen Inhalten, Produkten oder Dienstleistungen befriedigen. Die praktische Umsetzung erfolgt auf a-priori-Modellen (Modellierung legt Zusammenhänge ohne jegliche Messung und alleine aufgrund von Vorwissen fest) oder heuristischen Modellen (heuristische Methoden versuchen aus aufgezeichneten Kontextparametern ein Modell für die Generierung eines Metakontextparameters zu erzeugen). Die Abbildungen 1 und 2 verdeutlichen die Dimensionen des Kontextmanagement und stellen exemplarisch einige Realisierungsaspekte dar.

---

37 In Anlehnung an Gartner (2010a): Context-enriched Services; in ähnlicher Form von Österle (Universität St. Gallen): http://www.im.ethz.ch/education/WS0607/MgmtuIV_2006_06.pdf (25.10.2012).

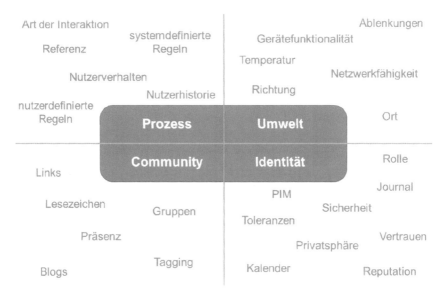

Abbildung 2: Realisierungsaspekte des Kontextmanagements auf Basis der Struktur von Gartner[38]

Marktbeobachter und -analysten gehen davon aus, dass sich kontextsensitive Services und Kontextmanagement zu beachtlichen Wirtschaftsfaktoren entwickeln werden. Die Verknüpfung von IoS und IoT in Gestalt kontextbasierter Interaktion bietet Nutzern einen entscheidenden Vorteil, der auch in Zukunft weiter an Bedeutung gewinnen wird: „Convenience" (engl.: „Bequemlichkeit/Komfort"). Dank des Kontextwissens müssen Anwender nicht mehr aufwendig nach Informationen suchen, ersparen sich das Hin- und Her-Springen zwischen verschiedenen Anwendungen und erleben eine Reduktion der Datenflut auf die in ihrer aktuellen Situation relevanten Informationen.

6 Schlussfolgerungen

Die Konvergenz der Technologieentwicklung im Internet hat einen Paradigmenwechsel der Informationsversorgung initiiert. Bereits heute sind viele technische

---

38 In Anlehnung an Gartner (2010b): An Information Model for Context-Enriched Services, 2010 update (G00200697): http://www.gartner.com/technology/research/context-aware-computing/ (26.10.2012).

Objekte in das Internet eingebunden und durch die ständige Nutzung des Internet am Mobiltelefon und PC, dem Spiele-Gadget und dem TV-Gerät sind die Internet Service-Provider bzw. Suchmaschinen-Betreiber bereits heute in der Lage ein recht umfangreiches Profil von einzelnen Personen zu erstellen. Diese Teilinformationen bilden die Grundlage von Kontextmanagement als Basis situationsabhängiger Dienste.

Dies wird sich in sinnvollen Lösungen (z. B. für das Energiesparen und die Unterstützung älterer Menschen) niederschlagen, es wird aber auch Anwendungen geben, die wir heute noch als „Big Brother"-Überwachung bzw. Bevormundung ablehnen. Die Befürchtung, dass Maschinen bzw. Androiden die Kommunikation mit Kunden vollständig übernehmen werden, wird allerdings vorerst nicht Realität. Immer noch unterscheiden sich Menschen in der Kommunikation und Interaktion von Maschinen durch emotionale und soziale Intelligenz sowie Einfühlungsvermögen. Der eingangs erwähnte Roman „Do Androids Dream of Electric Sheep?" thematisiert die scheinbar immer unschärfer werdende Grenze zwischen Mensch und Maschine. „Was den Mensch aber auch in Zukunft zum Menschen mache", so betont Autor Philip K. Dick, „sei primär seine Empathie, die Fähigkeit, sich in die Lage anderer Menschen zu versetzen". Wenn auch heute noch Science Fiction, zeigt die Entwicklung hin zu IoS und IoT doch: Durch die Kombination aus Vergangenheitswissen und Sensoren- bzw. Kontextdaten werden die Grundlagen dafür geschaffen, dass vernetzte Objekte neben einer künstlichen Intelligenz (KI) eine – wenn auch rudimentäre – „Künstliche Empathie" (KE) erhalten, so dass sie auf die Bedürfnisse ihrer (menschlichen) Interaktionsteilnehmer eingehen und ihnen „die Wünsche von den Lippen ablesen" können.

Ganz sicher werden sich die Wertschöpfungsprozesse verändern und die Integration von Kontextwissen in Systemumgebungen wird neu organisiert. Das Dialogmarketing muss dieser Entwicklung Rechnung tragen und situationsabhängiges Wissen auf Basis des Kontextmanagements nutzbringend einsetzen.

Dies kann im Umkehrschluss sogar zu einer Stärkung des Dialogmarketing führen, da die personalisierte Ansprache der Zielpersonen, zur richtigen Zeit, mit den richtigen Themen unter Nutzung von Kontextinformationen aus der Analyse des IoT und IoS, sowie des Erfahrungs-Know-hows über Interessen und vergangene Aktivitäten, die situationsspezifischen Bedürfnisse besser adressiert. Allerdings kann es notwendig werden mit den relevanten Unternehmen, die den Zugriff auf die Kontextinformationen haben, gewinnbringende Kooperationen einzugehen. Rein technische Fragestellungen und Herausforderungen, wie z. B.

die Sicherheit bzw. Vertrauenswürdigkeit, die eine schnelle Nutzung solcher Systeme bisher verhindern, werden bald zufriedenstellend gelöst sein.

Damit wird demnächst eine technische Infrastruktur vorhanden sein, die es ermöglichen wird im Dialogmarketing zusätzliche Informationsquellen und Kontextinformationen für die zielgerichtete, positiv aufgenommene und situationsgerechte Interaktion mit Kunden bzw. Partnern zu nutzen.

Literatur

Ashton, K. (2009): That 'Internet of Things' Thing. In: RFID Journal: http://www.rfidjournal.com/article/view/4986 (13.05.2012).

Berlecon Research GmbH (2010): Das wirtschaftliche Potenzial des Internet der Dienste: http://www.berlecon.de/studien/downloads/Berlecon_IDD.pdf (10.10.2012).

Botthof, A./Domröse, W./Groß, W. (2011): Technologische und wirtschaftliche Perspektiven Deutschlands durch die Konvergenz der elektronischen Medien, VDI/VDE/IT in Kooperation mit dem Institut für Gründung und Innovation der Universität Potsdam, 2011.

Britsch, J./Schacht, S./Maedche, A. (2012): Anything Relationship Management, in: Business & Information Systems Engineering, Jhg. 4, Nr. 2, S. 85-87.

Budnikowsky, I. (2011): Budnikowsky eröffnet virtuelle Boutiquen für „ALIQUA" Naturkosmetik: http://www.kosmetiknachrichten.de/produkte/budnikowsky-eroffnet-virtuelle-boutiquen-fur-%E2%80%9Ealiqua%E2%80%9C-naturkosmetik/ (22.10.2012).

car2go: http://www.car2go.com/ (04.07.2012).

Dey, A. K./Abowd, G. D. (2000): Towards a better understanding of context and context-awareness. Vortrag bei CHI2000 Workshop on the What, Who, Where, When, Why and How of Context-Awareness, 1.-6. April 2000: ftp://ftp.cc.gatech.edu/pub/gvu/tr/1999/99-22.pdf (14.05.2012).

Do Androids Dream of Electric Sheep?: http://www.philipkdick.com/works_novels_androids.html (15.05.2012).

DriveNow: https://www.drive-now.com/lp-promotion1930 (22.10.2012).

DriveNow-Blog: http://blog.drive-now.de/2012/03/23/drivenow_und_flinc/#more-1323 (12.09.2012).

European Commission (2012a): Unleashing the Potential of Cloud Computing in Europe: http://ec.europa.eu/information_society/activities/cloudcomputing/docs/com/com_cloud.pdf (23.10.2012).

European Commission (2012b): Towards the Internet of Services; http://cordis.europa.eu/fp7/ict/ssai/home_en.html (10.10.2012).

flinc: https://flinc.org/ (04.07.2012).

Future Store: http://www.future-store.org/fsi-internet/html/de/30209/index.html (16.07.2012).

Gabriel, P./Gaßner, K./Lange, S. (2010): Das Internet der Dinge – Basis für die IKT-Infrastruktur von morgen. Institut für Innovation und Technik, Berlin, 2010: http://www.internet-of-things.eu/resources/documents (12.10.2012).

Gartner (2010a): Context-enriched Services; in ähnlicher Form von Prof. Dr. H. Österle, Universität St. Gallen: http://www.im.ethz.ch/education/WS0607/MgmtuIV_2006_06.pdf (25.10.2012).

Gartner (2010b): An Information Model for Context-Enriched Services, 2010 update (G00200697): http://www.gartner.com/technology/research/context-aware-computing/ (26.10.2012).

Geisberger, E./Broy, M. (2012): agendaCPS – Integrierte Forschungsagenda Cyber-Physical Systems (acatech STUDIE), Springer Verlag, Heidelberg u. a., 2012.

Google AdSense: https://www.google.com/adsense (19.10.2012).

Google AdSense-Hilfe: https://support.google.com/adsense/bin/answer.py?hl=de&answer=17470&ctx=cb&src=cb&cbid=-17tixd9un45s9&cbrank=0 (13.07.2012).

Google Gmail: http://support.google.com/mail/bin/answer.py?hl=de&answer=6603 (12.09.2012).

Langer, J./Roland, M. (2010): Anwendung und Technik von Near Field Communication (NFC), Springer-Verlag, Berlin u. a., 2010.

Ljubic, N. (2012): Spielzeug via QR Code spenden. http://www.wds7.at/2012/01/erfolgreiche-qr-code-kampagnen/ (03.07.2012).

Macleod, D. (2011): eBay Give A Toy Store: http://theinspirationroom.com/daily/2011/ebay-give-a-toy-store/ (22.10.2012).

Martinez, C. (2012): Objective ICT-2013.1.4 A reliable, smart and secure Internet of Things for Smart Cities, Work Programme 2013.

Matzat, L. (2011): Vorratsdaten: Der Funkmast als Wachturm: Wo war Malte Spitz während der Demonstration „Freiheit statt Angst" am 12.09.2009: http://blog.zeit.de/open-data/2011/02/25/vorratsdaten-funkmast-als-wachturm/ (23.10.2012).

Nash, P. (2012): Digital Inclusion – Minority Report: http://rsafellowship.com/profiles/blogs/digital-inclusion-minority-report (15.05.2012).

PARADISO reference document (2011): A forward-looking analysis to identify new innovation paths for the Future Internet: http://paradiso-fp7.eu/files/2011/05/PARADISO_reference_document_May2011.pdf (14.05.2012).

Rawiel, P. (2009):car2go – Carfinder, in: Franke, R. (Hrsg.): HFT Stallgeflüster, Nr. 32: http://www.hft-stuttgart.de/Aktuell/Presse-Marketing/Publikationen/Zeitung32.pdf/de (23.10.2012).

QIVICON: http://www.qivicon.com (18.10.2012).

QR Code Stores: http://www.shop2mobi.com/virtual-qr-code-store-examples/ (05.09.2012).

Spiegel Online: http://www.spiegel.de/netzwelt/netzpolitik/sparkassen-pilotprojekt-kontaktlose-geldkarte-verraet-ihren-besitzer-a-831711.html (18.10.2012).

Telegraph: http://www.telegraph.co.uk/news/worldnews/asia/japan/8136743/Japanese-vending-machine-tells-you-what-you-should-drink.html (18.10.2012).

The Internet Movie Database – Minority Report (2002): http://www.imdb.com/title/tt0181689/ (14.05.2012).

Windfelder, K. (2008): Einführung Online-Marketing: Kontextbasierte Werbung – Google Adsense: http://blog.100partnerprogramme.de/2008/07/04/einfuhrung-online-marketing-kontextbasierte-werbung-google-adsense-teil-8/ (12.09.2012).

Die Autoren

Prof. Dr. Rebecca Bulander lehrt Quantitative Methoden und Betriebswirtschaftslehre an der Fakultät für Technik im Studiengang Wirtschaftsingenieurwesen der Hochschule Pforzheim. Sie hat an der Hochschule Pforzheim Wirtschaftsingenieurwesen und an der FernUniversität in Hagen Betriebswirtschaftslehre studiert. Anschließend hat sie am Forschungszentrum Informatik (FZI) in Karlsruhe und an der Universität Karlsruhe (TH), heute Karlsruher Institut of Technology (KIT), am Institut für Angewandte Informatik und Formale Beschreibungsverfahren (AIFB) promoviert. Ihre Forschungsschwerpunkte sind Customer Relationship Management sowie Prozessmanagement und -modellierung.

Dipl.-Kfm. Johannes Britsch arbeitet als Assistent des Vorstandsvorsitzenden bei der CAS Software AG (Karlsruhe). Daneben ist er Doktorand und wissenschaftlicher Mitarbeiter am Institut für Mittelstandsforschung der Universität Mannheim, wo er in den Themengebieten xRM, Software-Usability und Managementkonzepte forscht. Er hat an der Universität Mannheim Betriebswirtschaft mit interkultureller Qualifikation Japanisch studiert.

Prof. Dr. Bernhard Kölmel ist Professor für Globales Prozessmanagement an der Fakultät für Technik an der Hochschule Pforzheim. Er koordiniert mehrere nationale und internationale Forschungsaktivitäten (z. B. MimoSecco im Bereich Trusted Cloud, GloNet im Bereich Factories of the – Zusammenführung des Internet of Services, IoS, mit dem Internet of Things, IoT). Er ist als externer Experte für die Europäische Kommission bei der Auswahl und Begutachtung europäischer Forschungsprojekte tätig (Bsp: ICT-1.2 Internet of Services, ICT-1.3. Internet of Things). Sein Forschungsschwerpunkt ist Globales Prozessmanagement und der System of Systems Ansatz innerhalb der IoT- und IoS-Integration mit Umsetzung durch integriertes Kontextmanagement.

Johanna Wüstemann, BBA, arbeitet als akademische Mitarbeiterin an der Fakultät für Technik im Studiengang Wirtschaftsingenieurwesen der Hochschule Pforzheim in den Themenbereichen Controlling, Customer Relationship Management und Prozessmanagement. Daneben absolviert sie den Master in Wirtschaftswissenschaften an der FernUniversität in Hagen. Sie hat an der Hochschule Karlsruhe – Technik und Wirtschaft International Management studiert.

Kontakt

Prof. Dr. Rebecca Bulander
Hochschule Pforzheim
Tiefenbronner Str. 65
75175 Pforzheim
rebecca.bulander@hs-pforzheim.de

Dipl.-Kfm. Johannes Britsch
Universität Mannheim
L9, 1-2
68161 Mannheim
britsch@ifm.uni-mannheim.de

Prof. Dr. Bernhard Kölmel
Hochschule Pforzheim
Tiefenbronner Str. 65
75175 Pforzheim
bernhard.koelmel@hs-pforzheim.de

Johanna Wüstemann, BBA
Hochschule Pforzheim
Tiefenbronner Str. 65
75175 Pforzheim
johanna.wuestemann@hs-pforzheim.de

Digitale Revolution – Auswirkungen auf das Marketing

Ralf T. Kreutzer

Inhalt

1 Der Gartner Hype Cycle als prognostischer Hintergrund 64
2 Ausgewählte Herausforderungen für das Marketing 68
2.1 Big Data 68
2.2 Veränderungen des Kundenverhaltens 72
2.3 Beginn des Zeitalters der Kooperationen 82
3 Wie gut fühlen sich CMOs auf diese Herausforderungen vorbereitet? . 85
4 Ausblick 87

Literatur 87
Der Autor 88
Kontakt 88

Management Summary

Die digitale Revolution stellt das Marketing vor große Herausforderungen. Einen wichtigen Orientierungsrahmen hierbei liefert der *Gartner Hype Cycle* als prognostischer Hintergrund. Basierend auf den dort präsentierten Prognosen werden ausgewählte Herausforderungen für das Marketing diskutiert. Dabei liegt der Fokus auf dem Themenfeld Big Data und den dadurch forcierten Veränderungen im Kundenverhalten. Schließlich wird herausgearbeitet, dass ein neues Zeitalter der Kooperationen aufzieht, um die definierten Herausforderungen erfolgreich managen zu können. Abschließend bleibt die Frage zu beantworten, wie gut sich CMOs auf diese Herausforderungen vorbereitet fühlen.

1 Der Gartner Hype Cycle als prognostischer Hintergrund

Die *Digitale Revolution* steht nicht bevor, sondern sie entfaltet in vielen Bereichen schon die *Kraft der schöpferischen Zerstörung*. Eine wichtige Orientierungshilfe für Unternehmen liefert hier der jährlich aktualisierte *Hype Cycle für neue Technologien* von Gartner (2012a). Hier wird aufgezeigt, welche Phasen branchenübergreifend relevante Technologien hinsichtlich der in sie gesetzten Erwartungen in ihrem technologischen Lebenszyklus bereits erreicht haben. Dabei wird sichtbar, welche Technologien ggf. noch überbewertet und welche bereits zum etablierten Werkzeug geworden sind oder sich dorthin entwickeln (vgl. Abbildung 1; Gartner, 2012b).

Hinsichtlich der Erwartungen an die Technologien definiert Gartner fünf verschiedene Phasen, die *Aufschluss über den Stand der Marktaufnahme neuer Technologien* liefern.

Technology Trigger („Technologische Impulse")
In dieser Phase werden erste Erfolgsmeldungen neuer Technologien publiziert und von den Medien gerne aufgegriffen. Ob diese Technologien einen nachhaltigen Einsatz finden werden, ist zu diesem frühen Zeitpunkt noch nicht absehbar.

Peak of Inflated Expectations („Höhepunkt der überzogenen Erwartungen")
In dieser Zeitspanne wird eine Vielzahl von Erfolgsstorys sichtbar, die die Erwartungen an eine neue Technologie auf den Höhepunkt führen. Gleichzeitig werden aber auch Misserfolge bei der Nutzung der Technologie sichtbar, die Erwartungen an Grenzen stoßen lässt. Der technologische Einsatz bleibt nach wie vor auf wenige Unternehmen beschränkt.

Trough of Disillusionment („Tiefpunkt der Ernüchterung")
Diese Talsohle im technologischen Lebenszyklus basiert auf der Erkenntnis, dass viele Erwartungen an neue „Wunderwaffen" nicht erfüllt wurden. In dieser Phase überleben nur die Technologie-Anbieter, die die Early Adopters von den Vorzügen der Technologie nachhaltig überzeugen können. Die anderen Anbieter scheiden aus dem Wettbewerb aus.

Slope of Enlightenment („Anstieg der Erkenntnis/Aufklärung")
Hier wird zunehmend sichtbar, wie eine Technologie nutzbringend eingesetzt werden sollte. Technologische Entwicklungen der zweiten und dritten Generation der Initialtechnologie werden angeboten und zunehmend von innovationsoffenen Unternehmen aufgegriffen und in den Workflow integriert.

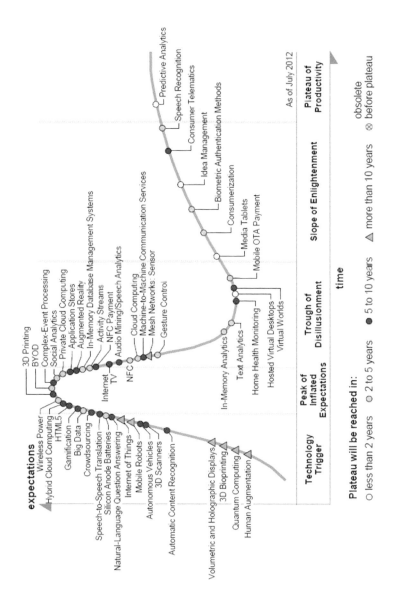

Abbildung 1: Gartner's Hype Cycle für neue Technologien
Quelle: Gartner, 2012b

Plateau of Productivity („Produktivitätsplateau")
Die Technologie wird jetzt breit eingesetzt, da deren Vorteile nicht nur sichtbar sind, sondern sich auch umfassend rechnen. Der Einsatz als Mainstream-Technologie ist vorgezeichnet. Ein Einsatz in immer mehr Unternehmen und Anwendungsbereichen ist nur noch eine Frage der Zeit.

Zusätzlich präsentiert *Gartner* eine Prognose, wann voraussichtlich das Produktivitätsplateau erreicht werden wird. Dies ist in Abbildung 1 an den unterschiedlichen Helligkeit und Symbolen bei den einzelnen Technologien erkennbar. Hier soll das Augenmerk auf ausgewählte technologische Entwicklungen gerichtet werden. Ein Blick auf Abbildung 1 zeigt, dass die Themenfelder Big Data und Crowdsourcing kurz vor ihrem Erwartungshöhepunkt stehen. Bei *Big Data* wird davon ausgegangen, dass es das Produktivitätsplateau bereits in ca. zwei bis fünf Jahren erreichen wird. Beim *Crowdsourcing* wird dies erst in fünf bis zehn Jahren geschehen. Das *Internet of Things* wird nicht nur länger brauchen, um sich zum Erwartungshöhepunkt zu entwickeln, es wird auch erwartet, dass das Produktivitätsplateau erst in mehr als zehn Jahren erreicht werden wird.

Social Analytics, *NFC Payment* (Near Field Communication) und *Internet-TV* sind dagegen in der Phase der Konsolidierung, da sie den Erwartungshöhepunkt schon überschritten haben. *Media Tablets*, *Idea Management* und *Predictive Analysis* sind dagegen schon auf dem Weg, fester Bestandteil vieler Unternehmenskonzepte zu werden und den an sie gerichteten (reduzierten) Ansprüchen Rechnung zu tragen. Nach Einschätzung von Gartner (2012a) sind bei Big Data, Internet-TV, NFC Payment, Cloud Computing und Media Tablets im Vergleich zum Vorjahr die größten Veränderungen festzustellen. Angesichts der hier herrschenden Dynamik sollte jedes Unternehmen für sich prüfen, welche Bedeutung diese Entwicklungen für das eigene Unternehmen haben.

Gartner fasst einige Technologien zu sogenannten *Tipping Point Technologies* zusammen, d. h. zu Technologie-Gruppen, die an einem Wendepunkt stehen. Diese können einen massiven Einfluss auf die Geschäftswelt bzw. die gesamte Gesellschaft haben (vgl. Gartner, 2012a). Dazu gehören die sogenannten *Smarter Things*, die über das *Internet der Dinge* („Internet of Things") miteinander vernetzt werden. Was ist mit diesem „Internet der Dinge" eigentlich genau gemeint? Hierunter versteht man eindeutig identifizierbare Objekte, die über das Internet miteinander vernetzt sind. Neuere Formen der Kommunikation, bspw. über RFID (Radio Frequency Identifikation) oder jetzt auch über NFC (Near Field Communication), d. h. eine drahtlose Kommunikation, erleichtern den Informationsaustausch und können bei Produkten den Einsatz von Barcodes ablösen. Werden Objekte mit Radio Tags (d. h. Funketiketten) ausgestattet, dann kann durch die hier empfangbaren Daten festgestellt werden, ob ein Angebot im Laden knapp wird; und bei Bedarf kann automatisch eine Bestellung ausgelöst werden. Werden Menschen im Alltag mit diesen Radio Tags versehen – bspw. über ihr Smartphone –, können diese einfach identifiziert, lokalisiert und folglich mit hoch individualisierten Botschaften angesprochen werden, orientiert an den bekannten Bedarfsstrukturen und spezifischen Präferenzen.

Die Frage lautet, welche Herausforderungen für das Marketing mit ausgewählten Veränderungen verbunden sind, die sich hier abzeichnen. Der Fokus soll dabei auf die Themenfelder Big Data und die insgesamt veränderten Verhaltensweisen der Kunden gelegt werden.

2 Ausgewählte Herausforderungen für das Marketing

2.1 Big Data

Eine Vielzahl von Entwicklungen führt zu einem kontinuierlich steigenden Fluss von Daten, weshalb zu Recht von Big Data gesprochen werden kann. Ein wichtiger *Treiber für Big Data* ist, dass die Menschen von Natur aus „sozial" veranlagt sind. Deshalb lieben sie es, ihre Meinungen, Wünsche, Hoffnungen und Befürchtungen kundzutun – und dieses immer häufiger auch in den sozialen Medien und damit öffentlich. Die „Voice of the Customer" findet sich folglich immer stärker in der Cloud wieder und kann dadurch immer umfassender analysiert und bei der Ansprache und Betreuung berücksichtigt werden. Die dadurch notwendigen Technologien, wie die automatische Inhaltserkennung („automatic content recognition"), Crowdsourcing, Social Analytics, Cloud Computing, Audio Mining/Speech Analytics und Text Analytics stehen in immer besserer Qualität genau für solche Anwendungen zur Verfügung (vgl. Gartner, 2012a).

Wie sich das Phänomen Big Data und der damit zu bewältigende *Datenstrom in Zukunft* entwickeln wird, zeigt Abbildung 2.

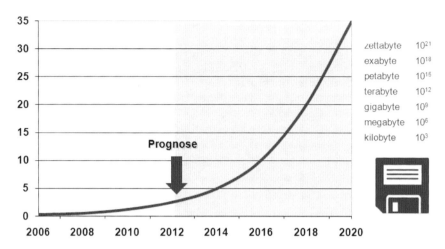

Abbildung 2: Big Data – Entwicklung der weltweiten Datenmenge in Zettabytes
Quelle: in Anlehnung an Gantz/Reinsel, 2011, S. 1

Welches sind jetzt konkret die Datenquellen, die hinter diesen Entwicklungen stehen? Abbildung 3 zeigt eine Auswahl davon, wobei anzumerken ist, dass täglich dutzende neue Quellen entstehen – und bestehende versiegen.

Abbildung 3: Welches sind die zentralen Quellen von Big Data?

Welche *Taktzahl* dabei in den unterschiedlichen Quellen bzw. bei den verschiedenen Instrumenten vorliegt, zeigt Abbildung 4. Neben mehr als 1.500 Blog-Posts pro Minute werden mehr als 25 Stunden Video-Material hochgeladen, knapp 100.000 Tweets versendet, ca. 700.000 Suchanfragen gestartet und um die 700.000 *Facebook*-Updates kommuniziert. So wächst der Datenbestand bei *Facebook* um 500 Terabyte neuer Daten – pro Tag (vgl. von Rauchhaupt, 2012, S. 71). Gleichzeitig werden – und das mag manchen E-Mail-Kritiker überraschen oder bestätigen –, knapp 170 Mio. E-Mails versendet. Tendenz über alle Kanäle stark steigend.

Abbildung 4: Was wird in 60 Sekunden weltweit an Inhalten kommuniziert? Quelle: Go-Globe, 2012

Die *Datenflut* kann man auch sehr plastisch deutlich machen: „Each day the world creates 2.5 quintillion bytes of new data. By comparison, all of the earth's oceans contain 352 quintillion gallons of water; if bytes were buckets, it would only take about 20 weeks of information gathering to fill the seas" (Bosomworth, 2012). Diese Datenflut wird weiter befeuert durch den zunehmenden Einsatz von Sensoren, die unablässig neue Daten generieren. So ist jeder Smartphone- und jeder Internet-Nutzer ein *menschlicher Sensor*, der laufend neue Daten generiert. Und die spannende Frage für jedes Unternehmen lautet:

Welche der hier verfügbaren Daten beinhalten wertvolle Informationen, die für die weitere Unternehmensentwicklung relevant sind?

Dabei muss allerdings berücksichtigt werden, dass die Daten in verschiedenen Formaten anfallen und zu deren Auswertung leistungsfähige Systeme erforderlich sind. Die große Herausforderung besteht darin, aus den aus Online-Prozessen, der CRM-Software, dem Controlling, der E-Mail- und Telefon-Kommunikation sowie aus dem schier unendlichen Rauschen in den sozialen Medien generierbaren Daten solche Informationen zu gewinnen, die für die Entscheidungsunterstützung herangezogen werden können – und dies idealerweise in Realtime. Insbesondere für die verantwortlichen CIO ist dabei eine Tatsache zu berücksichtigen, die die Nutzbarmachung erleichtert: die gesunkenen *Kosten für das Datenhandling*. Abbildung 5 zeigt, wie sie gefallen sind – bei gleichzeitig moderatem Wachstum der Investitionen in IT. Das kann eigentlich nur eines bedeuten: Es steht eine immer mächtigere Infrastruktur zur Verfügung, um aus der großen Datenmenge entscheidungsrelevante Erkenntnisse zu generieren.

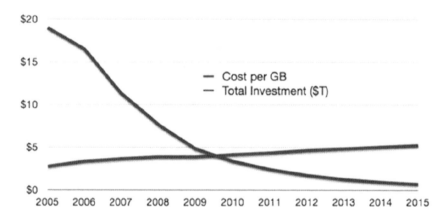

Abbildung 5: Das Digital Universe Growth Paradox: fallende Kosten und steigendes Investitionsvolumen (IDC's Digital Univers Study, 2011)
Quelle: Gantz/Reinsel, 2011, S. 4

Welche Auswirkungen davon werden sich auf das Verhalten von Kunden ergeben – seien dies Konsumenten oder Entscheidungsträger in Unternehmen?

2.2 Veränderungen des Kundenverhaltens

Angesichts der sich hier darstellenden Informationsflut stellt sich die Frage, wie sich die *Customer Journeys* verändert haben, d. h. die „Reisen des Kunden zum Unternehmen". Diese „Reisen" umfassen verschiedene Phasen, die ein Kunde durchläuft, bevor er sich für den Kauf eines Produktes oder den Erwerb einer Dienstleistung entscheidet. Besondere Bedeutung kommt dabei den sogenannten *Customer Touch Points* des Unternehmens oder einer Marke zu, mit denen der Kunden auf dieser Reise in Kontakt kommt. Durch den Eintritt ins Online-Zeitalter haben sich einige Facetten des klassischen Kaufprozesses verschoben. Bisher wurde nach dem Stimulus im Zuge des Kaufentscheidungsprozesses nur zwischen dem First- und dem Second-Moment-of-Truth unterschieden. Der *First-Moment-of-Truth* (*FMOT*) bezeichnet den Zeitpunkt, zu dem ein potenzieller Käufer ein Produkt oder eine Dienstleistung zum ersten Mal körperlich in Augenschein nehmen kann. Hier treffen dann die durch Werbung etc. aufgebauten Erwartungen auf die „harte Realität" des Produktes oder der Dienstleistung. Der *Second-Moment-of-Truth* (*SMOT*) umfasst den Zeitpunkt, zu dem der Käufer ein Produkt oder eine Dienstleistung tatsächlich nutzt. Hier kontrastieren sich wiederum die durch Werbung sowie die durch die erste Inaugenscheinnahme aufgebauten Erwartungen mit den tatsächlichen Leistungen und Erfahrungen der Produktnutzung bzw. der Inanspruchnahme der Dienstleistung. Vom „Moment der Wahrheit" wird deshalb gesprochen, weil sich in diesen beiden „Momenten" zeigt, ob insbesondere die durch die Werbung, die Angebotspräsentation sowie ggf. durch die Beratung am POS geschaffenen Erwartungen tatsächlich auch erfüllt werden (vgl. Abbildung 6).

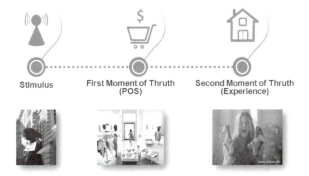

Abbildung 6: Das klassische Kaufverhalten verändert sich
Quelle: Lecinski, 2011, S. 16

Diese traditionelle Customer Journey konnte prägnant und stark vereinfacht mit der klassischen *AIDA-Formel* dargestellt werden (vgl. Abbildung 7).

Abbildung 7: Klassische AIDA-Formel

Zum First- und Second-Moment-of-Truth ist jetzt der *Zero-Moment-of-Truth* (*ZMOT*) hinzugekommen (vgl. Abbildung 8). Hiermit ist insbesondere der – den beiden anderen „Momenten" vorgelagerte – Online-Zugriff auf eine nahezu unüberschaubare Vielzahl von Informationen Dritter gemeint, die Big Data laufend speisen. Einen Teil des sogenannten User-Generated Content stellen Inhalte anderer Personen dar, die über ihre Erfahrungen vor, während und nach Kauf- und Nutzungsakten berichten. Die Informationen aus Blogs, Communities, Kommentaren bei *Facebook* oder über *Twitter* ermöglichen einem Kaufinteressenten eine „*Selbstbedienung in fremder Erfahrung*", die diesen ZMOT inhaltlich ausgestalten. Dabei werden eigene mögliche Erfahrungen durch den Zugriff auf Berichte, Fotos und Videos häufig von unbekannten Dritten „antizipiert". Noch bevor der potenzielle Käufer sich eigene Eindrücke vom Zielobjekt verschafft, kann folglich eine Vielzahl von Informationen über die Pre-Sales-, Sales-, Post-Sales- und Usage-Phase anderer Personen gewonnen werden. Der ZMOT wird folglich gespeist aus den Erfahrungen anderer entlang deren Kundenbeziehungslebenszyklus (vgl. weiterführend Kreutzer, 2009, S. 49-56). Eine US-Studie von *Google* aus dem Jahr 2011, die diesen Effekt identifizierte, weist aus, dass Konsumenten vor einem Kaufakt über zehn verschiedene Quellen heranziehen (vgl. Lecinski, 2011, S. 61).

Digitale Revolution – Auswirkungen auf das Marketing

Abbildung 8: Positionierung und Quellen des ZMOT Quelle: nach Lecinski, 2011, S. 17

Wenn man sich fragt, wie wichtig die Berücksichtigung dieses ZMOT für Unternehmen ist, dann kann folgendes festgestellt werden: Gemäß einer Studie bei US-Einkäufern 2011 ist die Anzahl der in Anspruch genommenen Informationen von 2010 bis 2011 von 5,3 auf 10,4 gestiegen (vgl. Lecinski, 2011, S. 17). Gleichzeitig zeigt Abbildung 9, welche Bedeutung dem ZMOT heute schon bei Kaufentscheidungen zukommt.

Und ein weiteres Ergebnis verdient unsere Aufmerksamkeit: „It's well known that consumers research expensive products like electronics online, but coming out of the recession, consumers are more scrupulous about researching their everyday products such as diapers and detergent, too. More than a fifth of them also research food and beverages, nearly a third research pet products and 39 % research baby products, even though they ultimately tend to buy those products in stores, according to WSL Strategic Retail, a consulting firm" (Byron, 2011, S. 1). Hiermit wird deutlich, dass eine neue Zielgruppe an Bedeutung gewinnt, die sogenannten *ROPOs*: Research Online, Purchase Offline.

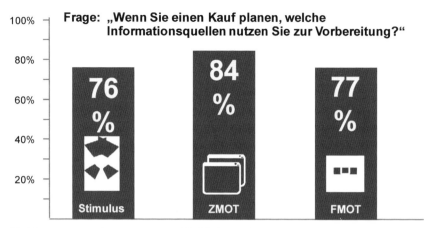

Abbildung 9: Bedeutung unterschiedlicher Informationsquellen im Kaufentscheidungsprozess (US-Käufer, n = 5.003, 2011)
Quelle: Lecinski, 2011, S. 19

Warum tun alle Unternehmen gut daran, die *Relevanz des ZMOT* für sich zu erkennen und entsprechend zu agieren? Schlagkräftige Argumente hierfür liefert Abbildung 10. Auf die Frage, welchen *Informationsquellen* Kunden das *höchste Vertrauen* schenken, stehen – nicht überraschend – „Empfehlungen von Bekannten" mit 88 % an erster Stelle. Interessant ist, dass „Online-Konsumentenbewertungen" mit 64 % bereits an zweiter Stelle folgen (vgl. Nielsen, 2012, S. 2). Dies bedeutet, dass den Aussagen unbekannter Dritter in viel höherem Maße vertraut wird als „redaktionellen Inhalten", aber auch jeglicher Art von Werbung. Damit wird deutlich, welche Bedeutung dem ZMOT beim Aufbau von Vertrauen zukommt.

Dieser ZMOT zwingt Unternehmen, sich den eigenen Prozessen – und dies nicht nur mit Fokus auf den Sales- und gegebenenfalls Post-Sales-Bereich – zu widmen, um eine ganzheitlich positive *Customer Experience* zu erreichen. Wenn dies nicht gelingt, werden andere potenzielle Käufer darüber im Rahmen des ZMOT informiert werden, ob dies einem Unternehmen nun gefallen mag oder nicht. Diese Art der Kommunikation ist nicht zu unterbinden; es kann allenfalls versucht werden, in den entsprechenden Medien mitzugestalten. Eine zwingende Voraussetzung hierfür stellt ein ausgefeiltes Web-Monitoring dar, um die relevanten Inhalte dieser ZMOT-Kommunikation mitzubekommen und gegebenenfalls beeinflussen zu können.

Digitale Revolution – Auswirkungen auf das Marketing

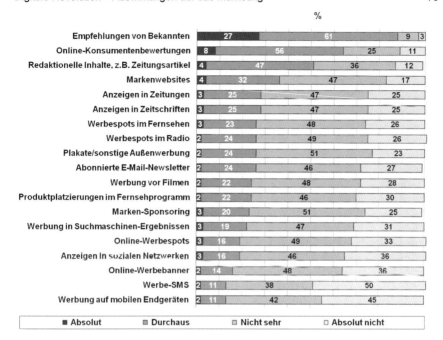

Abbildung 10: Vertrauen in unterschiedliche Informationsquellen – in % (Mehrfachnennungen möglich, n = 500; „absolutes/durchaus Vertrauen", Deutschland)
Quelle: Nielsen, 2012, S. 2

Die heutige *Intensität der Vernetzung zwischen Offline- und Online-Kanälen* zeigt Abbildung 11. Grundlage dieser Abbildung ist die *Customer Journey Typology 2012*, die auf einer Stichprobe von 4.000 Personen in Deutschland gewonnen wurde. Hierzu haben das *E-Commerce-Center Handel* (ECC Handel), die *IFH Köln* sowie *AZ Bertelsmann* zusammengearbeitet (vgl. Kersch, 2012, S. 11). Die Zahlenangaben in der Darstellung sind so zu lesen, dass 91 % der in stationären Geschäften nach Informationen suchenden Verbraucher dort auch einkaufen. Allerdings recherchieren auch 65 % der Verbraucher offline, um anschließend in Online-Shops zu kaufen. Wiederum recherchieren 65 % in Online-Shops, um dann in stationären Geschäften zu kaufen. Zusätzlich wird sichtbar, dass Print-Kataloge mit 79 % nicht nur das Offline-Geschäft, sondern zu 68 % auch das Online-Geschäft stimulieren.

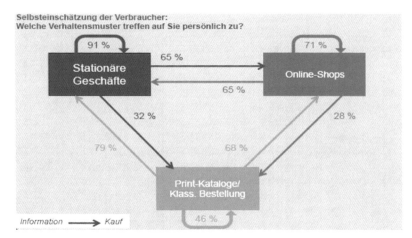

Abbildung 11: Relevante Informationsquellen und ihre Auswirkungen auf Käufe innerhalb der Customer Journey (Mehrfachnennungen möglich)
Quelle: Kersch, 2012, S. 11

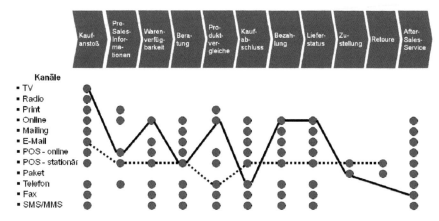

Abbildung 12: Zwei kundenspezifische Customer Journeys bei nicht-digitalen Produkten

Dabei zeigt eine Detailauswertung der Customer Journey 2012, dass die Vielzahl der möglichen Informationenquellen und -kanäle die unterschiedlichsten Customer Journeys entstehen lassen (vgl. Abbildung 12). Unternehmen müssen hier ermitteln, welche Arten von Customer Journeys bei den eigenen Kunden dominieren, um diese möglichst gut informatorisch zu unterstützen und ggf. die Ressourcen auf die wichtigsten Customer Touch Points auszurichten.

Die oben vorgestellte AIDA-Formel ist jetzt konsequent weiterzuentwickeln, um den zusätzlichen Aktivitäten innerhalb einer Customer Journey Rechnung zu tragen. Dabei entsteht die in Abbildung 13 dargestellte Formel: *ASIDAS*. Im Anschluss an die Gewinnung von Aufmerksamkeit für ein bestimmtes Angebot schließt sich jetzt vielfach eine ausgedehnte Suchphase („*Search*") an – die zum ZMOT führen kann. Parallel bzw. zum Abschluss einer Customer Journey erfolgt das „*Share*", d. h. das Teilen der eigenen Erfahrungen durch Kommentare, die bspw. bei *Facebook*, über *Twitter*, in Foren und Communities – und natürlich nach wie vor auch im persönlichen Dialog – erfolgt.

Abbildung 13: ASIDAS – die weiterentwickelte AIDA-Formel

Bei aller Euphorie über das Engagement in den sozialen Medien müssen wir uns die 1:9:90-Regel vor Augen führen (vgl. Abbildung 14). Was verbirgt sich hinter der *1:9:90-Regel*? Studien zeigen, dass – durchaus länderübergreifend – ca. 1 % der Internet-Nutzer sehr aktiv ist und bspw. eigene Beiträge in Blogs oder Online-Communities postet. 9 % der Internet-Nutzer reagieren auf solche Einträge – während auch hier eine „schweigende Mehrheit" von 90 % lediglich lesend aktiv ist (vgl. Petouhoff, 2011, S. 231). Das bedeutet, dass wir insbesondere die *Meinungsführer* im Internet erkennen und idealerweise für uns gewinnen sollten, damit der ZMOT für uns und unser Angebot arbeitet.

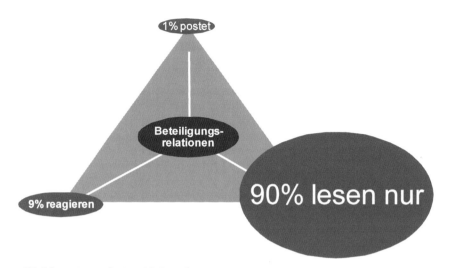

Abbildung 14: Die 1:9:90-Regel
Quelle: Eigene Darstellung nach Petouhoff, 2011, S. 231

Was können wir aus diesen Informationen ableiten? Entscheidend ist, dass wir einer umfassenden *Customer Journey Analyse* weitaus größere Beachtung schenken, als dies bisher in vielen Unternehmen der Fall ist. Dabei ist es zunächst primär unsere Aufgabe als Manager, die von den Kunden präferierten Customer Journeys zu identifizieren – auch wenn diese von den geplanten relativ deutlich abweichen sollten. Eine große Herausforderung für viele Unternehmen besteht darin, die dabei wirksamen *Customer Touch Points* zunächst zu ermitteln und ihren (positiven oder negativen) Beitrag im Rahmen der Customer Journeys zu erkennen. Bei entsprechenden Analysen haben wir immer wieder festgestellt, dass viele wirkende Customer Touch Points bei den Verantwortungsträgern nicht bekannt waren und dass die Anzahl der – aus Kundensicht relevanten – Touch Points regelmäßig deutlich unterschätzt wurden. Im Zuge der weiteren Analysen zeigt sich dann auch regelmäßig, dass viele Touch Points – und nicht nur die bisher unbekannten – nicht ausreichend gemanagt wurden. Dies war insbesondere bei den Touch Points des ZMOT regelmäßig der Fall.

Die Vielzahl der hier zirkulierenden Informationen wird den Trend zu *Big Data* weiter verstärken, weil Daten verschiedener Quellen, mobil und stationär generiert, über einheitliche Protokolle (insbesondere das Internet Protocol, IP) immer stärker miteinander verzahnt werden und dadurch umfassende Daten für Analyse bereitstellen. Die Kombination umfassender Datenbanken mit intelligenten Auswertungswerkzeugen – eingesetzt in Realtime – ermöglicht dann ganz neue Arten der Kundenansprache. Im Kern geht es dabei um die Präsentation von spezifischen Angeboten, die nicht nur zum *Profil eines Nutzers* passen (dies konnte auch ein gutes CRM bisher schon leisten), sondern unmittelbar auf den jeweiligen *Kontext des Nutzers* – zeitlich und inhaltlich – abgestimmt ist. Wie relevant Timing und Kontext sein kann, verdeutlicht folgendes Beispiel: Die Information, dass in der Schlossallee in Berlin ein Radar-Blitzer steht, ist wenig zielführend, wenn mich diese Information erst erreicht, nachdem meine überhöhte Geschwindigkeit dort schon auf einem Foto der Polizei dokumentiert wurde. Erreicht mich die Information dagegen ein paar Minuten früher, weil die Analysesysteme erkennen, dass ich auf dem Weg in die Schlossallee bin, steigt die Relevanz dieser Information dramatisch an.

Viele Geschäftsmodelle basieren heute noch auf *statischen Informationsstrukturen*, aber diese ändern sich gerade dramatisch hin zu *dynamischen Informationsstrukturen*. Es stehen nicht nur immer mehr, sondern auch immer schneller und immer präzisere Informationen zur Verfügung. Die Frage lautet: Wie können diese *Informationen zur Schaffung von Mehrwert für Kunden* genutzt werden? In Japan werden bereits Passantenströme gescreent, um in Abhängigkeit von den dadurch gewonnenen Erkenntnissen die Inhalte der Großdisplays anzupassen (vgl. Chui/Löffler/Roberts, 2010, S. 1). Hierdurch kann wiederum eines erreicht werden: eine höhere Relevanz der ausgespielten Werbeinhalte.

Werden die Präferenzen von Käufern in Realtime auswertbar, kombiniert mit einer speziellen Location, in der sich die Person gerade aufhält, können *dynamische Impulse* (bspw. hinsichtlich Kaufort, Preis, Produktverfügbarkeit) mobil übermittelt werden, um den entscheidenden Kaufimpuls – genau im passenden Moment und am richtigen Ort – zu vermitteln. Der im Zuge des Neuro-Marketings lange gesuchte Buy-Button im Kopf des Kunden wurde zwar immer noch nicht gefunden (vgl. Kreutzer, 2013, S. 95-97), aber durch die Schaffung einer zeitlichen, räumlichen und inhaltlichen Nähe der werblichen Einflussnahme steigt die Relevanz unserer Botschaft für den Empfänger – und damit auch die Kaufwahrscheinlichkeit. Dieser Zusammenhang wird in Abbildung 15 deutlich.

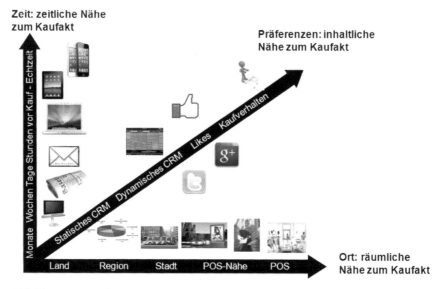

Abbildung 15: Relevanz der Information – Wann erreichen unsere Botschaften die Zielpersonen?

In Abbildung 15 zeigt sich, dass die *Relevanz einer Information* mit der räumlichen, zeitlichen und inhaltlichen Nähe einer Botschaft zunimmt. Die *räumliche Nähe zum Kaufakt* kann durch die auf den jeweiligen Aufenthaltsort der Zielperson abgestimmte Ausspielung von Werbung gesteigert werden. Die *zeitliche Nähe zum Kaufakt* ist bei TV- und Radio-Werbung, aber auch bei Zeitungswerbung und Direct Mail häufig noch eingeschränkt. Eine stationäre, insbesondere aber eine mobile Online-Präsenz kann eine viel größere zeitliche Nähe zum Offline-Kauf aufweisen. Schließlich kommt auch der *inhaltlichen Nähe zum Kaufakt* eine zentrale Bedeutung zu. In statischen CRM-Systemen wurden die Daten der Kunden nur in größeren Zeitabständen, bspw. auf der Grundlage von Kundenbefragungen aktualisiert. Dynamische CRM-Systeme streben dagegen an, die Aktivitäten der Kunden laufend zu erfassen und jene bei der Ansprache unmittelbar zu berücksichtigen. Insbesondere mit *Facebook* und – zurzeit nur eingeschränkt – bei *Google+* stehen jetzt sehr aktuelle Präferenzdaten zur Verfügung, die teilweise durch umfassende Informationen über getätigte Käufe arrondiert werden. Unternehmen, denen es gelingt, diese drei „Nähe generierenden Pole" zusammenzuführen, werden in der kommunikativen Ansprache immer die Nase vorne haben.

Die Erfolge, die *Tesco* mit einem Kundenbindungssystem durch das Ausspielen individualisierter Coupons am POS erreicht, zeigt das Potenzial eines solchen Vorgehens (vgl. Chui/Löffler/Roberts, 2010, S. 3). Das oben aufgezeigte Konzept geht jetzt aber noch einen Schritt weiter: Während die Bereitstellung von Coupons auf einer umfassenden Analyse des bisherigen Kaufverhaltens von *Tesco*-Kunden basiert und die Coupons am POS ausliefert werden, greift das in Abbildung 15 gezeigte Konzept viel weiter: Es werden nicht nur die im eigenen Geschäft erfassten Kaufakte und Präferenzen berücksichtigt, sondern auch die, die bspw. in den sozialen Netzwerken sichtbar werden. Eine entsprechende Permission der Nutzer wird dabei immer vorausgesetzt. Außerdem erfolgt die Auslieferung jetzt mobil – und erreicht den Empfänger idealerweise zu dem Zeitpunkt, an dem Ort und in der Stimmung, in der die höchste Empfänglichkeit für einen kommunikativen Anstoß gegeben ist.

Dieser *informatorische Dreiklang* soll deshalb durch den Begriff *dreidimensionales CRM* zum Ausdruck gebracht werden, das Zeit, Raum und Präferenzen zeitglich kommunikativ zusammenführt.

2.3 Beginn des Zeitalters der Kooperationen

Die sich hier abzeichnende Komplexität im unternehmerischen Umfeld hat eine weitere dramatische Konsequenz: den *Zwang zu immer umfassenderen Kooperationen*. Denn die digitalen Medien haben die Informationsdichte, die täglich auf jeden einstürzt, bis an die Grenze des noch erträglichen ausgedehnt. Noch nie gab es so viele und extrem leicht zugängliche Möglichkeiten, sich zu informieren, sich zu unterhalten und (weltweit) zu kommunizieren – und dies bei Interesse sogar gleichzeitig. „Wenn aber jeder jederzeit sich mit Informationen seiner Wahl versorgen kann, wenn jeder darauf getrimmt wird, in der Wirtschaft für seinen eigenen kleinen Vorteil zu kämpfen, entsteht ein System aus unzähligen Individualisten, die ihren Einzelinteressen frönen. Das formt eine derart komplexe Gesellschaft, deren Herausforderungen wiederum nur gemeinsam angegangen werden können. So gehört es zur Ironie dieser Geschichte, dass ausgerechnet die Epoche der Individualisten die Zusammenarbeit beschwört. Niemand ist so auf die Zusammenarbeit mit anderen angewiesen wie der Individualist. Die Gesellschaft ist das Netzwerk seines Lebens. Er kann seinen Individualismus nur dann ausleben, wenn funktionsfähige Gemeinschaften ihn absichern" (Prange, 2012, S. 53).

Die *Notwendigkeit zur Kooperation* zielt dabei zum einen auf die (bisherigen) Wettbewerber, aber auch auf die Kunden und nicht zuletzt auf den Innenbereich eines Unternehmens selbst (vgl. Abbildung 16). Die *Einbindung der Kunden* erfolgt nicht mehr allein über Konzepte wie klassische Kundenbefragungen oder organisatorisch eingebundene Kundenbeiräte, sondern sehr viel umfassender – und in den Wertschöpfungsprozess eingebunden – durch die sozialen Medien (vgl. weiterführend Kreutzer, 2012).

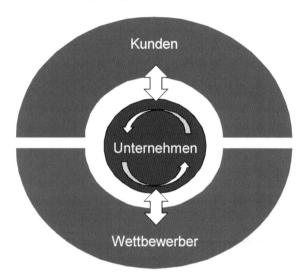

Abbildung 16: „Zeitalter der Kooperationen"

Parallel dazu ist die Tendenz zur *Kooperation mit Wettbewerbern* – auch innerhalb der eigenen Branche oder sogar innerhalb der eigenen strategischen Gruppe – zu erkennen. Die strategische Gruppe wird gebildet durch die Unternehmen einer Branche, die ein vergleichbares Geschäftskonzept mit ähnlichen Produktangeboten über verwandte Kommunikations- und Distributionskanäle mit ähnlicher Preisstellung an eine gleiche Zielgruppe herantragen. Deshalb muss die Beschreibung der Welt durch *Thomas Hobbes* i. S. eines „Krieges gegen alle" bzw. eines „Jeder-gegen-jeden" überwunden werden. Deshalb gilt auch die darwinistische Erfolgsformel des „Survival of the fittest" nicht mehr, die allein auf Anpassungsfähigkeit bzw. auf Stärke basierte. Es geht vielmehr um *Smartness* und *Cleverness*, um in der immer komplexer und dynamischer werdenden Umwelt erfolgreich bestehen zu können.

Die Smartness zeigt sich bei *Kooperationen zwischen Unternehmen* darin, dass diese tatsächlich zum beiderseitigen Nutzen ausgestaltet werden – obwohl auf den ersten Blick auf strategische Wettbewerbsvorteile untereinander verzichtet wird. Die Grundlage für eine solche Zusammenarbeit ist *Vertrauen* (vgl. Peppers/Rogers, 2012). Die Begründung hierfür kann die *Spieltheorie* liefern. Diese versucht herauszuarbeiten, unter welchen Bedingungen sich Spieler am Ziel eines größeren, gemeinsam zu erreichenden Nutzens orientieren. Normalerweise wird jeder Spieler dazu tendieren, nur einen minimalen Einsatz zu leisten, wenn die Gefahr besteht, von den anderen Mitspielern über den Tisch gezogen zu werden. Erst wenn ein Vertrauen darin besteht, dass sich auch die anderen Spieler an bestimmte Regeln halten, werden die Spieler mehr setzen und sich stärker öffnen, so dass ein deutlich besseres Gesamtergebnis erzielt werden kann. Ohne Vertrauensaufbau ist dies nicht zu leisten.

Kann ein solcher Vertrauensaufbau gelingen, dann sind auch *Kooperationen zwischen Erzrivalen* möglich: bspw. zwischen *Daimler* und *Renault*, *BMW* und *Toyota*, *General Motors* und *PSA Peugeot Citroën*. Aber auch zwischen *Apple* und *Samsung*, *Boehringer Ingelheim* und *Eli Lilly* gibt es umfassende Kooperation. Auch *Facebook* ist über eine Vielzahl von Kooperationen gewachsen, da es seine Plattform früh für andere Entwickler öffnete, die tausende von Anwendungen für *Facebook* schrieben und so zur Beliebtheit des Netzwerkes beitrugen. Manchmal geht eine solche Ehe auf Zeit auch wieder zu Ende, wie dies bspw. gerade zwischen *Apple* und *Google* im Hinblick auf *Google Maps* zu beobachten ist (vgl. Hofmann/Fasse/Postinett, 2012, S. 54).

Die Notwendigkeit zur Kooperation bleibt nicht auf die Sphäre außerhalb des Unternehmens beschränkt. Um die beschriebene Silo-Mentalität und die damit einhergehenden Ressort-Egoismen zu überwinden, müssen auch die *unternehmensinternen Kooperationspotenziale* erkannt und ausgeschöpft werden. Der Ökonom *Richard Sennet* hat dazu sehr treffend formuliert: „Boni-Systeme sind der Feind jeder Kooperation". Ein Beispiel hierfür liefern die sogenannten Freundlichkeitskalender der Investmentbanker: „Im März sehr freundlich, im Juli ein wenig abweisend, September aggressiv, Dezember jeder für sich" (Prange, 2012, S. 53). Diese Aussage gilt zumindest dann, wenn die eigenen Boni nur gegen die eigenen Kollegen und nicht mit ihnen gemeinsam zu erreichen sind. Deshalb gilt es zu fragen, in welchem Umfang die etablierten Boni-Systeme in den Unternehmen geeignet sind, Kooperationen – auch über Vorstands- und Hierarchieebenen hinweg – zu unterstützen.

Dies war nur ein kleiner Ausblick auf die Herausforderungen, mit denen sich das Management und insbesondere die CMOs konfrontiert sehen. Weitere Herausforderungen werden auf die CMOs zukommen.

3 Wie gut fühlen sich CMOs auf diese Herausforderungen vorbereitet?

Zunächst sei die Frage gestellt, ob die oben genannten Herausforderungen als solche auch von den CMOs gesehen werden. Deshalb stand in einer Studie von *IBM* genau diese Frage im Mittelpunkt: Was sind die *zentralen Herausforderungen der CMOs* in den vor uns liegenden Jahren? Zusätzlich wurde gefragt, wie gut sich die CMOs auf diese Herausforderungen vorbereitet fühlen. Die Antworten auf diese Fragen sind erleuchtend und schockierend zugleich. Die CMO-Studie von *IBM* hat hierzu in 64 Ländern 1.734 CMOs aus 19 Branchen (vgl. IBM, 2011, S. 6) befragt. Dabei wurden von den CMOs als die *vier größten Herausforderungen* genannt (vgl. IBM, 2011, S. 3):

- Datenexplosion
- Social Media
- Wachsende Zahl von Kommunikationskanälen und -geräten
- Änderungen im Verhalten der Verbraucher

Allein diese vier hier genannten Herausforderungen unterstreichen, dass bestehende *Geschäftsmodelle* und *etablierte Marken* durch die sich hier abzeichnenden Veränderungen *in ihren Grundfesten erschüttert* werden können. Deshalb ist wichtig zu fragen, wie gut sich die CMOs auf diese Herausforderungen vorbereitet fühlen. Oder anders herum: Wie viele CMOs fühlen sich nicht ausreichend vorbereitet? Die Zahlen hierzu zeigt Abbildung 17. Die Ergebnisse zeigen m. E. einen dramatischen Handlungsbedarf: 71 % der CMOs zeigen sich im Hinblick auf die *Datenexplosion* nicht gut vorbereitet. Für 68 % der CMOs stellen die *sozialen Medien* noch ein Buch mit sieben Siegeln dar. Die *wachsende Zahl an Kommunikationsgeräten und -kanälen* stellt für 65 % eine große Herausforderung dar. Und 63 % fühlen sich auch auf die *Veränderungen des Konsumentenverhaltens* nicht gut vorbereitet. Aber wie können in Unternehmen die erforderlichen Veränderungsprozesse angestoßen werden, wenn die Top-Vertreter ihrer Gattung – hier die CMOs – sich dem Thema selbst nicht gewachsen sehen?

Gerade bei den oben genannten größten Herausforderungen bescheinigen sich die CMOs selbst größte Defizite. Aus meiner Sicht ist dies eine *ehrliche*, aber auch eine *beängstigende Bestandsaufnahme*. Sie ruft nach Lösungen, nach Ideen, nach Informationen, um im bevorstehenden bzw. schon länger laufenden Auswahlkampf auf der Siegerseite stehen zu können.

Digitale Revolution – Auswirkungen auf das Marketing

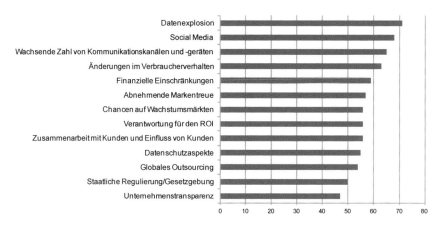

Abbildung 17: Anteil der CMOs, die *nicht* ausreichend auf bestimmte Herausforderungen vorbereitet sind – in %
Quelle: IBM, 2011, S. 15

Frage: „Wo sehen Sie die weitreichendsten Veränderungen struktureller und prozessualer Art im Marketing?"

Abbildung 18: Vom Internet besonders betroffene Marketing-Bereiche – in % (Deutschland, n = 100 Manager, Mehrfachantworten möglich)
Quelle: Camelot Management Consultants, 2012, S. 19;

Die hier aufgezeigten Ergebnisse können für Deutschland noch weiter konkretisiert werden. Eine 2012 durchgeführte Befragung von 100 Managern in verschiedenen Branchen zeigt die vorherrschende Betroffenheit deutlich (vgl. Abbildung 18). Insbesondere die gestiegene *Geschwindigkeit der Kommunikation*, deren *Individualisierung* sowie die häufige *Anpassung der Inhalte* haben hier für viele Befragte die weitreichendsten Veränderungen zur Folge. Gleichzeitig wird sichtbar, dass es noch an *Metriken* fehlt, um Erfolge und Misserfolge zeitnah erfassen zu können. All dies führt schließlich zwingend zu *Veränderungen in der Ablauf- und Aufbauorganisation des Marketings* selbst (vgl. weiterführend Kreutzer, 2012 und 2013).

4 Ausblick

Diese diskutierten Ergebnisse machen eines deutlich: Die *digitale Revolution* wird alle Unternehmen und deren Marketing umfassend herausfordern. Deshalb sind alle Verantwortungsträger in den Unternehmen – insbesondere aber die Marketing-Verantwortlichen – aufgerufen, die Herausforderungen aufzugreifen und aktiv zu gestalten. Abwarten wird durch den Wettbewerb abgestraft werden.

Die Unternehmen tun m. E. gut daran, sich an der Guideline von *Mark Zuckerberg* zu orientieren: „Done is better than perfect!"

Literatur

Bosomworth, D. (2012): Big or small data? It's what you do with it that counts, smartinsights.com/ecommerce/ecommerce-analytics/big-data-its-what-you-do-with-it, 4.10.2012

Byron, E. (2011): In-Store Sales Begin at Home, in: The Wall Street Journal, 25.4.2011, S. 7

Camelot Management Consultants (2012): Die Veränderungsdynamik des digitalen Marketings, Die vertagte Revolution, Studienergebnisse, Mannheim, 2012

Chui, M./Löffler, M./Roberts, R. (2010): The Internet of Things, in: McKinsey Quarterly, mckinseyquarterly.com/article_print.aspx?L2=4&L3=116&ar=2538, 2010

Gantz, J./Reinsel, D. (2011): IDC IVIEW, Extracting Value from Chaos, emc.com/ collateral/analyst-reports/idc-extracting-value-from-chaos-ar.pdf, 2011

Gartner (2012a): Gartner's 2012 Hype Cycle for Emerging Technologies Identifies „Tipping Point" Technologies That Will Unlock Long-Awaited Technology Scenarios, gartner.com/it/page.jsp?id=2124315, 12.9.2012

Gartner (2012b): Hype Cycles, gartner.com/technology/research/methodologies/hypecycle.jsp#, 12.9.2012

Go-Globe (2012): Homepage, go-globe.com, 4.10.2012

Hofmann, S./Fasse, M./Postinett, A. (2012): Es geht nur miteinander, in: Handelsblatt, 28./29./30.9.2012, S. 54

IBM (2011): Von Herausforderungen zu Chancen, Ergebnisse der Global Chief Marketing Officer (CMO) Study, Ehningen, 2011

Kersch, M. (2012): Weiblich, ledig, jung sucht ..., Die neue Zielgruppenansprache in der Multi-Channel-Welt, Vortrag auf dem Dialog-Marketing-Gipfel, Frankfurt, 21.8.2012

Kreutzer, R. (2009): Praxisorientiertes Dialog-Marketing, Konzepte – Instrumente – Fallstudien, Wiesbaden, 2009

Kreutzer, R. (2012): Praxisorientiertes Online-Marketing, Konzepte – Instrumente – Checklisten, Wiesbaden, 2012

Kreutzer, R. (2013): Praxisorientiertes Marketing, Konzepte – Instrumente – Fallbeispiele, 4. Aufl., Wiesbaden, 2013

Lecinski, J. (2011): ZMOT – Winning the zero moment of truth, Chicago, 2011

Nielsen (2012): Vertrauen in Werbung: Bestnoten für Persönliche Empfehlung und Online-Bewertungen, nielsen.com/de/de/insights/presseseite/2012/vertrauen-in-werbung-bestnoten-fuer-persoenliche-empfehlung-und-online-bewertungen.html, 10.4.2012

Peppers, D./Rogers, M. (2011): Managing Customer Relationships, A Strategic Framework, 2nd Edition, Hoboken, 2011

Peppers, D./Rogers, M. (2012): Extreme Trust, Honesty as a Competitive Advantage, New York, 2012

Petouhoff, N. I. (2011): Crowd Service: Customers Helping Other Customers, in: Peppers, D./Rogers, M. (2011), S. 227-234

Prange, S. (2012): Kooperation statt Konflikt, in: HB, 28./29./30.9.2012, S. 52 f.

von Rauchhaupt, U. (2012): Dicke Daten, in: FAS, 7.10.2012, S. 71

Der Autor

Prof. Dr. Ralf T. Kreutzer ist seit 2005 Professor für Marketing an der Hochschule für Wirtschaft und Recht (HWR), Berlin, und Marketing und Management Consultant. Er war 15 Jahre in verschiedenen Führungspositionen bei Bertelsmann, Volkswagen und der Deutschen Post tätig, bevor er als Professor für Marketing berufen wurde.

Kontakt

Prof. Dr. Ralf T. Kreutzer
Hochschule für Wirtschaft und Recht
Badensche Str. 50-51
10825 Berlin
ralf.kreutzer@hwr-berlin.de

Dialogmarketing-Excellence: Erfolgsfaktoren der direkten Kundenansprache

Andreas Mann / Andrea Liese

Inhalt

1 Auf der Suche nach den Erfolgsfaktoren im Dialogmarketing 90
2 Das EFQM-Modell als Grundlage der
  Dialogmarketing-Excellence-Konzeption 97
3 Empirische Überprüfung des Dialogmarketing-Excellence-Modells .. 100
3.1 Spezifikationen des Dialogmarketing-Excellence-Modells 100
3.2 Die „Befähiger" und „Ergebnisse" der Dialogmarketing-Excellence . 102
4 Fazit 106

Literatur 107
Anhang 110
Die Autoren 113
Kontakt 113

Management Summary

Der Einsatz von Business-Excellence-Modellen in der Unternehmensführung ist in der Unternehmenspraxis weit verbreitet. Ziel der Modelle ist es, die Leistungs- und Wettbewerbsfähigkeit sowie daraus folgend den wirtschaftlichen Erfolg von Unternehmen zu verbessern. Im vorliegenden Beitrag wird auf Grundlage einer empirischen Untersuchung bei 327 deutschen Unternehmen gezeigt, inwieweit das EFQM-Modell der Business Excellence in modifizierter und spezifizierter Form auf das Dialogmarketing übertragen werden kann und somit einen Implementierungs- und Gestaltungsrahmen für erfolgreiches Dialogmarketing darstellt. Wie die Ergebnisse belegen, steigert

Dialogmarketing den Unternehmenswert, wenn die entsprechenden Erfolgsfaktoren hierfür erkannt und gezielt beeinflusst werden. Um welche Erfolgsdeterminanten es sich dabei handelt, und wie sie miteinander verknüpft sind, wird in den nachfolgenden Ausführungen erläutert.

1 Auf der Suche nach den Erfolgsfaktoren im Dialogmarketing

Spätestens seit dem Erscheinen des Bestsellers „In Search of Excellence" von Peters/Waterman vor gut 30 Jahren hat die Erforschung von *Erfolgsfaktoren* von Unternehmen und Geschäftsfeldern in Wissenschaft und Praxis eine große Aufmerksamkeit erfahren.[1] Die große Hoffnung, die mit der Erfolgsfaktorenforschung verbunden wird, ist die Ableitung von einfachen Heuristiken erfolgreicher Unternehmens-/Geschäftsfeldführung. Zahlreiche Studien – mit zum Teil widersprüchlichen Ergebnissen – sind seit den Anfängen dieser Forschungsrichtung in der Betriebswirtschaftslehre durchgeführt und publiziert worden.

Auch im Dialogmarketing haben entsprechende Untersuchungen stattgefunden, um die Determinanten des *Dialogmarketing-Erfolgs* oder auch *-Misserfolgs* zu identifizieren. Neben fokussierten Partial-Analysen zur Ermittlung des Einflusses einzelner Planungs-, Kontroll- und Kommunikationsinstrumente oder Gestaltungsparameter auf den Dialogmarketing-Erfolg finden sich im Schrifttum auch holistische Ansätze der Erfolgsfaktorenforschung, bei denen mehrere Einflussgrößen simultan analysiert werden.

In Tabelle 1 sind einige dieser Arbeiten aufgeführt. Dabei zeigt sich, dass die meisten Befunde dieser Studien recht punktuelle Erkenntnisse liefern, die zumeist keine klaren Zusammenhänge aufweisen. Darüber hinaus wird deutlich, dass sich die methodische Ausrichtung der Studien stark unterscheidet. So stehen Einzelfallstudien und qualitative Erhebungen mit explorativem Charakter neben großzahligen quantitativen Kausaluntersuchungen. Gerade diese Heterogenität der verschiedenen Forschungsansätze sowie unzureichende Operationalisierungen von unabhängigen und abhängigen Variablen sowie etwaige Key-Informant-

---

[1] Vgl. Peters/Waterman 1982. Bereits vor dem Erscheinen des Werkes von Peters/Waterman gab es Ansätze zur Erforschung von Erfolgsfaktoren. Hierzu gehören u. a. das Information-system-Moel von Daniel (1961), das Profit Optimizing Model von Borch und Schoeffler (1965) und das PIMS-Projekt von Buzzell/Gale an der Harvard Business School (1972), das später vom Strategic Planning Institute (1975) weitergeführt wurde, oder auch das Werk von Michael Porter zur Bedeutung von Wettbewerbsstrategien für die erfolgreiche Unternehmensführung in 1980. Siehe auch Buzell 2004; Buzzell/Gale 1987; Buzzell/Gale/Sultan 1975; Ghemawat 2002, S. 40 ff.; Schoeffler/Buzzell/Heany 1974.

Biases, die durch die Befragung einer Auskunftsperson zu „objektiven" Sachverhalten für eine gesamte Organisation zustande kommen, werden als *Kritikpunkte* an der Erfolgsfaktorenforschung angeführt.[2] Die unterschiedlichen Vorgehensweisen der Studien ziehen die stark divergierenden und teilweise widersprüchlichen Ergebnissen nach sich.

Darüber hinaus sind auch die Erfolgsmaßstäbe in den Studien unterschiedlich ausgeprägt. So wird einmal die Responsequote von einzelnen Mediennutzungen als Erfolgsmaßstab herangezogen,[3] ein anderes Mal ist es der Cross-Selling-Erfolg einer Kampagne[4] oder der Unternehmenserfolg im Sinne von Unternehmensgewinn und -rentabilität oder Marktmacht/-anteil.[5] Auch diese Heterogenität in den abhängigen Erfolgsmaßstäben kann grundsätzlich kritisch gesehen werden, da sie letztlich eine Vergleichbarkeit der Studien und ihrer Ergebnisse erschweren oder gar verhindern. Außerdem spiegeln ökonomische Erfolgsgrößen, die zumeist als abhängige Variable herangezogen werden, nicht unbedingt den langfristigen Erfolg wider und sie sind bei der Ermittlung stark vom jeweiligen Erfassungs- und Bewertungssystem in den Unternehmen abhängig. Hinzu kommt, dass sich die Ausprägung der ökonomischen Erfolgsmaßstäbe im Branchenvergleich aufgrund spezifischer Rahmenbedingungen stark unterscheiden und daher kaum zu vergleichen sind.

Trotz der grundlegenden Kritik an der Erfolgsfaktorenforschung besteht vor allem in der Praxis der Wunsch nach einfachen Erklärungsmodellen und -konzepten, die das Denken in *Ursachen-Wirkungsdimensionen* fördern und somit Führungskräften bei der Entscheidungsfindung und in ihrer Urteilsfähigkeit positiv unterstützen. Diese konzeptionelle Hilfe bei der Bewältigung von realen Entscheidungsproblemen mag auch der Grund dafür sein, dass sich in der Unternehmenspraxis sog. *Business-Excellence-Modelle* großer Beliebtheit erfreuen. Es handelt sich hierbei um einfache Rahmenkonzepte, in denen wesentliche Zusammenhänge von Input- und Outputgrößen dargestellt werden. Oft sind diese Excellence-Modelle Weiterentwicklungen von Total Quality Management (TQM)-Konzepten, die aufgrund ihres ganzheitlichen Anspruchs zur unternehmensweiten Anwendung einen Orientierungs- und Handlungsrahmen für verschiedene Wertschöpfungsbereiche im Unternehmen zur Verbesserung ihrer Leistungsfähigkeit darstellen.[6] Werden auf der Unternehmens- oder Geschäftsfeldebene derartige Excellence-Modelle imple-

---

2 Vgl. u. a. Nicolai/Kieser 2002, S. 584 f.; Haenecke 2002, S. 167 ff.; Hurrle/Kieser 2005, S. 589 ff.; March/Sutton 1997, S. 699 ff.
3 Vgl. Geller 2002.
4 Vgl. Liu/Wu 2007.
5 Vgl. Mann 2004, S. 457 ff.
6 Vgl. Mann 2009, S. 553.

mentiert, besteht für die einzelnen Funktionsbereiche (z. B. Produktion und Vertrieb) die Anforderung, sich bei strategischen Überlegungen und operativen Handlungen der Modell-Struktur anzupassen.

Tabelle 1: Ausgewählte Studien zu Erfolgsfaktoren des Dialogmarketing (auf Basis von Mann 2009, S. 562 ff.)

Autoren	Studienausrichtung	Befunde / Erfolgsfaktoren
Holistische Ansätze der Erfolgsfaktorenforschung im Dialogmarketing		
Annen / Belz (1997)	Experteninterviews (n = 34)	▪ Integration von klassischen Medien und Dialogmedien ▪ Dialogmarketing-Know-how ▪ Datenqualität ▪ Integration von spezialisierten Dialogmarketing-Dienstleistern ▪ Kreativität ▪ Erfolgskontrollen
Breitschuh (1999)	Explorative Untersuchung (n = 164 Unternehmen)	▪ Interner Stellenwert des Direktmarketing im Unternehmen ▪ Instrumentenkoordination ▪ Kennziffernbasiertes Controlling
Belz et al. (2002)	Explorative Untersuchung (n = 128 Unternehmen und n = 25 Experten)	▪ Verankerung des Dialogmarketing in der Unternehmensführung ▪ Individualisierung der Kundenansprache ▪ Integration von Kommunikation und Vertrieb ▪ Database-Management ▪ Outsourcing von Dialogmarketing-Prozessen ▪ Wertorientierte Zielgruppensegmentierung ▪ Nutzen- / Vorteilsargumentation ▪ Permission-Marketing ▪ Budgetallokation
Geller (2002)	Fallstudien (n > 100)	▪ Nachhaltiges Commitment zum Dialogmarketing ▪ Budgetierung ▪ Controlling ▪ Individualisierung ▪ Kreativität ▪ Experimentierfreude
Krummenerl (2005)	Konfirmatorische Untersuchung (n = 953 Unternehmen und n = 27 Experten)	▪ Prägnanz der Instrumentalgestaltung ▪ Inhaltliche Relevanz der Instrumente ▪ Stärke der Dialogmarketing-Kultur ▪ Qualität des Outsourcing ▪ Negativ (sic): Qualität des Kampagnen-Managements

Mann (2004)	Konfirmatorische Untersuchung (n = 379 Unternehmen)	• Dialogbereitschaft auf der normativen Ebene (Dialogmarketing-Kultur und Kognitionen) • Dialogfähigkeit auf der strategischen Ebene (Wissensmanagement, Sozialkompetenz des Dialogmarketing-Personals, kundenorientierte Planungssysteme) • Dialogführung auf der operativen Ebene (Zielgruppensegmentierung, integrierter Medieneinsatz, individualisierte Kundenansprache, Gestaltung der Customer Touch Points, Dialogmarketing-Controlling)
Töpfer / Mann (1993)	Explorative Untersuchung (n = 98 Unternehmen)	• Abstimmung mit allgemeiner Marketingstrategie • Database-Management • Integration von Direktmarketing-Medien (untereinander und mit Massenmedien)
SVI (2002)	Expertenbefragung (n = 27)	• Klare Zielgruppendefinition • Adressqualität • Kapazitäts- und Budgetplanung • Zielgruppenbezogene Medien- und Botschaftsgestaltung
Von der Straten (2002)	Fallstudie (n = 1)	• Zielgruppendefinition • Mailing-Einsatz • Timing • Mehrstufiges Kampagnenmanagement • Nutzenargumentation • Einfache Responsemöglichkeiten • Flankierender Einsatz klassischer Maßnahmen • Budget- und Strategieplanung • Aktuelle Informationsbasis • Permission Marketing
Partielle Ansätze der Erfolgsfaktorenforschung im Dialogmarketing		
De Wulf / Odekerken-Schröder / Iacobucci (2001)	Konfirmatorische Untersuchung (n = 231, n = 230, n = 337, n = 338, n = 289, n = 302)	• Direct Mails haben einen positiven Einfluss auf die Wahrnehmung, ob ein Unternehmen in Kundenbeziehungen investiert.
Drèze / Bonfrer (2008)	Konfirmatorische Untersuchung (n = 31 E-Mail Kampagnen)	• Die Auswirkungen von Kommunikationshäufigkeit und -zeitpunkt auf Kundenbindung, Höhe der getätigten Ausgaben und damit auf die Customer Equity.

Even / Shankaranarayanan / Berger (2010)	Fallstudie (n = 1)	• Neben der hohen Datenqualität einer Datenbank sollten ebenfalls die Kosten berücksichtigt werden, die mit der Speicherung und Auswertung verbunden sind. Entscheidungen des Datenbankmanagements sollten auch unter dem Kosten-Nutzen-Aspekt getroffen werden.
Godfrey / Seiders / Voss (2011)	Konfirmatorische Untersuchung (Datentriangulation, u. a. Konsumenten n = 3370)	• Im Rahmen einer personalisierten Kommunikation mit bestehenden Kunden gibt es eine ideale Anzahl von Kontakten. Diese ist von der Art des Kommunikationskanals abhängig und führt bei Überschreitung zur Reaktanz der Konsumenten. • Werden mehrere Kommunikationskanäle zur Kundenansprache genutzt, vermindert der Einsatz eines Kanals die ideale Kontaktanzahl eines anderen.
Liu / Wu (2007)	Konfirmatorische Untersuchung (n = 470)	• Direct Mails haben einen positiven Einfluss auf Cross-Buying.
Peltier / Schibrowsky / Davis (1998)	Konfirmatorische Untersuchung (n = 740)	• Segmentierung auf Basis von Vertrauen, Commitment und Kundegebundenheit / -verbundenheit ist vorteilhaft bei datenbankgestützten Kundenbeziehungen.
Peltier / Schibrowsky / Schultz / Davis (2002)	Konfirmatorische Untersuchung (n = 1.200)	• „One size fits all" führt nicht zu einer langfristigen Steigerung der Profitabilität. Es gilt, die Bedürfnisse unterschiedlicher Segmente zu berücksichtigen, die auf Basis psychografischer Kriterien gebildet werden.
Reutterer / Mild / Natter / Taudes (2006)	Konfirmatorische Untersuchung (n = 47.000)	• Segmentspezifische Direktmarketing-Kampagnen haben einen positiven Einfluss auf Profitabilität und Umsatz.
Rhee (2010)	Konfirmatorische Untersuchung (n = 782)	• Unternehmen mit direktem Vertrieb sollten aus Kostenaspekten ihren Kunden nicht ausschließlich die Nutzung des Internets empfehlen. Die Wahl des Kommunikationskanals sollte auch in Abhängigkeit der Eignung für bestimmte Kommunikationsanlässe erfolgen.
Vlasic / Kesic (2007)	Konfirmatorische Untersuchung (n = 1.083)	• Konsumenten haben eine positivere Einstellung gegenüber interaktiver als gegenüber einseitiger Kommunikation. • Die Personalisierung von Beziehungen wird von Konsumenten nur in bestimmten Branchen akzeptiert.
White / Zahay / Thorbjørnsen / Shavitt (2007)	Zwei Studien (n = 86 und n = 154)	• Um Reaktanzen zu vermindern, sollte eine personalisierte Kommunikation einen wahrnehmbaren Grund für den Konsumenten haben.

Inwieweit sich die Logik dieser Konzepte auch auf das Dialogmarketing anwenden lässt und als Rahmenkonzept zu einer Verbesserung der Dialogmarketing-Performance führt, soll in diesem Beitrag untersucht werden. Hierzu wurde das *EFQM-Business-Excellence-Modell* als Grundlage gewählt. Es wird in über 30.000 Unternehmen weltweit genutzt.[7] Auch zahlreiche deutsche Industrie- und Dienstleistungsunternehmen setzen das Modell ein. Es kann daher als etabliertes Konzept in der Unternehmenspraxis angesehen werden, das 1991 von der European Foundation for Quality Management (EFQM) als Evaluationsgrundlage zur Vergabe des europäischen Qualitätspreises entwickelt wurde. Die Überprüfung der Adaption des EFQM-Modells im Dialogmarketing erfolgt auf Basis einer empirischen Untersuchung bei 327 deutschen Unternehmen, die im Jahr 2010 von den Autoren im Rahmen einer standardisierten Befragung hinsichtlich verschiedener Erfolgsgrößen und potenzieller Erfolgsfaktoren im Dialogmarketing analysiert wurden.[8] In Tabelle 2 sind einige Strukturmerkmale der untersuchten Unternehmen und der Auskunftspersonen aufgeführt.

Da in die Erhebung nicht nur Großunternehmen, sondern auch zahlreiche mittelständische und kleine Unternehmen einbezogen wurden, war eine Triangulation bei der Datenbeschaffung schwierig. Durch diesen Ansatz der multiplen Datenbeschaffung lässt sich eine Verzerrung bei der Beurteilung der Erfolgswirkungen durch Key-Informants (sog. Common Method Bias) reduzieren.[9] Grundsätzlich können verschiedene Datenquellen zur multiplen Datenbeschaffung herangezogen werden. Neben der Einbeziehung weiterer Informanten innerhalb oder außerhalb des Unternehmens ist vor allem bei den Output-/Erfolgsgrößen die Nutzung sekundärstatistischer Daten aus internen oder externen Datenquellen (z. B. Geschäftsberichte) relevant.[10] Allerdings ist gerade die systematische Nutzung valider sekundärstatistischer Informationen in unserem Fall faktisch nicht möglich, weil kleine und auch mittelständische Unternehmen zumeist keiner Veröffentlichungspflicht ihrer Geschäftsergebnisse unterliegen und somit entsprechende Informationen nicht vorhanden sind. Wir haben deshalb einen Single-Informant-Ansatz verfolgt, zumal in spezifischen Untersuchungen nachgewiesen wurde, dass subjektive Erfolgseinschätzungen in der Regel eine hohe Konsistenz zu objektiven Daten zum (Unternehmens-)Erfolg aufweisen.[11] Um mögliche Verzerrungen zu reduzieren, wurde der Fragebogen im Vorfeld getestet sowie

---

7 Vgl. EFQM 2012a, S. 2.
8 Die Autoren danken an dieser Stelle dem Siegfried Vögele Institut (SVI) in Königstein (Taunus), das die Datenerhebung finanziell unterstützt hat.
9 Vgl. u. a. Homburg/Schilke/Reimann 2009, S. 174 ff.
10 Vgl. Kumar/Stern/Anderson 1993, S. 1633; Venkatraman/Ramanujam 1987, S. 110.
11 Vgl. Homburg/Schilke/Reimann 2009, S. 184 f.; Venkatraman/Ramanujam 1987, S. 117; Wall et al. 2004, S. 103.

hinsichtlich seiner Verständlichkeit und Beantwortbarkeit bei Probanden unterschiedlicher Hierarchieebenen in Unternehmen überprüft.[12]

Tabelle 2: Die Befragungsteilnehmer der DM-Excellence-Studie

Branchenverteilung der untersuchten Unternehmen	Industrieunternehmen: 49,8 % Dienstleistungsunternehmen: 32,1 % Handelsunternehmen: 9,8 % Sonstige (z. B. Handwerk): 8,2 %
Mitarbeiteranzahl der Unternehmen	1 bis 49 Mitarbeiter: 5,9 % 50 bis 99 Mitarbeiter: 24,4 % 100 bis 249 Mitarbeiter: 32,8 % 250 bis 499 Mitarbeiter: 14,7 % 500 oder mehr Mitarbeiter: 22,2 %
Primäre Geschäftsausrichtung der Unternehmen	Business-to-Business: 80,6 % Business-to-Consumer: 19,4 %
Position der befragten Personen	Geschäftsleitung: 20,8 % Hauptabteilungsleiter: 17,9 % Abteilungsleiter: 36,7 % Sachbearbeiter: 5,1 % Assistent/-in: 8,3 % Sonstiges: 11,2 %
Tätigkeitbereich der befragten Personen	Geschäftsführung: 22,5 % Marketing/Vertrieb: 59,3 % Kommunikation/ Dialog-/Direktmarketing : 8,7 % Controlling/Rewe: 3,6 % CRM: 2,5 % Sonstiges: 3,4 %

Die Ermittlung des Dialogmarketing-Erfolgs erfolgte nach dem Zielansatz. Demnach zeigt der Erreichungsgrad von Dialogmarketing-Zielsetzungen den Dialogmarketing-Erfolg an. Je umfassender die Ziele erreicht werden, desto erfolgreicher sind die Dialogmarketing-Aktivitäten. Dabei können sowohl Ziele auf der Kampagnen-Ebene als auch auf übergeordneten Ebenen von Geschäftsfeldern oder des Unternehmens berücksichtigt werden.[13]

---

12 Vgl. Fowler Jr. 2001, S. 51.
13 Vgl. Krummenerl 2005, S. 48.

Bevor die Anwendung des EFQM-Modells zur Ermittlung und Gestaltung von Erfolgsfaktoren im Dialogmarketing überprüft wird, soll es zunächst kurz in seinen Grundzügen skizziert werden.

2 Das EFQM-Modell als Grundlage der Dialogmarketing-Excellence-Konzeption

Das EFQM-Modell besteht aus neun Bestandteilen, die einen ganzheitlichen Überblick zu Ursachen-Wirkungszusammenhängen im Unternehmen geben soll. Fünf Bestandteile werden dem Ursachenbereich zugeordnet und als „*Befähiger*" bezeichnet. Die anderen vier Elemente gehören dem Wirkungsbereich an und werden als „*Ergebnisse*" betitelt. In Abbildung 1 ist der grundlegende Aufbau des EFQM-Modells dargestellt, wobei die Anordnung der einzelnen Bausteine eine kausale Wirkungskette wiedergeben soll.

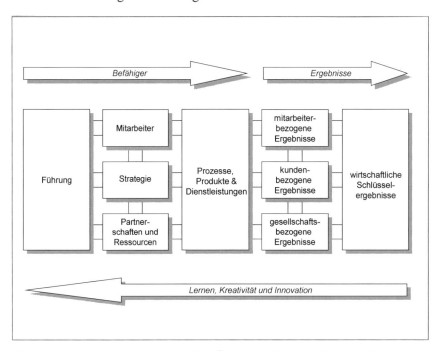

Abbildung 1: Das EFQM-Modell im Überblick (Quelle: EFQM 2012b, S. 5)

Den Ausgangspunkt des Modells bildet die *Führung* des Unternehmens. Hiermit sind im Wesentlichen die Führungskräfte gemeint. Sie entwickeln beispielsweise die Business Mission und die Vision des Unternehmens. Damit legen sie die grundlegende Ausrichtung des Unternehmens fest. Durch die Business Mission wird der unternehmerische Grundauftrag definiert, indem klargestellt wird, in welchen Leistungsfeldern ein Unternehmen für welche Kunden mit welchen Kompetenzen tätig sein will.[14] Die Vision erstreckt sich hingegen auf die angestrebte Rolle und Relevanz des Unternehmens, die es zukünftig in seiner Branche bzw. auf dem Markt einnehmen will. Sie stellt also ein Bild des angestrebten Zustands eines Unternehmens in der Zukunft dar und gibt damit die Richtung einer möglichst nachhaltigen Unternehmensentwicklung vor.[15] Damit die grundlegenden Unternehmensentscheidungen von den *Mitarbeitern* auch in ihrem täglichen Handeln berücksichtigt werden, kommt den Führungskräften durch eine symbolische Führung die Aufgabe zu, durch entsprechende Handlungen die Mitarbeiter von der Grundausrichtung zu überzeugen und bei ihnen ein nachhaltiges Commitment hierfür zu erzielen. Gleichzeitig ist die grundlegende Ausrichtung des Unternehmens im Rahmen von strategischen Plänen festzulegen und zu operationalisieren, um entsprechende Handlungsmaßnahmen abzuleiten (*Strategie*). Dabei hängt die erfolgreiche Umsetzung der strategischen und operativen Pläne ganz erheblich von der Motivation und Qualifikation der Mitarbeiter ab. Diese sind deshalb entsprechend den Umsetzungsanforderungen hinsichtlich ihrer Kompetenzen zu bewerten und ggf. im Rahmen von Weiterbildungsaktivitäten zu qualifizieren.[16] Hierdurch wird nicht nur die Leistungsfähigkeit der Mitarbeiter verbessert, sondern i. d. R. auch die Mitarbeiterzufriedenheit positiv beeinflusst.[17]

Da für die betriebliche Wertschöpfung häufig *Ressourcen* notwendig sind, die im eigenen Unternehmen nicht bzw. in unzureichender Quantität oder Qualität vorliegen, sind Zulieferungen erforderlich. Handelt es sich hierbei um Ressourcen, die für die Wertschöpfung des Unternehmens eine große Bedeutung haben, ist eine dauerhafte *Partnerschaft* mit diesen Lieferanten anzustreben und zu managen.[18] Grundsätzlich kann die Abgrenzung zwischen Ressourcen und Mitarbeitern in dem EFQM-Modell als problematisch angesehen werden, da Mitarbeiter und ihre Qualifikationen häufig ebenfalls als zentrale Ressource von Unternehmen verstanden werden.[19]

---

14 Vgl. Kotler/Keller/Bliemel 2007, S. 90; Meffert/Burmann/Kirchgeorg 2012, S. 244.
15 Vgl. Kotler/Kartajaya/Setiawan 2010, S. 61/S. 119 ff.
16 Vgl. Mann 2009, S. 556.
17 Vgl. Kanji 2001, S. 263 f.
18 Vgl. Mann 2009, S. 556.
19 Vgl. Barney 1991, S. 101; Grant 1991, S. 119.

Das Bindeglied zwischen den vorstehend skizzierten „Befähigern" und den „Ergebnissen" stellen die *Prozesse* im Unternehmen dar. Sie umfassen eine Folge von Einzelaktivitäten/-tätigkeiten, deren Ablauf einen möglichst effizienten Ressourceneinsatz erfordert und für die Erstellung von *Produkten* und *Dienstleistungen* notwendig ist. Zudem sollen die Prozesse sowie die daraus folgenden Produkte und Dienstleistungen dazu beitragen, die angestrebten Ziele bei den verschiedenen Anspruchsgruppen eines Unternehmens zu erreichen. Bei den *Kunden* ist dies beispielsweise die Erreichung einer bestimmten Kundenzufriedenheits- und -loyalitätsausprägung. Beim *Personal* sind z. B. die Mitarbeiterzufriedenheit und -motivation relevante Ziele, die es zu erreichen gilt. Auf der Ebene *gesellschaftlicher Anspruchsgruppen* geht es beispielsweise um die Erreichung einer guten Reputation und hohen Glaubwürdigkeit des Unternehmens als Zielgrößen. Für die *Kapitalgeber* sind vor allem die *wirtschaftlichen Schlüsselergebnisse* relevant, die sich – im Gegensatz zu den vorstehend genannten Zielen – in ökonomischen Größen niederschlagen. Hierzu gehören neben finanzwirtschaftlichen Zielen, wie z. B. Rentabilität und Cash Flow, auch marktbezogene Zielsetzungen, wie beispielsweise Marktanteile, die zu erfüllen sind.[20]

Eine wesentliche Grundidee des EFQM-Modells für Business Excellence ist die permanente Selbst-Überprüfung und (kontinuierliche) Verbesserung der Leistungsfähigkeit von Unternehmen. Hierzu werden im Rahmen des sog. RADAR-Evaluationsansatzes bei den Befähigern der Stand (Results), das grundsätzliche Vorgehen (Approach) zur Weiterentwicklung, die operative Umsetzung von Weiterentwicklungsmaßnahmen (Deployment) bewertet und überprüft (Assessement & Review). Auf Seiten der Ergebnisse wird der Zielerreichungsgrad sowie die Entwicklungstrends im Vergleich zu Vorperioden und Benchmarks im Unternehmen oder in der Branche überprüft und kritisch bewertet.[21]

3 Empirische Überprüfung des Dialogmarketing-Excellence-Modells

3.1 Spezifikationen des Dialogmarketing-Excellence-Modells

Die Übertragung des vorstehend skizzierten EFQM-Modells auf das Dialogmarketing erforderte einige Spezifikationen, um den besonderen Merkmalen des Dialogmarketing gerecht zu werden und bereits vorliegende Erkenntnisse über potenzielle Dialogmarketing-Erfolgsfaktoren zu berücksichtigen. Gerade der

---
20 Vgl. Mann 2009, S. 557.
21 Vgl. ähnlich Horn 2008, S. 30.

letztgenannte Aspekt ist bedeutsam, um die Auswahl der potenziellen Erfolgsfaktoren abzusichern, da es (bisher) keine Erfolgsfaktorentheorie (im Dialogmarketing) gibt, die diese Suchfunktion übernehmen kann.[22] Auf diese Weise soll der Kritik an einer willkürlichen Auswahl und Überprüfung von Erfolgsfaktoren entgegengewirkt werden, wenngleich hierdurch keine Sicherheit für die Auswahl relevanter Erfolgsdeterminanten gegeben ist.[23]

Unter Dialogmarketing verstehen wir in der vorliegenden Studie den geplanten direkten, interaktiven Kontakt eines Unternehmens mit Interessenten und Kunden zur Erreichung von Marketing- und Unternehmenszielen.[24] Da diese Kontakte häufig in Form von Kampagnen, im Sinne von temporären vom Unternehmen initiierten und auf bestimmte Zielsetzungen ausgerichtete Kommunikationsprozessen beruhen, wurde der Kampagnenerfolg als wesentliche Ergebnisgröße neben den Schlüsselergebnissen im Modell platziert. Mitarbeiterbezogene Ergebnisgrößen und gesellschaftliche Zielsetzungen wurden dafür nicht berücksichtigt, da Dialogmarketing entsprechend der vorstehenden Definition als Konzept angesehen wurde, das als unternehmerischer Wertschöpfungsbereich primär auf Absatzmärkte und damit auf (potenzielle) Kunden ausgerichtet ist. Die Prozesse sind in unserem Dialogmarketing-Excellence-Modell auf Analyse-, Planung-, Kontroll- und Gestaltungsaktivitäten im Rahmen des Kampagnen-Management fokussiert. Da zur direkten und effektiven (Ziel-)Kundenansprache entsprechende Kontakt-, Potenzial-, Aktions- und Reaktionsdaten notwendig sind, stellen diese in unserem Modell gemeinsam mit den Mitarbeitern und ihren Kompetenzen den wesentlichen Ressourcenbereich dar. Da beide Ressourcenfelder nur dauerhaft von Wert sind, wenn sie veränderten Rahmenbedingungen und (strategischen) Anforderungen angepasst werden, haben wir die damit verbundenen Aufgaben auch in den Bereich der Dialogmarketing-Ressourcen aufgenommen. Den Bereich „Führung" aus dem EFQM-Modell haben wir ebenfalls spezifiziert und als Dialogmarketing-Bereitschaft bezeichnet. Sie zeigt sich u. a. in der Bedeutung, die dem Dialogmarketing vom (Top-)Management als unterstützendes Führungskonzept beigemessen wird, und inwieweit Dialogmarketing-Aktivitäten in der Unternehmensstrategie integriert sind.

---

22 Vgl. Krummenerl 2005, S. 25.
23 Vgl. Nicolai/Kieser 2002, S. 587 ff.
24 Vgl. ähnlich Holland 2009, S. 5; Wirtz 2012, S. 14.

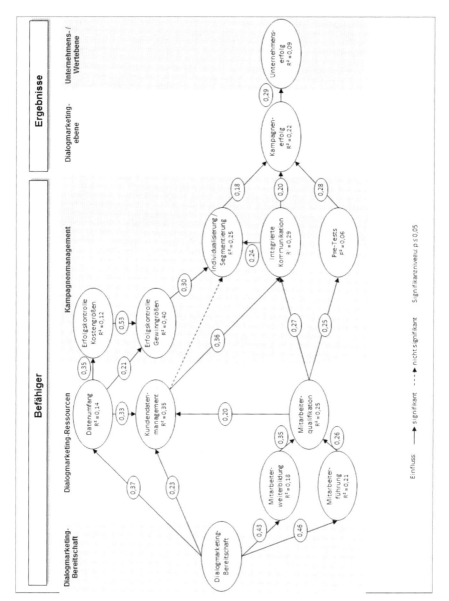

Abbildung 2: Strukturmodell der Dialogmarketing-Excellence

Abbildung 2 zeigt die Struktur des empirisch getesteten Dialogmarketing-Excellence-Modells. Dabei wird deutlich, dass die Grundlogik des EFQM-Modells mit der Einteilung in „Befähiger" und „Ergebnisse" beibehalten wurde. Die Messmodelle zu den einzelnen Faktoren sind in der Anlage aufgeführt und zeigen die Einhaltung der üblichen Qualitätskriterien bei der Messung latenter Konstrukte auf. Auch die Globalmaße zur Ermittlung der Güte des Strukturmodells weisen auf eine gute Messung hin. So konnte für alle abhängigen Konstrukte ein positiver Q^2-Wert ermittelt werden, was auf eine Prognosevalidität hinweist. Auch die Diskriminanzvalidität ist in unserem Modell gegeben. Des Weiteren konnte eine klare Zuordnung der einzelnen Kriterien zu den jeweiligen Konstrukten nachgewiesen werden. Sowohl der Cross-Loading-Test als auch die Einhaltung des Fornell-Larcker-Kriteriums weisen hierbei eine valide Trennung der einzelnen Messmodelle nach. Bei den formativen Messungen kann zudem nach entsprechender Prüfung eine Multikollinearität der Indikatoren ausgeschlossen werden. Die Werte für den Variance Influence Factor lagen bei den formativen Messmodellen zwischen 1,074 und 5,293, was als unproblematisch angesehen werden kann.[25]

3.2 Die „Befähiger" und „Ergebnisse" der Dialogmarketing-Excellence

Ausgangspunkt der Dialogmarketing-Excellence ist die *Dialogmarketing-Bereitschaft* im Unternehmen. Sie hat einen positiven Einfluss auf die Bereitstellung und Förderung der Dialogmarketing-Ressourcen, die in unserem Modell die *Dialogmarketing-Infrastruktur* darstellen. Die stärkste Auswirkung geht dabei auf die Führung und Weiterbildung der *Mitarbeiter* aus. In beiden Fällen liegt der Regressionskoeffizient über einem Wert von 0,4, was einen mittelstarken Einfluss kennzeichnet. Der *Datenumfang* und das *Kundendatenmanagement* im Sinne einer Sammlung, Aufbereitung und unternehmensinternen Weitergabe von Kundendaten werden von der Dialogmarketing-Bereitschaft etwas weniger stark beeinflusst. Doch auch hier ist eine positive Beziehung gegeben. Damit wird deutlich, dass mit zunehmender Dialogmarketing-Bereitschaft die Förderung der dialogmarketing-relevanten Mitarbeiterqualifikationen steigt sowie die Quantität der Kundendaten und die Intensität der Kundendatennutzung zunimmt.

Im Kontext der Mitarbeiterführung wurde in der Untersuchung schwerpunktmäßig die Weitergabe von Entscheidungskompetenzen und Verantwortung an die Mitarbeiter, die im Dialogmarketing-Bereich tätig sind, untersucht. Die Ergeb-

---

25 Vgl. Hair et al. 2006, S. 230.

nisse zeigen, dass ebenfalls die Mitarbeiterführung von der Dialogmarketing-Bereitschaft positiv beeinflusst wird. Demnach führt eine steigende Dialogmarketing-Bereitschaft zu einem zunehmenden *Empowerment* der Mitarbeiter, was gerade für interaktive Kommunikationsprozesse eine wichtige Grundlage ist, um schnell und flexibel auf Kundenanfragen oder -kritik zu reagieren.[26] Grundsätzlich stellt die *Mitarbeiterqualifikation* neben der Dialogmarketing-Bereitschaft des Top-Managements einen zentralen Erfolgsfaktor dar, weil sie nicht nur einen positiven Einfluss auf das Kundendatenmanagement ausübt, sondern ebenso die Integration von Dialogmarketing-Medien und die Durchführung von Pre-Tests fördert. Die beiden letztgenannten Bereiche sind gemeinsam mit der Zielgruppensegmentierung die wesentlichen Determinanten des Kampagnenerfolgs, den sie zu 22 % erklären ($R^2 = 0{,}22$). Die restlichen 78 % des Kampagnenerfolgs hängen von anderen, nicht untersuchten Kriterien, wie z. B. der Kreativität bei der Medien- und Botschaftsgestaltung ab. Dennoch zeigen die Ergebnisse, dass qualifizierte Mitarbeiter eine Relais-Funktion zwischen der Dialogmarketing-Bereitschaft und der Dialogmarketing-Fähigkeit von Unternehmen übernehmen. Sie sind daher auch im Dialogmarketing ein wesentliches Erfolgspotenzial, das entsprechend aufzubauen, zu gestalten und abzurufen ist.[27] Nach unserer Analyse kommt vor allem der *Methoden-* und der *Sozialkompetenz* der Dialogmarketing-Mitarbeiter eine bedeutende Stellung zu. So zeigen weiterführende Auswertungen unserer Daten, dass methodische Kompetenz mit 55,2 % Erklärungsbeitrag und die sozialen Fähigkeiten mit 26,1 % Erklärungsbeitrag die wichtigsten Bausteine des Faktors Mitarbeiterqualifikation sind. Danach folgen in ihrer Relevanz die *fachliche Kompetenz* im Sinne eines grundlegenden Zusammenhangswissens im Dialogmarketing (16,5 %) und die *strategische Kompetenz* als Fähigkeit, komplexe Wirkungseffekte zu erkennen und zu planen (2,2 %).

Die *Zielgruppensegmentierung* bzw. *Zielkundenauswahl* und damit verbundene Gestaltung des Medieneinsatzes wird durch ein systematisches *Dialogmarketing-Controlling* in Form einer Kosten- und Gewinnkontrolle (vorangegangener Kampagnen) positiv unterstützt. Im Mittelpunkt der *Kostenkontrolle* stehen dabei typische Kostenkennziffern, wie z. B. Cost per Contact (CpC), Cost per Interest (CpI) oder auch Cost per Order (CpO), während bei der *Gewinnkontrolle* die Ermittlung von Responsequoten, Umsatz, Gewinn und Rentabilität einer Kampagne im Fokus unserer Erhebung stehen. Die Tatsache, dass Gewinn und Rentabilitätsgrößen per definitionem nicht ohne die Kosteninformationen ermittelt werden können, erklärt den Einfluss des Faktors „Erfolgskontrolle: Kostengrößen" auf das Konstrukt „Erfolgskontrolle: Gewinngrößen". Dabei liefert gerade die Ermittlung der o. g. ge-

---

26 Vgl. Mann 2004, S. 345 f.
27 Vgl. Crook et al. 2011, S. 451.

winnorientierten Erfolgsgrößen wichtige Informationen für die Segmentierung und Individualisierung der Kundenansprache. Mit Hilfe dieser Erkenntnisse lassen sich die Planung des quantitativen Zielgruppenumfangs und die qualitative Auswahl von einzelnen Zielpersonen für eine Dialogmarketing-Kampagne optimieren.[28] Darüber hinaus sind für das *Targeting* relevanter Zielkunden auch entsprechende Kundendaten relevant. In unserer Untersuchung gibt es zwar einen positiven Einfluss des Kundendatenmanagements auf eine segmentierte oder gar individuelle Zielkundenansprache, der jedoch bei Berücksichtigung der üblichen Irrtumswahrscheinlichkeit von maximal 5 % nicht signifikant ist. Ein Grund hierfür könnte darin liegen, dass nur gut die Hälfte der untersuchten Unternehmen (55,8 %) nach eigener Einschätzung über eine gute bis sehr gute Datenqualität verfügen, die für eine Auswahl der „richtigen" Zielkunden notwendig ist. Die anderen gut 45 % der Unternehmen verfügen über eine schlechtere Datenbasis, die für eine Segmentierung des Kundenstamms und zur Zielgruppenauswahl anscheinend nicht sinnvoll genutzt werden kann.

Die Zielgruppenermittlung erfolgt i. d. R. zum einen vor dem Hintergrund von bestimmten Kampagnenzielen, wie z. B. der Erreichung einer bestimmten Responsequote oder anvisierten Umsatz- und Gewinngrößen, die nach Ablauf der Kampagne – wie vorstehend erläutert – im Rahmen des Dialogmarketing-Controlling bezüglich ihrer Erreichung überprüft werden. Zum anderen ist auch die Medienwahl mit den Zielgruppen abzugleichen, um sicherzustellen, dass die Kommunikationsbotschaften auch tatsächlich bei den Zielpersonen ankommen. Sind jedoch – je nach Kampagnenziel – mehrere Kontakte, teilweise über verschiedene Medien, zur Auslösung einer Kommunikationswirkung und zur Zielerreichung notwendig, dann ist ein *integriertes Kommunikationskonzept* erforderlich. Durch die zeitliche, inhaltliche und formale Koordination der Kontakte sollen nicht nur die Kommunikationswirkungen und die Zielerreichung gefördert, sondern auch Friktionen in der Wahrnehmung der Zielkunden vermieden werden. Diese können zu unbeabsichtigten negativen Effekten, wie z. B. Imageschädigungen und Glaubwürdigkeitseinbußen führen. Um sicherzustellen, dass keine negativen Kommunikationswirkungen bestehen und die Medienauswahl und -gestaltung auch im beabsichtigten Sinne wirkt, sind *Pre-Tests* empfehlenswert.[29] Wie unsere Ergebnisse zeigen, hat die Durchführung von Medien-, Timing- und Angebotstests im Vorfeld des Kampagnen-Roll-outs einen positiven Einfluss auf den Kampagnenerfolg. Pre-Tests weisen im Wirkungsvergleich zur segmentspezifischen Ansprache und zur integrierten Dialogkommunikation mit einem Regressionskoeffizient von 0,28 sogar den stärksten Erfolgseinfluss auf.

---

28 Vgl. Elsner/Krafft/Huchzermeier 2004, S. 201.
29 Vgl. Faulkner/Kennedy 2008, S. 469.

Inhaltlich werden beim Medientest die Erfolgswirkung verschiedener Dialogmedien(-kombinationen) hinsichtlich ihrer Erfolgswirkungen überprüft, während beim Timing-Test die Überprüfung unterschiedlicher Kontaktzeitpunkte und -häufigkeiten im Hinblick auf intendierte Wirkungsgrößen erfolgt. Im Rahmen eines Angebotstests wird überprüft, welche angebotenen Produkte und/oder Dienstleistungen für die Zielgruppe die größte Attraktivität aufweisen und die meisten Anfragen oder Bestellungen auslösen.[30]

Der Kampagnenerfolg wurde in unserem Modell als Grad der Zielerreichung bei der Neukundengewinnung, der Kundenbindung, dem Cross-Selling und der Imagestärkung bzw. -veränderung gemessen. Die empirischen Befunde zeigen auch, dass der Kampagnenerfolg den langfristigen Unternehmenserfolg positiv beeinflusst, wenngleich der Anteil der erklärten Varianz am Unternehmenserfolg durch den Kampagnenerfolg mit 9 % ($R^2 = 0,09$) nicht sehr groß ist. Der Unternehmenserfolg wurde dabei wertorientiert gemessen und bezieht sich neben der Unternehmensrentabilität auch auf Erfolgspotenziale, die prospektiv in zukünftigen Perioden finanzielle Wirkungen auslösen können. Hierzu gehörten in der vorliegenden Untersuchung die relativen Einschätzungen der Unternehmen gegenüber ihren wichtigsten Wettbewerbern bei der Unternehmensreputation sowie beim Kunden- und Markenwert. Gerade diese Größen stellen als Marketing Assets wichtige Mediatorgrößen zwischen der operativen Ebene der Kampagnenergebnisse und dem Unternehmenswert dar, die natürlich von zahlreichen anderen Determinanten, wie z. B. Produkt- und Servicequalität, Preisforderungen und Absatzkanäle, beeinflusst werden. Vor diesem Hintergrund ist die Varianzerklärung des Unternehmenserfolgs durch Dialogmarketing-Kampagnen einzuordnen.

Vergleicht man die besten 10 % mit den schlechtesten 10 % der untersuchten Unternehmen und dem Durchschnitt aller Unternehmen bezüglich ihres Kampagnenerfolgs, so zeigt sich eine wesentliche Abweichung der Bottom 10 % von den beiden anderen Vergleichsgruppen (siehe Abbildung 3). Unternehmen, die nach eigenen Angaben einen geringeren Erfolg bei ihren Kampagnen erzielen, weisen in allen elf untersuchten Erfolgsfaktoren eine geringere Ausprägung auf als der Durchschnitt der analysierten Unternehmen und natürlich als die Top-Performer. Für die 10 % der schlechtesten Unternehmen ist der Weg zur Dialogmarketing-Excellence daher besonders schwierig. Allerdings werden bei ihnen die Erfolgswirkungen bei richtiger Weichenstellung dafür auch klar erkennbar sein, weil sich bei ihnen die Verbesserungen wahrscheinlich relativ schnell auswirken werden.

---

30 Vgl. Mann 2009, S. 573.

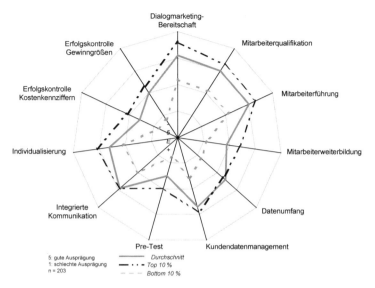

Abbildung 3: Unterschiede zwischen den besten, durchschnittlichen und schlechtesten Dialogmarketing-Performern bei den Dialogmarketing-Befähigern

4 Fazit

Die Ergebnisse unserer Untersuchung bestätigen zum einen die Anwendbarkeit von Business-Excellence-Modellen im Dialogmarketing. Das vorgestellte Dialogmarketing-Excellence-Modell liefert damit einen möglichen Strukturrahmen für die Implementierung eines erfolgreichen Dialogmarketing in Unternehmen. Zum anderen zeigen die Befunde, dass Dialogmarketing – bei richtiger Umsetzung – den Unternehmenswert steigern kann. Dialogmarketing-Maßnahmen sind deshalb als Investitionen zur Wert- und Zukunftssicherung von Unternehmen zu verstehen.[31] Es ist daher angebracht, Dialogmarketing als wesentlichen Bestandteil in das marktorientierte Führungskonzept von Unternehmen zu integrieren und es nicht als einen rein operativen Kommunikationsansatz anzusehen. Vor allem in Unternehmen, die Business-Excellence-Modelle zur Unterstützung der Unternehmensführung einsetzen, könnte diese Integration weitgehend problemlos geschehen, da die deterministische Erfolgslogik der Konzepte – wie unsere Ergebnisse zeigen – auch

---

31 Vgl. Mann 2009, S. 565; Srivastava/Shervani/Fahey 1998, S. 12.

im Dialogmarketing anwendbar ist. Durch die Berücksichtigung des Dialogmarketings im Führungskonzept von Unternehmen wäre bereits der wichtigste Erfolgsfaktor erfüllt, nämlich die Dialogmarketing-Bereitschaft von Unternehmen. Die anderen zehn Erfolgsfaktoren lassen sich ausgehend hiervon weitaus einfacher gestalten und nutzen als bei einem fehlenden Verständnis für die Leistungsfähigkeit des Dialogmarketings. Damit die Bereitschaft zur Anerkennung des Dialogmarketings als wichtiger Bestandteil der marktorientierten Unternehmensführung in Wissenschaft und Praxis steigt, sind weitere Forschungsanstrengungen nötig, die den Erfolgsbeitrag des Dialogmarketings in verschiedenen Markt- und Unternehmenssituationen nachweisen sowie Interdependenzen mit anderen Marketing- und Unternehmensaktivitäten identifizieren. Die vorliegenden Ergebnisse unserer Studie sind lediglich ein erster Beitrag hierzu, dem hoffentlich noch weitere folgen, um Dialogmarketing den Stellenwert in Unternehmen zu geben, den es als Erfolgskonzept verdient.

Literatur

Annen, E./Belz, C. (1997): Herausforderungen für das Direktmarketing – Eine Studie des Schweizerischen Verbandes für Direktmarketing SVD, St. Gallen.
Barney, J. (1991): Firm Resources and Sustained Competitive Advantage, in: Journal of Management, 17. Jg., Nr. 1, S. 99-120.
Belz, C./Simao, T./Van Lier, M. (2002): Chancen im Dialogmarketing, Bern.
Breitschuh, J. (1999): Neukundengewinnung mit Methoden des Direktmarketings am Beispiel des Versandhandels der Bundesrepublik Deutschland – eine empirische Untersuchung, Freiburg.
Buzzell, R. D. (2004): The PIMS Program of Strategy Research – A Retrospective Appraisal, in: Journal of Business Research, 57. Jg., Nr. 5, S. 478-483.
Buzzell, R. D./Gale, B. T. (1987): The PIMS Principles – Linking Strategy to Performance, New York 1987.
Buzzell, R. D./Gale, B. T./Sultan, R. G. M. (1975): Market Share – A Key to Profitability, in: Harvard Business Review, 53. Jg., Nr. 1, S. 97-106.
Crook, T. R./Combs, J. G./Todd, S. Y./Woehr, D. J./Ketchen Jr., D. J. (2011): Does Human Capital Matter? A Meta-Analysis of the Relationship Between Human Capital and Form Performance, in: Journal of Applied Psychology, 96. Jg., Nr. 3, S. 443-456.
Daniel, D. R. (1961): Management Information Crisis, in: Harvard Business Review, 39. Jg., Nr. 5, S. 111-121.
De Wulf, K./Odekerken-Schröder, G./Iacobucci, D. (2001): Investments in Consumer Relationships: A Cross-Country and Cross-Industry Exploration, in: Journal of Marketing, 65. Jg., Nr. 4, S. 33-50.
Drèze, X./Bonfrer, A. (2008): An Empirical Investigation of the Impact of Communication Timing on Customer Equity, in: Journal of Interactive Marketing, 22. Jg., Nr. 1, S. 36-50.
EFQM (2012a): EFQM Annual Report 2011/2012, Brüssel.
EFQM (2012b): An Overview of the EFQM Excellence Model, Brüssel.
Elsner, R./Krafft, M./Huchzermeier, A. (2004): Optimizing Rhenania's Direct Marketing Business Through Dynamic Multilevel Modeling (DMLM) in a Multicatalog-Brand Environment, in: Marketing Science, 23. Jg., Nr. 2, S. 192-206.
Even, A./Shankaranarayanan, G./Berger, P. D. (2010): Managing the Quality of Marketing Data: Cost/Benefit Tradeoffs and Optimal Configuration, in: Journal of Interactive Marketing, 24. Jg., Nr. 3, S. 209-221
Faulkner, M./Kennedy, R. (2008): A New Tool for Pre-Testing Direct Mail, in: International Journal of Market Research, 50. Jg., Nr. 4, S. 469-490.
Fowler Jr., F. J. (2001): Why it is Easy to Write Bad Questions, in: ZUMA-Nachrichten, 25. Jg., Nr. 48, S. 49-66.
Geller, L. K. (2002): Response – The Complete Guide to Profitable Direct Marketing, New York.
Ghemawat, P. (2002): Competition and Business Strategy in Historical Perspective, in: The Business History Review, 76. Jg., Nr. 1, S. 37-74.

Godfrey, A./Seiders, K./Voss, G. B. (2011): Enough Is Enough! The Fine Line in Executing Multichannel Relational Communication, in: Journal of Marketing, 75. Jg., Nr. 4, S. 94-109

Grant, R. M. (1991): The Resource-Based Theory of Competitive Advantage: Implications for Strategy Formulation, in: California Management Review, 33. Jg., Nr. 3, S. 114-136.

Haenecke, H. (2002): Methodenorientierte Systematisierung der Kritik an der Erfolgsfaktoren-forschung, in: Zeitschrift für Betriebswirtschaft, 72. Jg., Nr. 2, S. 165-183.

Hair, J. F./Black, W. C./Babin, B. J./Anderson, R. E./ Tatham, R. L. (2006): Multivariate Data Analysis, 6. Aufl., Upper Saddle River.

Holland, H. (2009): Direktmarketing – Im Dialog mit dem Kunden, 3. Aufl., München.

Homburg, C./Schilke, O./Reimann, M. (2009): Triangulation von Umfragedaten in der Marketing- und Managementforschung, in: Die Betriebswirtschaft, 69. Jg., Nr. 2, S. 173-193.

Horn, S. (2008): Das „EFQM-Modell für Excellence" für Controller, in: Controlling & Management, Sonderheft 3, S. 28-32.

Hurrle, B./Kieser, A. (2005): Sind Key Informants verlässliche Datenlieferanten?, in: Die Betriebswirtschaft, 65. Jg., Nr. 6, S. 584-602.

Kanji, G. K. (2001): Forces of Excellence in Kanji's Business Excellence Model, in: Total Quality Management, 12. Jg., Nr. 2, S. 259-272.

Kotler, P./Keller, K. L./Bliemel, F. (2007): Marketing-Management, 12. Aufl., München.

Kotler, P./Kartajaya, H./Setiawan, I. (2010): Die neue Dimension des Marketings, Frankfurt/New York.

Krummenerl, M. (2005): Erfolgsfaktoren im Dialogmarketing, Wiesbaden.

Kumar, N./Stern, L. W./Anderson, J. C. (1993): Conducting Interorganizational Research Using Key Informants, in: Academy of Management Journal, 36. Jg., Nr. 6, S. 1633-1651.

Liu, T.-C./Wu, L.-W. (2007): Customer Retention and Cross-Buying in the Banking Industry: An Integration of Service Attributes, Satisfaction and Trust, in: Journal of Financial Services Marketing, 12. Jg., Nr. 2, S. 132-145.

Mann, A. (2004): Dialogmarketing – Konzeption und empirische Befunde, Wiesbaden.

Mann, A. (2009): Dialogmarketing-Excellence: Qualitäts- und Wertorientierung in der direkten Kundenansprache, in: Hünerberg, R./Mann, A. (Hrsg.): Ganzheitliche Unternehmensführung in dynamischen Märkten, Wiesbaden, S. 551-586.

March, J. G./Sutton, R. I. (1997): Organizational Performance as a Dependent Variable, in: Organization Science, 8. Jg., Nr. 6, S. 698-706.

Meffert, H./Burmann, C./Kirchgeorg, M. (2012): Marketing – Grundlagen marktorientierter Unternehmensführung, 11. Aufl., Wiesbaden.

Nicolai, A./Kieser, A. (2002): Trotz eklatanter Erfolgslosigkeit: Die Erfolgsfaktorenforschung weiter auf Erfolgskurs, in: Die Betriebswirtschaft, 62. Jg., Nr. 6, S. 579-596.

Peltier, J. W./Schibrowsky, J. A./Davis, J. (1998): Using Attitudinal and Descriptive Database Information to Understand Interactive Buyer-Seller-Relationships, in: Journal of Interactive Marketing, 12 Jg., Nr. 3, S. 32-45.

Peltier, J. W./Schibrowsky, J. A./Schultz, D. E./Davis, J. (2002): Interactive psychographics: Cross-Selling in the Banking Industry, in: Journal of Advertising Research, 42. Jg., Nr. 2, S. 7-22.

Peters, T. J./Waterman, R. H. jr. (1982): In Search of Excellence, New York.

Porter, M. E. (1980): Competitive Strategy – Techniques for Analyzing Industries and Competitors, New York.

Reutterer, T./Mild, A./Natter, M./Taudes, A. (2006): A Dynamic Segmentation Approach for Targeting and Customizing Direct Marketing Campaigns, in: Journal of Interactive Marketing, 20. Jg., Nr. 3-4, S. 43-57.

Rhee, E. (2010): Multi-Channel Management in Direct Marketing Retailing: Traditional Call Center Versus Internet Channel, in: Database Marketing & Customer Strategy Management, 17. Jg., Nr. 2, S. 70-77

Schoeffler, S. E./Buzzell, R. D./Heany, D. F. (1974): Impact of Strategy Planning on Profit Performance, in: Harvard Business Review, 52. Jg., Nr. 2, S. 137-145.

Siegfried Vögele Institut (2002): Dialogmarketing in der Praxis – Ergebnisse einer qualitativen Studie, Königstein/Taunus.

Srivastava, R. K./Shervani, T. A./Fahey, L. (1998): Market Based Assets and Shareholder Value: a Framework for Analysis, in: Journal of Marketing, 62. Jg., Nr. 1, S. 2-18.

Straten, D. von der (2002): Neukundengewinnung und -bindung von Gewerbetreibenden, in Holland, H. (Hrsg.): Direktmarketing-Fallstudien: Beispiele für Datenbanken, Adress-Selektionen, Mailings, Wiesbaden, S. 13-66.

Töpfer, A./Mann, A. (1993): Einsatz und Akzeptanz des Direktmarketing – Ergebnisse einer empirischen Untersuchung, in: Greff, G./Töpfer, A. (Hrsg.): Direktmarketing mit neuen Medien, 3. Aufl., Landsberg/Lech, S. 391-435.

Venkatraman, N./Ramanjuman, V. (1987): Measurement of Economic Performance – An Examination of Method Convergence, in: Journal of Management, 13. Jg., Nr. 1, S. 109-122.

Vlasic, G./Kesic, T. (2007): Analysis of Consumers' Attitudes toward Interactivity and Relationship Personalization as Contemporary Developments in Interactive Marketing Communication, in: Journal of Marketing Communications, 13. Jg., Nr. 2, S. 109-129.

Wall, T. D./Michie, J./Patterson, M./Wood, S. J./Sheehan, M./Clegg, C. W./West, M. (2004): On the Validity of Subjectiv Measures of Company Performance, in: Personnel Psychology, 57. Jg., Nr. 1, S. 95-118.

White, T. B./Zahay, D. L./Thorbjørnsen, H./Shavitt, S. (2008): Getting too Personal: Reactance to Highly Personalized Email Solicitations, in: Marketing Letters, 19. Jg., Nr. 1, S. 39-50.

Wirtz, B. W. (2012): Direktmarketing-Management, 3. Aufl., Wiesbaden.

Anhang

Konstrukt / Faktor	Indikator	Faktor-ladung	Mess-modell	Durch-schnittlich erfasste Varianz (DEV)	Cron-bachs Alpha	Dillon-Gold-stein's Rho
Dialog-marketing-Bereitschaft	Grundsätze über die Umsetzung eines direkten und interaktiven Kundenkontakts	0,898	reflektiv	0,700	0,791	0,874
	Hoher Stellenwert direkter Kommunikation	0,693				
	Abstimmung zwischen Unternehmens- und Kommunikations-strategie	0,921				
Datenumfang	Potenzialdaten	---	formativ			
	Aktionsdaten	---				
	Reaktionsdaten	---				
Kundendaten-management	Datenspeicherung nach bestimmten Schema	0,693	reflektiv	0,540	0,830	0,874
	Fortlaufende Aktualisierung	0,815				
	Verknüpfung von Informationen aus allen Abteilungen	0,766				
	Austausch von Informationen zwischen Abteilungen	0,686				
	Verteilung von Informationen im Unternehmen	0,597				
	Korrekte Informationen in der Datenbank	0,825				
Mitarbeiter-weiterbildung	Kompetenz, Kampag-nen mit direktem Kundenkontakt zu konzipieren	---	formativ			
	Kompetenz, Kampag-nen mit direktem Kundenkontakt zu implementieren	---				
	Kompetenz, Kampag-nen mit direktem Kundenkontakt zu analysieren	---				

Mitarbeiter-führung	Eine attraktive Gestaltung von Arbeitsinhalten ist ein wichtiges Motivationsinstrument in unserem Unternehmen.	0,869	reflektiv	0,711	0,799	0,880
	Die Mitarbeitermotivation in unserem Unternehmen wird gesteigert, indem Gestaltungsspielräume im Rahmen des Arbeitsalltags gegeben werden.	0,896				
	Die Vergabe von Verantwortung, z. B. im Rahmen von Kampagnen und Projekten, ist für uns ein wichtiges Instrument zur Mitarbeitermotivation.	0,849				
Mitarbeiterqualifikation	Soziale Kompetenz	---	formativ			
	Fachliche Kompetenz	---				
	Strategische Kompetenz	---				
	Methodische Kompetenz	---				
Erfolgskontrolle: Kostengrößen	Kosten pro Auftrag	0,857	reflektiv	0,757	0,892	0,926
	Kosten pro Kontakt	0,980				
	Kosten pro Interessent	0,888				
	Break-Even-Mengen / Umsätze	0,831				
Erfolgskontrolle: Gewinngrößen	Gewinn aus einer Kampagne	0,840	reflektiv	0,726	0,870	0,913
	Kampagnenumsatz	0,925				
	Rentabilität einer Kampagne / ROI	0,912				
	Responsequoten	0,714				
Integrierte Kommunikation	Zeitliche Abstimmung	---	formativ	---	---	---
	Inhaltliche Abstimmung	---				
	Formale Abstimmung	---				
Individualisierung / Segmentierung	Personalisierte Ansprache	---	formativ	---	---	---
	Botschaften	---				
	Kommunikationszeitpunkte	---				
	Medienwahl (Ansprachekanal)	---				
	Medienwahl (Responsekanal)	---				

Pre-Tests	Angebotstest	0,828	reflektiv	0,667	0,750	0,857
	Timing-Test	0,862				
	Medientest	0,764				
Kampagnen-erfolg	Kaufabschlüsse	0,775	reflektiv	0,505	0,755	0,835
	Neukundengewinnung	0,628				
	Imagestärkung / -veränderung	0,794				
	Zusatzverkäufe	0,676				
	Kundenbindung	0,753				
Unter-nehmens-erfolg	Unternehmenswert	0,835	reflektiv	0,578	0,811	0,871
	Kundenstammwert	0,755				
	Markenwert	0,837				
	Rentabilität des Unternehmens	0,573				
	Bekanntheitsgrad	0,773				

Die Autoren

Dipl.-Oec. Andrea Liese, MA ist wissenschaftliche Mitarbeiterin am SVI-Stiftungslehrstuhl für Dialogmarketing an der Universität Kassel. Sie befasst sich schwerpunktmäßig mit den Wirkungen der haptischen Kundenansprache.

Univ.-Prof. Dr. Andreas Mann ist Inhaber des SVI-Stiftungslehrstuhls für Dialogmarketing und Leiter des DMCC – Dialog Marketing Competence Center an der Universität Kassel. Er hat zahlreiche Veröffentlichungen in seinen Arbeits- und Forschungsgebieten Dialogmarketing, Service- und Vertriebsmanagement.

Kontakt

Andrea Liese
Universität Kassel
Möncheberstr. 1
34109 Kassel
liese@wirtschaft.uni-kassel.de

Prof. Dr. Andreas Mann
Universität Kassel
Möncheberstr. 1
34109 Kassel
mann@wirtschaft.uni-kassel.de

Der Aufbau von Erlebniswelten im Marketing

Heinrich Holland / Andreas Hofem

Inhalt

1	Erlebniswelten	116
2	Entwicklung eines erlebnisorientierten Marketings	117
3	Storyline	118
4	Multikanal Kommunikation	121
4.1	Produktorientierter Dreiklang zwischen Individualität, Interaktion und Identifikation	121
4.2	Virtuelle Kommunikation	122
4.3	Temporäre Repräsentanz	123
4.4	Distributive Kommunikation	123
4.5	Statische Repräsentanz	123
4.6	Crossmediale Kommunikation	124
5	Customer Integration in Erlebniswelten	124
5.1	Integration des Individuums	124
5.2	Agenten	125
5.3	Avatare	125
6	Psychologische Effekte	125
7	Kollaborative Erlebniswelten	129
8	Einsatz von Erlebniswelten als effektive Marketingstrategie	129
9	Erlebniswelten der Chem-Tools GmbH	130
Literatur		131
Die Autoren		132
Kontakt		133

Management Summary

Streuverluste im massenorientierten Marketing entstehen oftmals als Resultat eines Ungleichgewichtes in der Aussage: „Konsumenten präferieren jene Marken, welche am ehesten ihrem gewünschten Selbstbild entsprechen".

Was aber, wenn Unternehmen die Eigenwahrnehmung mit Hilfe einer Persönlichkeitsentwicklung der Zielgruppe beeinflussen können?

Die vollständige Integration eines Individuums in eine persönliche, künstlich geschaffene Erlebniswelt stellt die wohl aufwendigste, umfangreichste und anspruchsvollste Form des Dialogmarketings dar, welche bisher nur selten in einer derart intensiven Form eingesetzt wird. Erlebniswelten bieten eine nachhaltige und effektive Möglichkeit, das Vertrauen und die Aufmerksamkeit eines Kunden zu erhalten.

„They will forget what you said, but they will never forget how you made them feel."[1]

1 Erlebniswelten

Als Resultat ständiger Produktoptimierungen, gesättigter Märkte und des globalen Wettbewerbs werden zunehmend homogene Güter angeboten, die preis- und leistungstechnisch keine großen Unterschiede mehr aufweisen. In der Folge entsteht die Notwendigkeit, *nachhaltige Kaufargumente* zu schaffen.[2] Als Ansatzpunkt dazu betrachtet man die unterschiedlichen Variations- und Differenzierungsbereiche eines Produktes. Diese bestehen aus den physikalischen (z. B. Qualität), ästhetischen (z. B. Verpackung) und symbolischen Eigenschaften (z. B. Marke) sowie den Value-Added Services (z. B. Kundendienst).[3]

Da sich eine ständige Weiterentwicklung des Produktes (Produktpflege) oftmals auf die technisch standardisierte Wettbewerbsfähigkeit konzentriert und eine radikale Modifikation nicht immer möglich ist, ergibt sich die Option, einen flexiblen, massenorientierten, *emotionalen USP* zu schaffen oder zu optimieren. Eine massenorientierte Kommunikation bedeutet hierbei eine lebensstilorientierte Zielgruppenansprache durch neutral unterhaltende Inhalte bei anfangs schwacher Aufmerk-

---

1 Buechner, zitiert nach: Winkelmann (2010), S. 500.
2 Esch (2004), S. 27 f.
3 Meffert, Burmann, Kirchgeorg (2008), S. 457.

samkeit (low involvement), mit dem Ziel eine Stimulation der inneren Einstellung durch emotionale Vorgänge zugunsten einer Kaufabsicht zu realisieren.[4]

Erlebniswelten sind als eine Art eigenständiges und unabhängiges Angebot zu betrachten und stellen als grundlegender Teil eines *erlebnisorientierten Marketings* eine künstliche, von Unternehmen geschaffene (immaterielle) Umwelt dar, die ein Individuum im Rahmen einer produktbezogenen Geschichte emotional durch eine Markenpersönlichkeit unterhalten. Die Produkte stellen somit das materialisierte Erlebnis dar, wobei ein Erlebnis als komplexes, personenorientiertes Emotionsbündel definiert wird.[5] Hierbei gilt, je höher der zu bezahlende Preis für das Produkt ist, desto intensiver wird der Konsum des Erlebnisses.

Eine *Erlebniswelt* wird durch emotionale und bedürfnisweckende, zusammenhängende Geschichten geprägt, die in allen Marketingaktivitäten repräsentiert werden und die Marke diskret als Bedürfnisbefriedigung positionieren.

Durch den gesellschaftlichen Wertewandel wird der erlebnisorientierte Ansatz gefördert, da mit erhöhtem Erfolgsdruck (auch in der Freizeit), einer steigenden Informationsüberlastung und einem vielfältigen Freizeitangebot, das aufgrund begrenzter Ressourcen (Geld, Zeit) nur ansatzweise konsumiert werden kann, Individuen zunehmend das Gefühl erhalten auf Alternativen verzichten zu müssen. Dieser Verzicht schafft das gesellschaftliche Bedürfnis und die Akzeptanz flexibler und intensiver *Freizeitunterhaltung*. Zudem konzentrieren sich die Konsumgesellschaften mehr auf höhere anstatt essentielle Bedürfnisse, sowie das egoistisch orientierte Streben nach einer Erlebnisrationalität.[6] *Erlebnisrationalität* ist als ein Verlangen zu verstehen, sich selbst zu erleben, um sich selbst zu erkennen.[7]

2 Entwicklung eines erlebnisorientierten Marketings

Die Generierung eines erlebnisorientierten Marketings orientiert sich an dem Prozess der Produktentwicklung und fokussiert auf sozialtechnische Eigenschaften unter Berücksichtigung der Reichweite verschiedener Kanäle. Hierbei unterscheidet man zwischen einer *kulturübergreifenden* (z. B. archetypisch, emotional), *kulturspezifischen* (z. B. historische Ereignisse, Allgemeinwissen) oder einer *subkulturellen* Orientierung (z. B. Lifestyles, Trends, Hobbys).[8]

---

4   Jeck-Schlottmann (1988), S. 33-44.
5   Wöhler (2008), S. 15.
6   Kroeber Riel, Weinberg (1999), S. 129.
7   Wöhler (2008), S. 5.
8   Kilian (2008), S. 51.

Einen entscheidenden Vorteil von Erlebniswelten bietet die breite *Zielgruppenorientierung*, welche modular (z. B. durch neue Geschichten) erweitert werden kann. Zur Orientierung der modularen Ansprache dienen sozialtechnische Eigenschaften (Lifestyle).

Erlebniswelten können durch, oftmals unkontrollierte, *externe Einflüsse* erschaffen werden. Beispiele hierfür sind vereinzelnde Kinoerfolge, die eine positive Auswirkung auf den Konsum ausgeübt haben, wie z. B. „Easy Rider" auf Harley-Davidson, „James Bond" auf Aston Martin oder „The Fast and the Furious" auf japanische Automarken wie Toyota.

3   Storyline

Eine Erlebniswelt ist ein komplexes, nach außen stark simplifiziertes und geschichtsorientiertes System, bestehend aus logisch vernetzten Eigenschaftsausprägungen, das auf Techniken der strategischen Dramaturgie basiert. Auch wenn es sich um einen absolut kreativen Prozess handelt, besteht dieses System aus *fünf Segmenten*, die sich jeweils aus einer unterschiedlichen Anzahl von Kombinationen, basierend auf *sieben Stimulierungen*, zusammensetzen.[9]

Die Geschichtsschwerpunkte orientieren sich an der Portfoliostrategie des Unternehmens und somit indirekt an der *Unternehmensvision*, welche mit Techniken der Unterhaltungsindustrie kommuniziert werden.[10] Dies kann in Abhängigkeit von der Art der Gestaltung in intensiver oder abgeschwächter Form geschehen. Der Kern der Geschichte orientiert sich an einer (ggf. kombinierten) Literaturgattung, zu der z. B. Dramen, Comics, Biografien, Thriller oder Science-Fiction wie auch viele weitere Arten gehören.[11]

Die *Dramaturgie* hat hierbei das Ziel der Schaffung eines logischen und offensichtlich vernetzten Ablaufs, um einem Individuum schnellstmöglich den Sinn einer Aktivität verständlich aufzuzeigen. Dies geschieht durch die Generierung von *idealisierenden Faktoren* mit dem Ziel, das beworbene Produkt als etwas Besonderes darzustellen, beispielsweise in einer mystischen Atmosphäre. Durch die Emotionalisierung wird das Produkt plastischer (bzw. spannender), woraus ein verstärktes Interesse folgt.

---

9   Mikunda (2011), S. 172 f.
10 Wheelen, Hunger (2008), S. 164.
11 Fuchs (2009), S. 232.

Der Einsatz *stabilisierender Faktoren* sichert die Ordnung des Systems, so dass für den Konsumenten eine Sicherheit suggeriert wird. Vor allem bei komplexeren Systemen sind die vereinheitlichenden Faktoren essentiell, da durch diese die Grenzen der Erlebniswelt und somit deren Umfang dargestellt werden.

Die *aufklärenden Faktoren* vermitteln dem Konsumenten das Verständnis in Form von Kaufargumenten.

Tabelle 1: Dramaturgische Konstruktion einer Geschichte[12]

System einer dramaturgischen Erlebniswelt					
Idealisierend	Emotionalisierend	Stabilisierend	Vereinheitlichend	Aufklärend
Exklusivität (Wertsteigerung durch Spannung)	Simulation (Vergegenwärtigung durch persönliches Erleben/Spielen) · Darstellung (Veredelung durch Platzierung und Verpackung) · Corporate Identity (Strahlkraft durch Vereinheitlichung) · Aktualität (Auffrischung durch Entwicklung)	Historie (Identität durch Vergangenheit) · Prozess (Abenteuer durch kontrollierte Abläufe) · Spannung (Bindung durch Ablenkungsmanöver) · Lebenszyklus (Darstellung des Lebensablaufes) · Perspektivenvielfalt (Erneuerung durch Wahrnehmung Wechsel) · Klarheit (Ordnung durch Aufteilung) · Strukturierung (logische Abfolge einer Erzählung) · Resonanzfelder (Prestige durch aufwertende Umwelt-/Einflussfaktoren) · Begrenzung (Besitz und Umfang durch Markierung kennzeichnen) · Künstliche Umwelt (Versinken durch eskapistisches Verhalten)	Vernetzung (Klarstellung modularer Vernetzung durch Habitualisierung eines übergreifenden Faktors) · Ensemble (Modulare Beziehungen ergeben in der Summe einen tieferen Sinn) · Attraktivität (Interesse wecken durch Enthüllung verborgener Eigenschaften) · Vertrautheit (Verständnis durch Vergleiche schaffen) · Positionierung (Einschätzung durch Vergleiche schaffen)	Verinnerlichen (Veranschaulichung durch räumliche Darstellung / Spielen) · Interaktivität (Glaubwürdigkeit durch Hyperrealismus, authentische Details, haptische Wahrnehmbarkeit und sofortige Reaktionen) · Navigation (Standortbestimmung durch Zusammenhänge von Raum und Zeit) · Verhaltensregeln (Entscheidungskompetenz durch Drohungen und Versprechen)
CM + ML	BS + ML · IB + ML · SF + ML · IB + BS	CM + BS · CM + TL · BS + ML · BS + SF · IB + ML · CM + BS · BS + SF · CM + IB · CM + ML	IB + ML · ML + SF · CM + BS · IB + BS · BS + ML	IB + ML · BS + CM · ML + BS · CM + ML · BS + AZ
Phantasien und Ideen als Grundlage alternativer Geschichtsschwerpunkte					
Visionen des Unternehmens / Portfoliostrategie					

---

12 Mikunda (2011), S. 172 f.; Wheelen, Hunger (2008), S. 164

Alle Faktoren werden aus der Kombination *psychologischer Variablen* gebildet, welche mit bestimmten Techniken einen manipulativen Einfluss auf das menschliche Verhalten ausüben. Wie bei einer Freundschaft wird einem Individuum das Gefühl gegeben, sich eingeweiht, vertraut, heimisch, selbstbestimmt, sicher und gespannt bzw. entspannt zu glauben. Die Marke (und somit das Produkt) erhält in Folge eine *Persönlichkeit*, die sich dem Individuum bewusst anpasst und eine emotionale Bindung in Form von Sympathie erzeugt.

Tabelle 2: Deklaration der Basisparameter dramaturgischer Systeme[13]

		Psychologische Variablen zur Systembildung					
		Variable			Technik	Reaktion	Ziel
Abkürzung	Bezeichnung	Funktion	Beispiel	Stimulanz	Reaktive Reize		Man fühlt sich
BS	Brain Scripts	Einsatz kulturell bekannter Geschichten / Redensarten	David vs. Goliath = Schwach gegen Stark, Rache ist süß, Einmal lügen = immer lügen	Widersprüche, Überschriften, Häufungen	Starten: Mythen, Sozialverhalten, Alltagsgeschichten	Slice of Life Scripts (Erfahrungen)	Eingeweiht
IB	Inferential Beliefs	Imagebildung durch Details für einen ersten und bleibenden Eindruck	Brillenträger sind intelligent, Ein Hotel kann natürlich - aufregend gefährlich - exzentrisch und dekadent zugleich sein.	Soziale Signale, Triebsignale, Ästhetische Signale	Lassen schließen auf: Herkunft, Beruf, Charakter	Profilierung (Imagefächer) mit folgender Identifikation	Vertraut
CM	Cognitive Maps	Orientierungspunkte durch markante Ausprägungen	Triumphbogen in Paris, Geschäfte an einer Straße, Geografische Eigenschaften (Flüsse, Berge)	Bezeichnungen, Überblick, Beziehungssignale	Man erkennt: Knoten, Achsen, Districts und Landmarks mit individuellen Gestaltungen	Es entstehen: Beziehungen, Parks, Welten, Imaginäre Orte	Heimisch
TL	Time Line	Zeitliche Wahrnehmungsverzerrung durch abgestimmte Zukunftsperspektiven	Viele kurzfristige Ereignisse lassen die Zeit durch Aufteilung kurz erscheinen.	Zäsuren setzen, befristen, Meilensteine setzen, am Laufen halten, in Aussicht stellen	Geben Überblick über: Zeitintervalle	Entstehung einer inneren Timeline	Selbstbestimmt
AZ	Antizipation	Einer Fährte folgen, eine Ahnung haben, Spannung aufbauen	Spannende Geschichten und spannende Orte lassen eine Person mitfiebern: „Was würde ich machen?"	Vorwissen (Suspense), Unterbrechung, Vorgeschmack (Teaser)	Verzögerung steigert die Neugier	Entstehungen von Erwartungen	Gespannt -oder bei Abregung- Entspannt
SF	Sentence Frames	Logisch nachvollziehbarer Ablauf	Einleitung, Hauptteil und Schluss	Ankündigen und Einlösen, Kausalität, Informationsreduktion	Erzeugt einen Auftritt, eine Verbindung und einen Schluss	Entstehung eines Leitsystems	Sicher und orientiert
ML	Media Literacy	Wahrnehmungsspiele steigern das Involvement von Individuen	Animatronics, Wortspiele, Inszenierungen bei Produktübergabe, Rätsel	Querverweise, Replikate, Gimmicks, Geborgte Sprache, Drehungen, Hintergedanken	Erzeugen geheime Bereiche, Rätsel und Täuschungseffekte	Es entsteht die Herausforderung, Regeln beherrschen zu können	Geschickt

---

13 Mikunda (2011), S. 30, 41, 57, 65, 73, 83, 98

4 Multikanal Kommunikation

4.1 Produktorientierter Dreiklang zwischen Individualität, Interaktion und Identifikation

Differenziert zwischen passiven und aktiven Berührungspunkten erfolgt der Konsum einer Erlebniswelt durch langfristige, multikanalorientierte, multisensorische und miteinander korrelierende *Kommunikationswege*.[14] Während die passive (neutrale) Form eine massenorientierte Automatisierung fokussiert, konzentriert sich die aktive (persönliche) Variante auf den höchstmöglichen Grad individueller Ansprache.[15]

Den Kern der Kommunikation bildet der produktorientierte Dreiklang zwischen *Individualität, Interaktion* und *Identifikation*, der auf zentralen Plattformen wie beispielsweise Webseiten oder in unternehmenseigenen Brandparks am effektivsten und wirkungsvollsten angewendet wird.

Idealerweise werden hierbei alle Sinne des Individuums kombiniert in einer *multisensorischen Kommunikation* angesprochen. Durch die Bedrohung einer sich signifikant reduzierenden Kommunikationsqualität bei steigender Massenansprache verweisen alle weiteren Kommunikationsarten auf diese Kernpunkte. Personen werden in diesen Kernpunkten individuell angesprochen, in das Geschehen integriert und entwickeln durch die Identifikation identischer Präferenzen eine sympathische Einstellung zur Marke.

Diese Intensivierung resultiert in einem hohen *Involvement* des Konsumenten, das die Fähigkeit und die Motivation zur Aufnahme beeinflussender Informationen begünstigt.[16]

Ein Individuum erhält somit den Drang, ein *Erlebnis zu konsumieren*, was durch den Kauf eines Produktes vollständig ermöglicht wird. Als Vorstufe kann aufgrund von Cross-Selling Absichten der Kontakt z. B. mit Merchandise-Artikeln, Werbegeschenken, Clubmitgliedschaften oder einer Partizipation an Veranstaltungen angesehen werden. Als kritische Einflussfaktoren sind neben der Gestaltung einer Erlebniswelt auch das zur Verfügung stehende Budget, die Motivation der Angestellten, der Bekanntheitsgrad und die Einflussmöglichkeiten des Unternehmens zu betrachten.

---

14 Ahlert, Hesse (2003), S. 5
15 Pine, Gilmmore (2000), S. 52 f.
16 Petty, Cacioppo (1986), S. 4

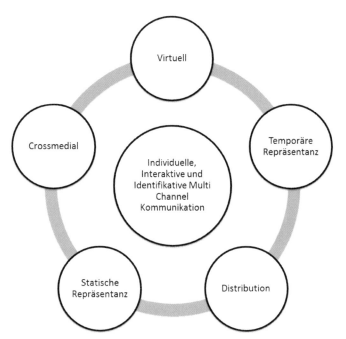

Abbildung 1: Multikanalorientierte Kommunikation von Erlebniswelten[17]

4.2 Virtuelle Kommunikation

Konzentriert auf eine audiovisuelle Wahrnehmung ermöglichen virtuelle Techniken eine scheinbar unbegrenzte Möglichkeit in der Entwicklung von Erlebniswelten. Den Kern bildet grundsätzlich die unternehmenseigene *Webseite*, welche aufgrund attraktiver Preis-/Leistungsverhältnisse eine der höchsten Gewichtungen der multikanalorientierten Kommunikation bekommt. Basierend auf Nutzerstatistiken können problemlos individuelle Profile die massenorientierte Automatisierung realisieren.

Der identifizierende Faktor ist primär von einer digitalen Gestaltung der Erlebniswelt abhängig. Dazu kommt eine Vielzahl von interaktiven Möglichkeiten, die vor allem in *viralen Kampagnen* verwendet werden. Mit dem Einsatz von integrierten sozialen Netzwerken kann der Effekt eines sich eigenständig weiter-

---

17 Emrich (2009), S. 48 f.; Hartmann (2008), S. 127 f.

entwickelnden Systems entstehen. Nutzer werden hierbei aktiviert, eine Werbebotschaft in ihrem sozialen Netzwerk zu teilen und Rückkopplungseffekte für das Unternehmen zu erzielen.

4.3 Temporäre Repräsentanz

Konzentriert auf einen Zeitpunkt wird an einem bestimmten Ort bzw. auf einer bestimmten medialen Plattform alle Energie der Kommunikation gebündelt, was im Extremfall auch als „*Big Bang*" (lauter Knall) bezeichnet wird.

Die temporäre Repräsentanz verwendet die multisensorischen und nachhaltig wirkenden Stimulanzen. Hierbei besteht die Möglichkeit, Synergieeffekte mit anderen Unternehmen zu nutzen oder unternehmenseigene Aktionen durchzuführen. Synergetische Strategien werden vor allem bei Messen und bei öffentlichen Veranstaltungen angewendet.

4.4 Distributive Kommunikation

Die Kommunikation über Dritte in Form von Wiederverkäufern muss auf qualitativ hochwertigen Standards aufgebaut werden, welche unter Ausnutzung der Fixkostendegression langfristig replizierbare und massenorientierte *POS-Techniken* anwendet. Ein Bestreben ist hierbei die positive Beeinflussung von Umweltfaktoren am Verkaufsort.

Um Komplikationen bei der parallelen Aktivierung mehrerer Sinneskanäle auf ein Minimum reduzieren zu können, wird eine *Simplifizierung* der POS-Techniken angestrebt. Image, Funktions- und Informationsfaktoren werden auf ein vollautomatisches und stabiles Konzept abgestimmt. Die Konzentration wird primär auf den Wiedererkennungswert und eine optimale Handelsmarge zugunsten der Produktplatzierung gelegt.

4.5 Statische Repräsentanz

In unterschiedlichem Ausmaß wird eine Erlebniswelt *dauerhaft* an strategisch sinnvollen Orten unmittelbar durch das Unternehmen vertreten. Das Konzept, bestehend aus qualifizierten Mitarbeitern, entsprechender Architektur und abgestimmter Gestaltung, wird als Prestigeobjekt platziert, so dass Unternehmen eine ideale Symbiose aus Erlebniswelt und Produktkauf erschaffen.[18]

---
18   Barth (2008), S. 408.

Im kleineren Ausmaß konzentriert sich dieser Vorgang auf *Flagship Stores* in Form von sakralen-, Lifestyle- oder Mega-Stores, welche in zentralen Stadtgebieten platziert werden.[19] Größere Varianten reichen hingegen bis zu einer eigenen Stadt in Form eines Brandparks, eigenen Museen oder einem Hauptsitz mit eigenem Campus. Die statische Repräsentativität stellt somit, vergleichbar mit einem Produkt, die emotionale jedoch nicht erwerbsfähige *Materialisierung einer Erlebniswelt* dar, deren Erfolg öffentlich präsentiert wird.

4.6 Crossmediale Kommunikation

Die *crossmediale* Kommunikation nutzt Schlüsselreize, um die öffentliche Aufmerksamkeit auf die Erlebniswelt zu lenken, welche in den anderen Kommunikationskanälen intensiviert wird. Kritische Variablen stellen vor allem die Dauer, die geografische und mediale Gewichtung sowie die benötigten finanziellen Mittel dar.

5 Customer Integration in Erlebniswelten

5.1 Integration des Individuums

Der kommunikative Dreiklang zwischen Interaktion, Identifikation und Individualität überlässt dem Individuum die Kontrolle zur Regulierung des Konsums einer Erlebniswelt. Durch die *Integration des Individuums* als aktiver Bestandteil in der Erlebniswelt geht die Kontrolle phasenweise in das System über.

Durch die Definition von Rollen und deren Akzeptanz wird in Folge eine Steuerung des Individuums ermöglicht. Dieser Effekt wird z. B. in Computerspielen (virtuellen Welten) bei jüngeren Personen sichtbar, bei denen eine Kontemplation stattfindet (unbewusste Flucht vor dem realen Leben). Eine Integration in eine Erlebniswelt erfolgt durch einen Agenten oder einen Avatar. Eine Auswahl dieser Option steht in Abhängigkeit zu der Konstruktion des Systems und des Kommunikationskanals, in welchen ein Individuum integriert werden soll.

---

19   Mikunda (2007), S. 140 f.

5.2 Agenten

Ein Agent ist eine unabhängige, nicht direkt steuerbare *Person*, die im Auftrag für einen anderen agiert.[20] Dies bedeutet, dass eine Person mit Hilfe einer Gesichtsextraktion aus einer biometrischen Fotografie künstlich in ein Bild, ein Video oder eine Simulation platziert wird; dies wird auch als „Face Replacement" bezeichnet. Weitaus realistischere Darstellungsformen resultieren aus einer dreidimensionalen Texturscannung, in welcher Personen virtuell erfasst und in unterschiedlichen Perspektiven dargestellt werden können.

5.3 Avatare

Ein Avatar beschreibt die Verkörperung einer Idee und kann auch als direkt und frei *steuerbare Rolle* einer Person in einem Theaterstück angesehen werden.[21]

Hierbei wird zwischen einem virtuellen, einem realen und einem hybriden Verfahren unterschieden. *Virtuelle Avatare* sind durch Peripheriegeräte direkt steuerbare Charaktere in einer Computersimulation (z. B. World of Warcraft, Need for Speed, Dirt3). Durch die hohen und flexiblen Automatisierungsmöglichkeiten stellt dies eine einfache und äußerst effektive Form der Integration dar, die primär für einen längeren Zeitraum den Spieltrieb eines Individuums anspricht. Da Nutzer dieser Technik vor allem jüngere Personen unterer Milieuklassen sind bzw. nicht einer kaufstarken Zielgruppe entsprechen, eignet sich diese Form nur teilweise für die produktfokussierte Integration in eine Erlebniswelt, welche das Ziel der Umsatzsteigerung eines aufwendig beworbenen Produktes verfolgt.

6 Psychologische Effekte

Eine Erlebniswelt nutzt gegenwärtige, retrograde und anterograde psychologische Effekte des Kaufverhaltens. Der Wirkungsgrad ist sowohl von der Persönlichkeit als auch von den situativen Gegebenheiten und der Konstruktion des Systems abhängig. Der Prozess orientiert sich an einem wiederholenden *Drei-Phasen-Modell*, welches durch die Vorbereitung einer Veränderung mittels Emotionen, die Durchführung und eine nachhaltige Festigung gekennzeichnet ist.[22]

---

20 Yee, Bailenson, Rickertsen (2007), S. 1.
21 Bailenson, Blascovich (2004), S. 65.
22 Lauer (2012), S. 58.

Dabei wird anfangs die Generierung von *sieben Hochgefühlen* (Emotionen) angestrebt. Hervorgehend aus den sieben Todsünden des Katechismus, welche für die soziale Kommunikationsmanipulation eingesetzt werden, handelt es sich hierbei um (christlich) kulturell fest integrierte Eigenschaften.[23] Im Idealfall werden alle Ausprägungen modular realisiert, so dass individuelle Dosierungen der Gefühle als unbewusster Bestandteil einer Geschichte kombiniert konsumiert werden können. Eine anschließende kognitive Reaktion verarbeitet die neu gewonnenen Informationen, um eine Kaufaktion herzuleiten.

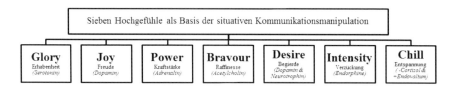

Abbildung 2: Psychophysiologisches Befinden während des Erlebniskonsums[24]

Durch gefühlstypische Reize wird das angestrebte Befinden eingeleitet, wobei zu jeder Zeit eine *Harmonie* zwischen dem sinnlichen Vergnügen und der Sehnsucht nach Erfüllung gewährleistet sein muss. Die positive Gestaltung (z. B. mit Hilfe von Animatoren) sorgt für die Motivation des Konsumenten, seine Wahrnehmung auf das angestrebte Gefühl zu richten und lenkt zugleich in Form einer Überwältigung von weiteren Umwelteinflüssen ab.

Das System einer Erlebniswelt wird durch diese Emotionen gezielt als attraktive Freizeitbeschäftigung charakterisiert, deren kommerzielle Absichten nicht bewusst wahrgenommen werden.[25] Die Attraktivität begünstigt einen *Stimmungskongruenzeffekt*, so dass positive Eigenschaften subjektiv stärker als negative bewertet werden. Folgend aus der Dissonanztheorie, welche eine ablehnende Haltung gegen Informationen beschreibt, die gegen das eigene Weltbild sprechen, entsteht zudem das „Forced Compliance"-Pradigma.[26]

Die künstlich geschaffene Umwelt erzeugt einen *sozialen Druck* auf den Konsumenten, da das Erlebnis als Belohnung der Produktkonsumierung intensiviert

---

23 Mikunda (2010), S. 16.
24 Mikunda (2010), S. 78 ff.
25 Lewine (2004), S. 50.
26 Festinger (1957), S. 84 f.

wird oder im umgekehrten Falle bei Nichtkonsumierung eine Barriere darstellt. Die Einstellung zu dem beworbenen Produkt in Relation zu Substitutionsgütern wird in Abhängigkeit von überzeugenden Argumenten, der Höhe einer Belohnung oder Bestrafung sowie der Wichtigkeit der Meinung zugunsten einer Harmonie angepasst. Dies begünstigt eine Kaufentscheidung.

Der Effekt kann mit einer Erweiterung des involvierten Kollektivs, der Einbindung des privaten Umfelds und bekannter, sympathischer Persönlichkeiten oder Gruppierungen (z. B. Markenbotschafter, Sponsorpartner) verstärkt werden.[27] Durch die Integration des *Konsumenten* entsteht zudem eine Möglichkeit der Illusionierung von Freiheit, die durch den Kauf des Produktes oder in Bezug auf die Distributionshierarchie künstlich erweitert werden kann.

Der integrative Kommunikationsprozess einer Erlebniswelt entwickelt eine Art *Spiegelwelt*, die auf den Konsumenten, in Abhängigkeit von der Qualität des Systems und der Persönlichkeit, eine wirkungsvolle Manipulation ausübt. Avatare stellen hierbei im Gegensatz zu Agenten eine effektivere Technik dar.[28] Mit Hilfe der Interaktivität wird dem Individuum eine Markenverbundenheit suggeriert. Durch den Wiedererkennungswert (Identifikation) entstehen zudem eine intrinsische Überzeugung sowie ein stärkeres Markenbewusstsein.

Diese *Realitätsverzerrung* erzeugt zudem die Annahme einer tatsächlichen Konsumierung noch vor dem Kauf (Virtually True), wodurch ein Mere-Ownership Effekt eingeleitet wird.[29] Dieser Effekt bewirkt die Anstrengung, den drohenden Verlust des illusionierten Status durch eine Zurückgewinnung des Besitzes wiederherzustellen. In der Praxis bedeutet dies, dass der Konsument einen Doppelgänger (Chamäleon-Effekt) bei der Konsumierung eines Gutes beobachtet.[30] Nachdem das Kurzzeitgedächtnis die Information weitergeleitet hat, kann durch die Ego-Depletion eine *Erinnerungsmanipulation* auftreten, die die subjektive Annahme einer tatsächlichen Konsumierung illusioniert und einen zukünftigen (realen) Kauf begünstigt.[31]

Dieser Prozess simuliert mögliche *Glücksgefühle* eines Produkterwerbs aus der Zukunft für die Generierung eines Bedürfnisses. Ein vergleichbarer (aber schwächerer) Effekt wird mit dem Einsatz eines Agenten erzielt, sofern mindestens eine Übereinstimmung mit dem Individuum von ca. 30-40 % erreicht wird.[32]

---

27 Raab, Unger (2005), S. 55 f.
28 Ahn, Bailenson (2011), S. 102.
29 Segovia, Bailenson (2009), S. 371 f.
30 Bailenson, Blascovich (2011), S. 1-3.
31 Fox, Bailenson (2009), S. 20; Fox, Bailenson Binney (2009), S. 294-303.
32 Bailenson et al. (2006), S. 373, 381 f.

Eine Optimierung des Prozesses erfolgt durch den Einsatz *realer Personen* (Gruppen) und eines realen Ereignisses, wodurch der Wirkungsgrad aufgrund des sozialen Kontakts und der Ansprache unterschiedlicher Sinneskanäle verstärkt wird. Dies bewirkt zudem, in Abhängigkeit von der Persönlichkeit, eine Erinnerungsmanipulation, so dass illusionierte Situationen während des Transfers vom Kurz- in das Langzeitgedächtnis nicht mehr von der Realität unterschieden werden können.

Durch die Positionierung eines Konsumenten in eine Geschichte wird eine Motivation generiert, die simulierte Situation zu *realisieren*, um den Erwartungen des Systems nachhaltig zu entsprechen (Proteus Effekt).[33] Die Positionierung des Konsumenten wird vollständig von dem Individuum angenommen. In einer weniger aggressiven Systemgestaltung wird die Vorstellungskraft einer Konsumierung durch das Individuum erhöht.

Abbildung 3: Erlebniswelt der Chem-Tools GmbH

---

33 Yee, Bailenson, Ducheneaut (2009), S. 293 f.

7 Kollaborative Erlebniswelten

Obwohl Erlebniswelten ein hohes Potenzial für das Marketing vorweisen können, ist es aufgrund beschränkter Möglichkeiten nicht immer von Vorteil, diese langfristig orientierten Systeme zu realisieren. Mit einer *Lastenverteilung* können diese Herausforderungen aufgrund einer Ressourcenerweiterung reduziert werden. Unterschiedliche Gruppen stehen in direktem Kontakt zu dem Unternehmen. Bei der Marktkommunikation sind dies unter anderem Kunden und Lieferanten, bei den Public Relations ist es die Öffentlichkeit, bei der internen Kommunikation geht es um die Mitarbeiter und bei der Finanzkommunikation um Banken und Investoren. Diese unterschiedlichen Parteien mit zum Teil sehr unterschiedlichen Zielen können unterstützend in die Konstruktion des Systems integriert werden. Diese unterschiedlichen Parteien mit vergleichbaren Zielen können unterstützend in die Konstruktion des Systems *integriert* werden.

Um Interessenskonflikte und Kontrollverluste zu vermeiden sowie eine Neutralität zu gewährleisten, ergibt sich als weiterführende Maßnahme das Potenzial von *Kooperationen* mit unabhängigen Unternehmen. Die Kooperation kann sowohl durch Übernahmen, strategische Allianzen, Joint Ventures, Value-Chain-Partnerschaften, Lizensierungen (z. B. vertragsorientierte Absprachen) oder direkte Partnerschaften gleicher Interessen (z. B. gleicher Branche) realisiert werden. Eine generelle Umsetzung steht in Abhängigkeit von der Unternehmensstrategie, sowie den gegebenen Rahmenbedingungen.

8 Einsatz von Erlebniswelten als effektive Marketingstrategie

Als *komplexes Geschichtensystem* mit indirektem Werbeeffekt stellen Erlebniswelten eine sehr anspruchsvolle Form des Marketings dar. Die dramaturgische Gestaltung, deren multikanalorientierte Kommunikation mit einer individuellen, interaktiven und identifikativen Orientierung sowie einer Integration des Individuums stellen wichtige Bestandteile des Systems dar. Die Wirkung der Strategie kann mit Hilfe der Nutzung aller psychologischen Manipulationstechniken optimiert werden, welche grundsätzlich auf der Generierung von sieben Hochgefühlen basieren.

Eine *Kombination* unterschiedlicher Gestaltungsarten, die echtzeitorientierte Einbindung und die Auslastung aller Kommunikationskanäle stellen eine Verstärkung des Wirkungsgrades sicher. Neue Technologien und Automatisierungsprozesse sind stark abhängig von der Zielgruppe, dem Umfang und der Qualität. Direkte Werbebotschaften (z. B. Produktinformationen) treten in einer Erlebniswelt in den Hintergrund, so dass es sich verstärkt um eine *Markenbildung*

(Image) handelt. Mit Hilfe neuer Technologien wie der künstlichen Intelligenz und einer Vermischung zwischen digitaler und realer Welt (Augmented Reality) bestehen für Erlebniswelten große Gestaltungspotenziale.[34]

Bei einer Erlebniswelt handelt es sich um eine umfangreiche und höchst effektive Marketingstrategie, die sich vor allem für Luxusartikel oder zur Überzeugung wichtiger Personen eignet.

9   Erlebniswelten der Chem-Tools GmbH

Einen hervorragenden Ansatz für die praktische Umsetzung dieses komplexen Systems zeigen die folgenden Abbildungen der Erlebniswelt der *Chem-Tools* GmbH. Das mittelständiges Unternehmen mit Sitz in Nieder-Olm (Deutschland) hat sich seit der Gründung im Jahr 1995 auf die Entwicklung, Produktion, Lagerung und den Verkauf von chemotechnischen Erzeugnissen spezialisiert und wurde im Rahmen dieser Studie analysiert.

Abbildung 4:   Bilder zur Erlebniswelt der Chem-Tools GmbH

---

34   Bailenson, Blascovich (2011), S. 2 f.

Das Unternehmen hat erkannt, dass *Liebhaberfahrzeuge* intensiver wahrgenommen werden als mögliche negative Eigenschaften von Chemikalien und somit schnell das Interesse neuer Zielgruppen gewinnen. Auch können diese wirkungsvoll in der Marketingkommunikation eingesetzt werden. Im Jahr 2003 wurde als logische Konsequenz die Produktserie „Perfect Line" eingeführt, welche ab 2009 zu einem *erlebnisweltorientierten* Konzept weiterentwickelt wurde, was vor allem bei Messen und Events spürbar wird. Primär handelt es sich bei der genannten Produktlinie um hochwertige Pflegeprodukte für motorisierte Fortbewegungsmittel aller Art, sowie diverse Zubehör- und Merchandise-Artikel, deren Preisniveau im höheren Mittelsegment positioniert wird.

Literatur

Ahlert, D., Hesse, J., Das Multikanalphänomen – viele Wege führen zum Kunden, in: Ahlert, D., Hesse, J., Smend, P., Multikanalstrategien – Konzepte, Methoden und Erfahrungen, Wiesbaden 2003

Ahn, S., Bailenson, J., Self-endorsing versus other-endorsing in virtual environments. in: Journal of Advertising (2) 2011, S. 93-106

Bailenson, J., Blascovich, J., Avatars, in: Bainbridge, W. S. (Hrsg.), Encyclopedia of human computer interaction, M.A. Berkshire 2004, S. 64-65

Bailenson, J., Blascovich, J., Infinite Reality: Avatars, Eternal Life, New Worlds, and the Dawn of the Virtual Revolutio, New York 2011

Bailenson, J., Garland, P., Iyengar, S., Yee, N., Transformed Facial Similarity as a Political Cue: A Preliminary Investigation, in: Political Psychology 27 (3), 2006, S. 373-385

Barth, M., Flagship Stores: Zur Synthese von Marke und Architektur, in: Herbrand, N. (Hrsg.), Schauplätze Dreidimensionaler Markenführung, Stuttgart 2008, S. 406-412

Emrich, C., Multichannel Management, Stuttgart 2009

Esch, F., Strategie und Technik der Markenführung, 2. Aufl., München 2004

Festinger, L., A theory of cognitive dissonance, Stanford 1957

Fox, J., Bailenson, J., Virtual Self-Modeling: The Effects of Vicarious Reinforcement and Identification on Excercise Behaviors, in: Media Psychology (12) 2009, S. 1-25

Fox, J., Bailenson, J., Binney, J., Virtual Experiences, Physical Behaviors: The Effect of Presence on Imitating of an Eating Avatar. Presence (18) 2009, S. 294-303

Fuchs, T. W., Warum das Gehirn Geschichten liebt, München 2009

Hartmann, D., Wertschöpfung durch Live Communication, in: Herbrand N. (Hrsg.), Schauplätze dreidimensionaler Markeninszenierung, Stuttgart 2008, S. 120-132

Jeck-Schlottmann, G., Anzeigenbetrachtung bei geringem Involvement, in: Marketing – Zeitschrift für Forschung und Praxis (10, 1), 1988, S. 33-44

Kilian, K., Vom Erlebnismarketing zum Markenerlebnis, in: Herbrand, N. (Hrsg.), Schauplätze dreiminensionaler Markeninszenierung, Stuttgart 2008

Kroeber Riel, W., Weinberg, P., Konsumentenverhalten, 7. Aufl., München 1999

Lauer, T., Change Management, Aschaffenburg 2012
Lewine, R., Die grosse Verführung – Psychologie der Manipulation, 2. Aufl., New Jersey 2004
Meffert, H., Burmann, C., Kirchgeorg, M., Marketing, 11. Aufl., Wiesbaden 2008
Mikunda, C., Der verbotene Ort oder die inszenierte Verführung, 3. Aufl., München 2011
Mikunda, C., Marketing spüren, Wien 2007
Mikunda, C., Warum wir uns Gefühle kaufen, 2. Aufl., Berlin 2010
Neumann, D., Erlebnis/Erlebnismarketing, in: Herbrand N. (Hrsg.), Schauplätze dreidimensionaler Markeninszinierung, Stuttgart 2008, S. 16 f.
Petty, R., Cacioppo, J., Communication and persuasion – central and peripheral routes to attitude change, NewYork, Berlin, Heidelberg 1986
Pine, J., Gilmmore, J., Erlebniskauf, München 2000
Raab, G., Unger, F., Marktpsychologie, 2. Aufl., Wiesbaden 2005
Segovia, K., Bailenson J. N., Virtually True: Children's Acquisition of False Memories in Virtual Reality, in: Media Psychology (12) 2009, 371-393
Winkelmann, P., Marketing und Vertrieb, 7. Auflage München 2010
Wöhler, K., Erlebnisgesellschaft – Wertewandel, Konsumverhalten und -kultur, in: Herbrand, N. (Hrsg.), Schauplätze dreidimensionaler Markeninszinierung, Stuttgart 2008
Wheelen, T., Hunger, J., Strategic Management and Business Policy, 11. Aufl., New Jersey 2008
Yee, N., Bailenson, J., Ducheneaut N., The Proteus Effect, in: Communication Research 2009, 285 ff.
Yee, N., Bailenson, J., Rickertsen, K., A Meta-Analysis of the Impact of the Inclusion and Realism of Human-Like Faces on User Experiences in Interfaces, Stanford University, Department of Communication, Kalifornien 2007

Die Autoren

Prof. Dr. Heinrich Holland lehrt an der University of Applied Sciences Mainz. Er ist Akademieleiter der Deutschen Dialogmarketing Akademie (DDA) und Mitglied zahlreicher Beiräte und Jurys, z. B. Alfred Gerardi Gedächtnispreis für wissenschaftliche Arbeiten im Dialogmarketing, GO DIALOG Förderpreis und Mentor bei Forum Kiedrich. Heinrich Holland hat 20 Bücher und über 200 Aufsätze veröffentlicht, sein Standardwerk „Direktmarketing" ist in einer russischen Lizenzausgabe erschienen. Im Jahr 2004 wurde er in die Hall of Fame des Direktmarketings aufgenommen. Er hält Vorträge im In- und Ausland und berät namhafte Unternehmen.

Andreas Hofem ist Absolvent des Master Studiums in Wirtschaftswissenschaften an der Fachhochschule in Mainz. Als technischer Assistent für Informatik und ausgebildeter Bürokaufmann sammelte er parallel zu seinem Studium umfangreiche Referenzen mit seiner Marketing Agentur „AmJex Services". Zudem war er intensiv bei einem Marktforschungsprojekt der Nestlé AG, sowie der Marketing Gestaltung der Chem-Tools GmbH beteiligt und erhielt durch zahlreiche Praktika tiefgreifende Einblicke in renommierte Unternehmen.

Kontakt

Prof. Dr. Heinrich Holland
University of Applied Sciences Mainz
Lucy-Hillebrand-Straße 2
55128 Mainz
heinrich.holland@wiwi.fh-mainz.de

Erfolgreicher Einsatz von Online-Gewinnspielen im Dialogmarketing

Michaela Rauch / Matthias Schulten / Gotthard Pietsch

Inhalt

1 Ausgangssituation und Problemstellung 136
2 Gestaltungsdimensionen von Online-Gewinnspielen 137
3 Einfluss der Dimensionen auf die Teilnahmebereitschaft 139
4 Gewinnspieler-Segmente 141
5 Praxisempfehlungen 144
6 Fazit 145

Literatur 146
Die Autoren 147
Kontakt 147

Management Summary

Der Einsatz von Online-Gewinnspielen im Dialogmarketing stellt eine kostengünstige und aufmerksamkeitsstarke Maßnahme dar, um Kundenbeziehungen aufzubauen und zu stärken. Erstaunlicherweise hat sich die Forschung dieser Thematik bislang kaum angenommen. Der vorliegende Beitrag stößt genau in diese Lücke. Er geht der Frage nach, wie Online-Gewinnspiele erfolgreich eingesetzt werden können und was bei der Ansprache unterschiedlicher Gewinnspieler-Segmente zu beachten ist. Dabei zeigt er, dass sich Unternehmen vor allem auf das Segment der „Spieler" und der „Emotionalisierbaren" konzentrieren und bei der Entwicklung von Online-Gewinnspielen auf den Wert und die Art des Gewinns sowie auf die Aufgabe des Spiels achten sollten. Er verdeutlicht zudem, dass die Teilnahmebereitschaft durch die Abfrage von Postadressdaten erheblich abnehmen kann und die Gewinnspielplattform nur einen geringen Einfluss auf die Teilnahmebereitschaft ausübt.

1 Ausgangssituation und Problemstellung

Gewinnspiele sind aus dem Dialogmarketing kaum noch wegzudenken – und das aus gutem Grund: Denn spannende und emotionsgeladene Spiele sind dazu geeignet, Konsumenten werbliche Information weitgehend frei von Reaktanzen darzubieten (Vaelske 2010, S. 4). Immer wichtiger werden dabei Online-Gewinnspiele. Online-Gewinnspiele ziehen den Konsumenten durch ihre interaktiven, multimedialen und personalisierten Elemente besonders leicht in den Bann. Gleichzeitig können mit ihnen Adressen und Opt-Ins schnell und kostengünstig generiert werden, da der traditionelle Postweg entfällt. Es verwundert daher nicht, dass immer mehr Unternehmen auf Online-Gewinnspiele setzen (Shimp 2010, S. 522).

Erstaunlicherweise hat sich die Forschung dieser Entwicklung bislang kaum angenommen. Gewinnspiele, insbesondere Online-Gewinnspiele, gehören noch immer „zu jenen Kommunikationsmitteln der Kundenkommunikation, die in der Praxis häufig eingesetzt, von Seiten der Forschung bislang jedoch unzulänglich untersucht sind" (Mast et al. 2005, S. 341).

Die vorhandenen Studien, die zumeist in den 1980er und 1990er Jahren durchgeführt wurden, betrachten vorwiegend Offline-Gewinnspiele (z. B. Brockhoff/ Andresen 1986; Stottmeister 1988; Wilhelm 1996; aktueller und mit Fokus auf Online-Gewinnspiele: Teichmann et al. 2005; Fischer 2007). Zu neueren Entwicklungen, wie z. B. Gewinnspielen in sozialen Netzwerken, liegen überhaupt keine Erkenntnisse vor. Auffällig ist zudem, dass die vorhandenen Studien – mit Ausnahme von Teichmann et al. – recht allgemein bleiben. Während sich die Praxis um eine differenzierte Ansprache unterschiedlicher Gewinnspieler-Segmente bemüht, klammert die Forschung diesen Aspekt weitgehend aus. Vor diesem Hintergrund widmet sich der vorliegende Beitrag der Frage, wie Gewinnspiele erfolgreich in der heutigen Online-Welt eingesetzt werden können und was bei der Online-Ansprache unterschiedlicher Gewinnspieler-Segmente zu beachten ist.

Zur Beantwortung dieser Frage werden im Folgenden zunächst zentrale Gestaltungsdimensionen von Online-Gewinnspielen identifiziert und ihr Einfluss mittels einer Conjoint-Analyse untersucht. Auf Basis der resultierenden Ergebnisse erfolgt dann mit Hilfe von Cluster- und Diskriminanz-Analysen die Bildung von Gewinnspieler-Segmenten. Hieraus lassen sich schließlich Empfehlungen für den erfolgreichen Einsatz von Online-Gewinnspielen im Dialogmarketing ableiten.

2 Gestaltungsdimensionen von Online-Gewinnspielen

Um die Gestaltungsdimensionen von Online-Gewinnspielen identifizieren zu können, wurde zunächst eine Stichprobe aus der Grundgesamtheit aller Online-Gewinnspiele gezogen. Hierzu wurde in zwei Schritten vorgegangen: Im ersten Schritt wurde der Kreis der zu untersuchenden Marken mit Hilfe des Deutschen Markenlexikons (Langenscheidt, 2008) auf 967 B2C-Marken eingegrenzt. Im zweiten Schritt wurden dann die Websites und Facebook-Seiten dieser Marken sukzessive besucht und der Newsletter der Marken bezogen. Auf diese Weise konnten zwischen dem 18.08.11 und dem 09.02.12 153 Online-Gewinnspiele erfasst werden. Die Analyse dieser Gewinnspiele ergab, dass es fünf zentrale Gestaltungsdimensionen gibt: Art des Gewinns, Wert des Gewinns, Aufgabe des Spiels, Plattform des Spiels und Teilnahmebedingung. Die einzelnen Dimensionen weisen bis zu vier Ausprägungen auf (vgl. Abbildung 1).

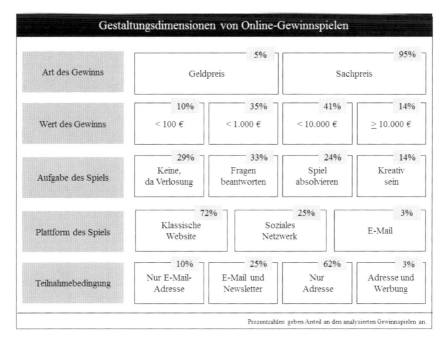

Abbildung 1: Gestaltungsdimensionen von Online-Gewinnspielen

Hinsichtlich der Art des Gewinns ließen sich zwei Ausprägungen unterscheiden: 95 Prozent der untersuchten Online-Gewinnspiele setzten auf Sach-, 5 Prozent auf Geldpreise.

Beim Wert des Gewinns konnten vier Ausprägungen identifiziert werden: 10 Prozent der untersuchten Gewinnspiele setzten auf Gewinne mit einem Wert kleiner 100 Euro. 35 Prozent lobten Gewinne mit einem Wert zwischen 100 und 1.000 Euro aus. 41 Prozent wiesen Gewinne zwischen 1.000 und 10.000 Euro auf. Bei 14 Prozent der untersuchten Online-Gewinnspiele war der Gewinnwert größer gleich 10.000 Euro, wobei der höchste beobachtete Gewinnwert 690.000 Euro betrug.

Bei der Aufgabe des Spiels waren vier Ausprägungen erkennbar: 29 Prozent der untersuchten Gewinnspiele verzichteten auf spezielle Aufgaben und verlosten ihre Preise unter den Teilnehmern. 33 Prozent konfrontierten die Konsumenten mit Quiz- oder Marktforschungsfragen. 24 Prozent setzten auf interaktive Spiele. 14 Prozent forderten die Konsumenten auf, eine kreative Aufgabe zu lösen, beispielsweise ein spezielles Foto zu schießen und auf die Gewinnspielplattform hochzuladen.

Hinsichtlich der Gewinnspielplattform konnten drei Ausprägungen identifiziert werden: 72 Prozent der untersuchten Online-Gewinnspiele wurden auf der Website der Marke durchgeführt, 25 Prozent auf Facebook und 3 Prozent per E-Mail. Die E-Mail-Gewinnspiele zeichneten sich dadurch aus, dass für die Gewinnspielteilnahme lediglich ein Klick auf einen Link im Newsletter erforderlich war.

Bei den Teilnahmebedingungen waren schließlich vier Ausprägungen erkennbar: Bei 10 Prozent der untersuchten Gewinnspiele reichte die Angabe der E-Mail-Adresse für eine Teilnahme aus, bei 25 Prozent musste zudem der Newsletter des Gewinnspielveranstalters abonniert werden. 62 Prozent forderten die Angabe der Postadresse und weitere 3 Prozent kombinierten die Postadressangabe mit der Einwilligung, künftig Werbung zu erhalten.

3 Einfluss der Dimensionen auf die Teilnahmebereitschaft

Um den Einfluss der fünf identifizierten Gestaltungsdimensionen und ihrer bis zu vier Ausprägungen auf die Teilnahmebereitschaft zu ermitteln, wurde auf eine klassische Conjoint-Analyse zurückgegriffen.

Bei der klassischen Conjoint-Analyse handelt es sich um ein multivariates Analyseverfahren, bei dem Präferenzwerte für unterschiedliche Profile eines Betrachtungsgegenstandes erhoben werden können, um Teilnutzenwerte für die verschiedenen Ausprägungen der Gestaltungsdimensionen dekompositionell zu ermitteln und Aussagen zur relativen Wichtigkeit der einzelnen Gestaltungsdimensionen zu treffen. Der klassischen Conjoint-Analyse wurde dabei aufgrund ihrer besseren individualanalytischen und segmentbezogenen Auswertungsmöglichkeiten der Vorzug vor der auswahlbasierten und der adaptiven Conjoint-Analyse gegeben (Backhaus et al. 2011, S. 501).

Konkret wurden im vorliegenden Fall Präferenzwerte für verschiedene Online-Gewinnspiel-Profile erhoben, um den Einfluss der identifizierten Gestaltungsdimensionen auf die Teilnahmebereitschaft an Online-Gewinnspielen zu ermitteln. Hierzu wurde in sechs Schritten vorgegangen.

Im ersten Schritt wurden die Dimensionen und ihre Ausprägungen auf Basis der in Kapitel 2 dargestellten Untersuchungsergebnisse festgelegt. Da aus erhebungstechnischen Gründen eine Begrenzung stattfinden musste (Fischer 2001, S. 62), wurde auf eine Untersuchung von Gewinnspielen, die einen Gewinnwert von größer gleich 10.000 Euro haben und E-Mails als Plattform nutzen, verzichtet. Die Begründung liegt hier zum einen in der Heterogenität der Gewinnwertausprägung größer gleich 10.000 Euro (beobachtete Spanne: 10.000 Euro bis 690.000 Euro) und zum anderen in der vergleichsweise geringen Verbreitung der Plattform E-Mail (Anteil an Stichprobe: 3 Prozent; vgl. Kapitel 2).

Im zweiten Schritt wurden die verschiedenen Ausprägungen der einzelnen Dimensionen zu Stimuli verknüpft und mit Hilfe des Ansatzes von Addelman (1962) auf 16 Stimuli reduziert, um einer Überforderung von Probanden vorzubeugen. Der dritte Schritt befasste sich mit der Festlegung der Stimulipräsentation. Die Entscheidung fiel hier auf eine visuelle Darstellung vollständiger Stimuli-Profile, um eine möglichst hohe Realitätsnähe zu erzielen. Abbildung 2 zeigt die Visualisierung der Stimuli-Profile an einem Beispiel. Das dargestellte Stimuli-Profil weist folgende Ausprägungen auf: Geldpreis (Art des Gewinns), 100 Euro (Wert des Gewinns), interaktives Spiel (Aufgabe des Spiels), Website (Plattform des Spiels) und Postadresse (Teilnahmebedingung).

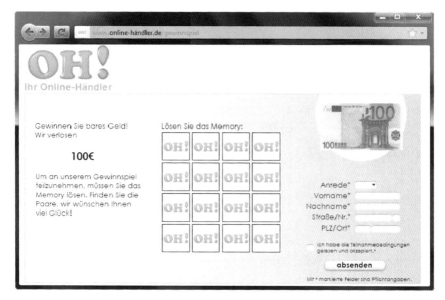

Abbildung 2: Beispiel für visuelle Darstellung vollständiger Profile

Im vierten Schritt wurden die 16 Stimuli-Profile 278 Probanden in zufälliger Reihenfolge vorgelegt. Hierzu wurde auf eine Online-Befragung zurückgegriffen, in der die Probanden ihre Teilnahmebereitschaften auf einer Skala von 0 (keine Teilnahme) bis 100 (sichere Teilnahme) angeben konnten. Die Auswahl der Probanden, die aufgrund des Erhebungsdesigns (Berücksichtigung unterschiedlicher Gewinnspielplattformen) Internet- und Facebook-affin sein mussten, erfolgte pragmatisch. Gleichwohl kann die Stichprobe als repräsentativ gelten. Der fünfte Schritt widmete sich der Berechnung individueller Teilnutzenwerte für die einzelnen Ausprägungen. Diese wurden schließlich im sechsten Schritt aggregiert. Das aggregierte Ergebnis kann Abbildung 3 entnommen werden.

Es wird ersichtlich, dass die Aufgabe des Spiels mit einer relativen Wichtigkeit von 30 Prozent die Teilnahmebereitschaft an Online-Gewinnspielen am stärksten beeinflusst. Auffällig ist, dass die Probanden an Verlosungen (keine Aufgabe), Fragen und Spielen gleichermaßen interessiert sind, auf kreative Aufgaben jedoch sehr zurückhaltend reagieren. Auch der Wert des Gewinns hat mit einer relativen Wichtigkeit von 24 Prozent einen großen Einfluss auf die Teilnahmebereitschaft. Die Probanden ziehen dabei hohe Gewinne niedrigen vor. Die Teilnahmebedingungen sind mit einer relativen Wichtigkeit von 23 Prozent ähnlich bedeutsam. Die Angabe der E-Mail Adresse ist die für die Probanden nützlichste Ausprägung und steht in Kombination mit einem Newsletter vor der Postadressangabe, die von Unternehmen am häufigsten eingefordert wird (vgl. Kapitel 2). Die Art des Gewinns hat mit einer relativen Wichtigkeit von 14 Prozent einen vergleichsweise geringen Einfluss auf die Teilnahmebereitschaft. Die Probanden bevorzugen hier Sachpreise gegenüber Geldpreisen, was im Einklang mit der hohen Praxisverbreitung von Sachpreisen steht (vgl. Kapitel 2). Am wenigsten wichtig ist den Probanden die Plattform. Sie hat mit einer relativen Wichtigkeit von 9 Prozent nur einen geringen Einfluss auf die Teilnahmebereitschaft. Website und soziales Netzwerk stiften dabei ähnlich hohe Teilnutzen.

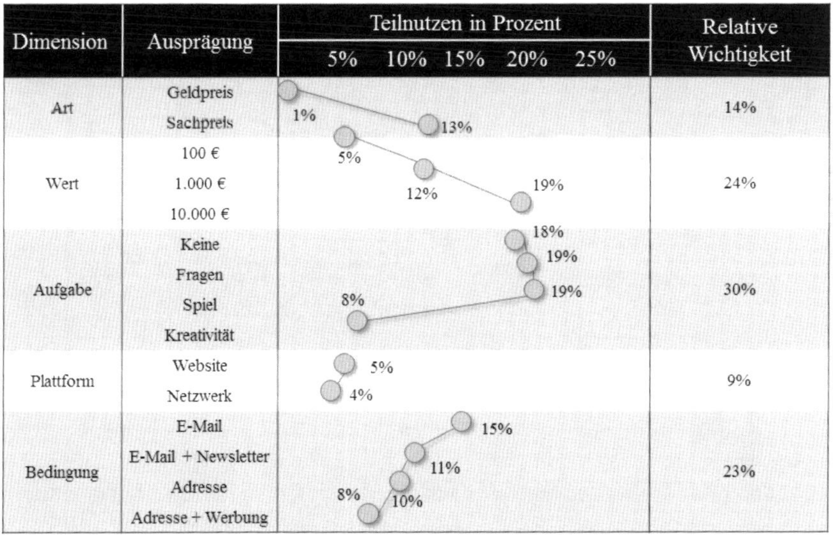

Dimension	Ausprägung	Teilnutzen in Prozent	Relative Wichtigkeit
Art	Geldpreis	1%	14%
	Sachpreis	13%	
Wert	100 €	5%	24%
	1.000 €	12%	
	10.000 €	19%	
Aufgabe	Keine	18%	30%
	Fragen	19%	
	Spiel	19%	
	Kreativität	8%	
Plattform	Website	5%	9%
	Netzwerk	4%	
Bedingung	E-Mail	15%	23%
	E-Mail + Newsletter	11%	
	Adresse	8%	
	Adresse + Werbung	10%	

Abbildung 3: Aggregiertes Ergebnis der gemeinsamen Conjoint-Analyse

4 Gewinnspieler-Segmente

Da sich die Praxis um eine differenzierte Ansprache unterschiedlicher Gewinnspieler-Segmente bemüht, wurden im weiteren Verlauf der Untersuchung die ermittelten individuellen Teilnutzenwerte (vgl. Kapitel 3) genutzt, um Segmente zu bilden. Dies erfolgte in drei Schritten: Im ersten Schritt wurde mit Hilfe des Ward-Verfahrens, einem hierarchisch-agglomerativen Cluster-Verfahren, die optimale Segmentzahl ermittelt. Im zweiten Schritt wurde dann die Zuordnung der Gewinnspieler zu Segmenten mit einem partitionierenden Cluster-Verfahren, dem K-Means-Verfahren, weiter optimiert. In einem dritten Schritt wurden schließlich die Unterschiede zwischen den Segmenten mit Hilfe einer Diskriminanz-Analyse untersucht und validiert. Auf diese Weise konnten schließlich fünf Gewinnspieler-Segmente identifiziert werden, die sich hinsichtlich der Teilnutzen der einzelnen Ausprägungen deutlich unterscheiden: „Datenminimierer", „Werbungmeidende", „Gewinnmaximierer", „Spieler" und „Emotionale" (vgl. Abbildung 4).

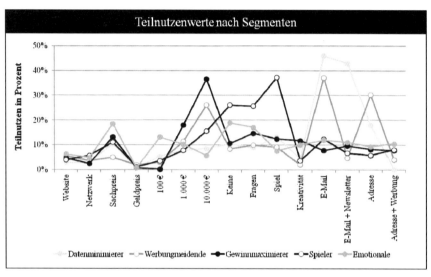

Abbildung 4: Teilnutzenwerte der verschiedenen Gewinnspieler-Segmente

Das Segment der „Datenminimierer", dem 7 Prozent der Probanden angehören, lässt sich sehr stark von den Teilnahmebedingungen leiten. Es achtet darauf, zur eigenen Person möglichst wenig Angaben zu machen. Auch für das Segment der „Werbungmeidenden", dem 9 Prozent der Probanden zugeordnet werden können, sind die Teilnahmebedingungen sehr wichtig. Das Augenmerk liegt hier jedoch weniger auf der Abgabe persönlicher Daten als auf der Nicht-Abonnierung von Newslettern und der Vermeidung von Werbung. Für das Segment der „Gewinnmaximierer", zu dem 26 Prozent der Probanden zählen, ist der Wert des Gewinns entscheidend. Es interessiert sich vor allem für Gewinne von hohem Wert. Das Segment der „Spieler", das 33 Prozent der Probanden umfasst, orientiert sich hingegen primär an der Aufgabe des Gewinnspiels. Es schätzt interaktive Spiele, meidet jedoch kreative Aufgaben. Das Segment der „Emotionalen", zu dem 24 Prozent der Probanden gehören, lässt sich durch die Aufgabe des Spiels und durch die Art des Gewinns motivieren. Es achtet vor allem auf Sachpreise und ist im Gegensatz zu den meisten anderen Segmenten auch kreativen Aufgaben gegenüber aufgeschlossen. Der Wert des Gewinns ist für das Segment nachrangig.

Um die Ergebnisse zu vertiefen und eine Aussage zur Attraktivität der einzelnen Segmente treffen zu können, wurden neun teilstrukturierte Experteninterviews mit Praktikern aus dem Dialogmarketing geführt. Die Experten weisen im Rahmen der Interviews wiederholt auf die Herausforderung hin, mittels Gewinnspielen kostengünstig Konsumentenbeziehungen aufzubauen. Sie vertraten dabei die Ansicht, dass vor allem jene Konsumenten interessant sind, für die der Wert des Gewinns nicht so wichtig ist und die auch bereit sind, sich auf umfassendere Teilnahmebedingungen, wie z. B. Angabe der Postadresse und Werbung, einzulassen. Zu diesen Konsumenten lassen sich relativ leicht und kostengünstig Beziehungen aufbauen.

Bewertet man die Segmente anhand der relativen Wichtigkeit des Werts des Gewinns und der Teilnahmebedingungen, so zeigt sich, dass vor allem die Segmente der „Spieler" und „Emotionalen" für Unternehmen attraktiv sind. Beiden Segmenten sind der Wert des Gewinns sowie die für den Aufbau von Beziehungen so wichtigen Teilnahmebedingungen vergleichsweise unwichtig. Die Segmente der „Datenminimierer", „Werbungmeidenden" und „Gewinnmaximierer" scheinen hingegen aus Unternehmenssicht eher unattraktiv zu sein. Sie achten entweder sehr stark auf die Teilnahmebedingungen (Datenminimierer) oder den Wert des Gewinns (Gewinnmaximierer) oder nehmen eine Zwischenposition ein, in der beide Aspekte gleichermaßen wichtig sind (Werbungmeidende).

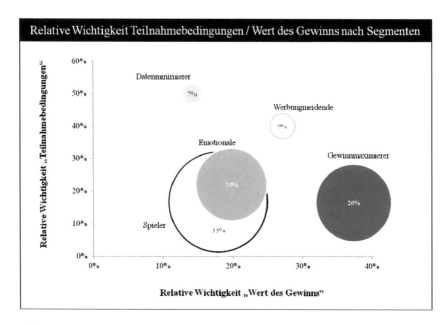

Abbildung 5: Matrix zur Eignungsprüfung der Segmente für Unternehmen

5 Praxisempfehlungen

Die vorliegende Untersuchung zeigte, dass es verschiedene Gewinnspieler-Segmente gibt, die sich hinsichtlich ihrer Attraktivität unterscheiden. Aus Unternehmenssicht erscheinen dabei vor allem die Segmente der „Spieler" und der „Emotionalen" interessant, wohingegen die „Datenminimierer", „Werbungmeidenden" und „Gewinnmaximierer" bei Experten auf Vorbehalte stoßen.

Zwecks Ansprache der „Spieler" und „Emotionalen" sollte das Augenmerk vor allem auf Verlosungen, einfache Fragen und interaktive Spiele gerichtet sein, da diese hohe Teilnutzen stiften. Abzuraten ist von der Einforderung kreativer Eigenleistungen. Sie sind bei den „Spielern" sehr unbeliebt und locken tendenziell „Gewinnmaximierer" an. Um „Spieler" und „Emotionale" für sich einzunehmen empfehlen sich zudem Sachpreise. Zwei Dinge erscheinen dabei wichtig: Zum einen sollte der Sachpreis möglichst attraktiv für die Zielgruppe sein. Zum anderen sollte er einen Bezug zum Unternehmen haben, um sicherzustellen, dass die Gewinnspielteilnehmer auch an diesem interessiert sind. Der Wert des Gewinns sollte nach Möglichkeit unter 10.000 Euro angesiedelt sein, um „Gewinnmaximierer" vom Online-Gewinnspiel fernzuhalten. Auf welcher Plattform das Online-Gewinnspiel durchgeführt wird, ist für die „Spieler" und „Emotionalen" nachrangig. Die Teilnutzenwerte der Ausprägungen „Website" und „Soziales Netzwerk" unterscheiden sich nur wenig, was darauf hindeutet, dass die Zugänglichkeit der Plattform für sie entscheidend ist. Im Zweifel sollte daher der Website der Vorzug gegeben werden, da nach wie vor ein großer Teil der Internet-Nutzer keine sozialen Netzwerke nutzt.

Mit Blick auf die Teilnahmebedingungen stiftet die alleinige Abfrage der E-Mail-Adresse in fast allen Segmenten den höchsten Teilnutzen. Für die „Spieler" und „Emotionalen" sind die Teilnahmebedingungen jedoch relativ unwichtig. Der Nutzen nimmt zudem bei den „Emotionalen" durch ein Newsletter-Abonnement, das für den Aufbau von Beziehungen bedeutsam ist, kaum ab. Daher sollten von den Gewinnspielteilnehmern sowohl E-Mail-Adresse als auch Newsletter-Abonnement eingefordert werden. Hierdurch lassen sich zugleich die „Werbungmeidenden" vom Online-Gewinnspiel fernhalten, ohne die „Datenminimierer" abzuschrecken.

6 Fazit

Online-Gewinnspiele zählen zu jenen Forschungsgebieten, die bislang von der Wissenschaft kaum beachtet wurden. Die vorliegende Untersuchung gibt daher der Dialogmarketing-Praxis neue und wichtige Impulse, wie Online-Gewinnspiele optimiert und auf attraktive Gewinnspieler-Segmente ausgerichtet werden können. Gleichwohl ist sie nur ein erster Schritt auf dem Weg zu einem besseren Online-Gewinnspiel-Verständnis. Weiterführenden Forschungsbedarf sehen wir vor allem hinsichtlich der Monetarisierbarkeit von Gewinnspieladressen. Mit der von uns entwickelten Matrix lassen sich zwar erste Tendenzaussagen zur Attraktivität unterschiedlicher Gewinnspieler-Segmente treffen. Wie aber wirken sich Online-Gewinnspiele auf Kaufbereitschaften, Kundenzufriedenheiten und den Customer Lifetime Value konkret aus? Hier besteht noch erheblicher Forschungsbedarf. Wir sind daher der festen Überzeugung, dass Online-Gewinnspiele auch in Zukunft ein interessantes und ergiebiges Forschungsfeld sein werden.

Literatur

Addelman, Sidney. (1962): Orthogonal Main-Effect Plans for Factorial Experiments. In: Technometrics, S. 21 ff.

Backhaus, Klaus/Erichson, Bernd/Plinke, Wulff/Weiber, Rolf (2011): Multivariate Analysemethoden – Eine anwendungsorientierte Einführung. 13. Auflage. Springer: Heidelberg et al.

Brockhoff, Klaus/Andresen, Udo (1986): Verbundanalyse zur Gestaltung von Preisausschreiben. In: Zeitschrift für betriebswirtschaftliche Forschung, Nr. 9/1986, S. 779-787

Fischer, Maik (2007): Gewinnspiele im Marketing – Ein Ziel- und zielgruppenadäquates Entscheidungsmodell. Saarbrücken: VDM Verlag Dr. Müller

Fischer, Jürgen (2001): Individualisierte Präferenzanalyse. Wiesbaden: Gabler

Langenscheidt, Florian (2008): Deutsches Markenlexikon. Wiesbaden: Gabler

Mast, Claudia/Huck, Simone/Güller, Karoline (2005): Kundenkommunikation. Stuttgart: Lucius & Lucius

Shimp, Terence A. (2010): Integrated Marketing Communication in Adertising and Promotion. 8 Auflage. South-Western: Cengage Learning

Stottmeister, Gerd (1988): Der Einsatz von Preisausschreiben im Marketing. Ausprägungen, Wirkungen und Wirkungsmessung. Heidelberg: Physica-Verlag

Teichmann, Maik-Henrik/Gedenk, Karen/Knaf, Magdalena (2005): Consumers' Preferences for Online and Offline Sweepstakes and Contests – The Impact of Promotion Attributes on Consumers' Entry Decisions. In: Teichmann, Maik-Henrik: Erhebung und Analyse von Konsumentenpräferenzen für Gestaltungselemente von Gewinnspielen im Internet. Dissertation an der Johann Wolfgang Goethe-Universität in Frankfurt am Main

Vaelske, Ruediger (2010): Renaissance der Gewinnspiele. In: Horizont Trendguide, Nr. 2, S. 4

Wilhelm, Thorsten Heinrich (1996): Kommunikationswissenschaftliche und psychologische Ansätze zur Wirkungsanalyse der Gewinnspiele auf Online-Netzen/Wachs, Friedrich-Carl (Hrsg.). Baden-Baden: Löw & Vorderwülbecke Verlag

Die Autoren

Michaela Rauch studierte OnlineMedien an der Hochschule Furtwangen. Nach Ihrem Studium war Michaela in einer Agentur für strategisches Markenmanagement im Bereich digitale Markenführung tätig und arbeitet heute als Junior Beraterin On-/Offline in Pfungstadt bei der G+R Agentur für Kommunikation GmbH.

Prof. Dr. Matthias Schulten ist Professor für Marketingkonzeption an der Hochschule Furtwangen. Seine Forschungsschwerpunkte liegen in den Bereichen Social Branding, Customer Relationship Management und Innovation Management.

Prof. Dr. Gotthard Pietsch ist Professor für Digitale Wirtschaft an der Hochschule Furtwangen. Seine Forschungsschwerpunkte liegen in den Bereichen E-Business/Online-Produktmanagement, Controlling und Organisationsforschung.

Kontakt

Prof. Dr. Matthias Schulten
Hochschule Furtwangen
Fakultät Digitale Medien
Robert-Gerwig-Platz 1
78120 Furtwangen
Matthias.Schulten@hs-furtwangen.de

Social Commerce – Der Einfluss interaktiver Online-Medien auf das Kaufverhalten der Kunden

Alexander Rossmann / Ralph Sonntag

Inhalt

1	Einführung	150
1.1	Social Media in Unternehmen	151
1.2	Social Commerce als wesentlicher Managementgegenstand	153
2	Typologisches Modell für das Kaufverhalten der Kunden	154
2.1	Phasenmodelle des Kaufprozesses	154
2.2	Einflussfaktoren und Motive	158
2.3	Kaufprozess Online versus Offline	160
3	Wirkungsdynamik von Social Media im Einkaufsprozess	161
3.1	Kommunikation und Mediennutzung	161
3.2	Bedeutung von Word-of-Mouth	162
3.3	Wirkungsanalyse von Word-of-Mouth	165
4	Typische Strategien zur Stimulierung von Social Commerce	168
4.1	Social Media als neuer Servicekanal	169
4.2	Social Media als Testplattform	170
4.3	Social Media und Branding	170
4.4	Social Media als Sourcingstrategie	171
4.5	Social Media und das Management von Communities	171
5	Fallbeispiele	172
6	Fazit	175

Literatur 177
Die Autoren 178
Kontakt 178

Management Summary

Der vorliegende Artikel beleuchtet die grundsätzlichen Möglichkeiten der Integration von Funktionalitäten der sozialen Medien in Unternehmen. Darauf aufbauend wird Social Commerce als zentraler Gegenstand der Unternehmensführung hergeleitet. Dabei stehen der kundenseitige Kaufprozess und dessen Schnittstellen zu Kommunikationsinstrumenten des Social Webs im Vordergrund. Gezeigt wird die Beeinflussung des individuellen Kaufprozesses durch Social Media. Diese Wirkungsdynamiken sind nachfolgend die Grundlage für die Deskription von möglichen strategischen Einsatzfeldern und Bereichen des Social Commerce in der Unternehmensführung.

1   Einführung

Social Media hat sich inzwischen bei vielen Unternehmen als fester Bestandteil im Kommunikationsmix etabliert.[1] Dabei ist bislang jedoch nur unzureichend transparent, ob und unter welchen Bedingungen ein Engagement in Social Media tatsächlich zum Unternehmenserfolg beiträgt. Der sogenannte „Hype" rund um das Thema führt dazu, dass die meisten Unternehmen an der Nutzung der neuen Kommunikationsmöglichkeiten interessiert sind. Häufig findet aber nur eine unzureichende Auseinandersetzung mit den Eigenschaften von Social Media statt. Entsprechend werden Strategien umgesetzt, die einer massenmedialen Kommunikationslogik folgen, wenig Interaktion fördern und nur schwache Bindungen zwischen User und Unternehmen erzeugen.

Das wesentliche Merkmale von Social Media Anwendungen wie Facebook oder Twitter liegt in der Interaktion der User. Interaktive Online-Medien bieten eine Möglichkeit zur Gestaltung von Beziehungen. Gleichzeitig verändern sich die Rollen in Bezug auf die Erzeugung, Bewertung und Verteilung von Informationen. Dies hat je nach Branche erhebliche Auswirkungen auf das eigene Geschäftsmodell. Zumindest werden einzelne funktionale Teilbereiche in Unternehmen erheblich tangiert. So befasst sich auch die Marketing- und Vertriebsforschung bereits seit einigen Jahren mit den Auswirkungen von Social Media für das eigene Handlungsfeld.

Entsprechend löst auch das Schlagwort Social Commerce Begehrlichkeiten bei Executives, Serviceanbietern und Dienstleistern aus. Dabei steht die Frage zur

---

1   Vgl. Schögel, M. (2012): Social Media – nicht mehr neu, aber trotzdem noch in den Kinderschuhen, Marketing Review St.Gallen, Vol. 4/2012, S. 4-7.

Diskussion, wie Social Media für eigene vertriebliche Zwecke genutzt werden kann. Die Überlegung liegt nahe, dass der Wandel der Mediennutzung und die zunehmende Nutzung von Online-Medien Einfluss auf den Entscheidungs- und Einkaufsprozess der Kunden haben. Vereinfacht kann nach *Marsden*[2] postuliert werden, dass „Menschen da Kontakte knüpfen, wo sie kaufen oder da kaufen, wo sie ihre Kontakte treffen". Unternehmen müssen sich daher damit auseinandersetzen, wie sich entsprechende Veränderungen des Konsumverhaltens in den eigenen Prozessen und Strukturen niederschlagen.

Der vorliegende Beitrag befasst sich zunächst mit der grundsätzlichen Anwendung von Social Media in Unternehmen. Daraus wird Social Commerce als wesentlicher Managementgegenstand in Bezug auf die Nutzung interaktiver Online-Medien im Vertrieb definiert (Abschnitt 1). Ausgangspunkt der vertrieblichen Nutzung entsprechender Medien ist der Einkaufsprozess der Kunden. Daher sind zunächst die wesentlichen Phasen der Kundenentscheidung zu modellieren (Abschnitt 2). Auf dieser Grundlage lässt sich die Wirkungsdynamik von Social Media bzw. der Einfluss entsprechender Medien auf die Kundenentscheidung beschreiben (Abschnitt 3). Dies bildet auch eine wesentliche Grundlage für die Beschreibung allgemeiner Strategien zur Stimulierung von Social Commerce (Abschnitt 4). Die grobe Darstellung einiger Fallbeispiele für ausgewählte Strategietypen rundet den vorliegenden Beitrag ab (Abschnitt 5).

1.1 Social Media in Unternehmen

Die Anwendung von Social Media in Unternehmen bezieht sich auf eine erhebliche Bandbreite unterschiedlicher Möglichkeiten. Dabei finden sich heute Ansätze für die Nutzung von Social Media u. a. in Marketing, Vertrieb, Service, Unternehmenskommunikation, HR sowie in der Produktentwicklung, F&E und im Innovationsmanagement. Allgemein lassen sich Social Media nach einer Definition des Bundesverbands Digitale Wirtschaft e.V. (BVDW) wie folgt bestimmen:[3]

„Social Media sind eine Vielfalt digitaler Medien und Technologien, die es Nutzern ermöglichen, sich untereinander auszutauschen und mediale Inhalte einzeln

---

2   Vgl. Marsden, P. (2012): Social Commerce. Monetizing Social Media. Quelle: http://socialcommercetoday.com/downloads/ White_Paper_Social_Commerce_EN.pdf (eingesehen am 21.10.2012).
3   BVDW Social Media Kompass 2010/2011, Quelle: http://www.bvdw-shop.org/product_info. php?products_id=17 (eingesehen am 21.10.2012)

oder in Gemeinschaft zu gestalten. Die Interaktion umfasst den gegenseitigen Austausch von Informationen, Meinungen, Eindrücken und Erfahrungen sowie das Mitwirken an der Erstellung von Inhalten. Als Kommunikationsmittel setzt Social Media einzeln oder in Kombination auf Text, Bild, Audio oder Video und kann plattformunabhängig stattfinden. Die Nutzer nehmen durch Kommentare, Bewertungen und Empfehlungen aktiv auf die Inhalte Bezug und bauen auf diese Weise soziale Beziehungen untereinander auf. Die Grenze zwischen Produzent und Konsument verschwimmt".

Die Zielsetzungen für das Engagement von Unternehmen in Social Media sind dabei sehr unterschiedlich. Nach einer aktuellen Untersuchung der Universität St. Gallen[4] dominiert in der Praxis das Markenmanagement (siehe Abbildung 1). Das wesentliche Ziel der Nutzung von Social Media liegt daher in der Förderung der Markenwahrnehmung und in der Markenbildung. Weitere relevante Ziele liegen in den Bereichen Kundenbindung und Kundenzufriedenheit, Employer Branding, Marktforschung, Issue Management und Crowdsourcing. Vertriebliche Ziele im Sinne des Social Commerce werden immerhin von 32 % der befragten Executives als relevant eingestuft. Bei der Umsetzung von Social Commerce Strategien steht aus Sicht der Praxis v. a. die Gewinnung neuer Kunden und/oder der Absatz weiterer Produkte und Dienstleistungen an Bestandskunden im Fokus. Die Interaktion mit interessierten Usern orientiert sich aus dieser Sicht v. a. an Absatzzielen. Daher können entsprechende Zielsetzungen über klassische Verkaufskanalziele weiter operationalisiert werden, z. B. über die Erzeugung von Verkaufsfällen (Leads) oder die Erhöhung der Conversion Rate.

Insgesamt zeigt sich damit ein heterogenes Bild in Bezug auf die Anwendung von Social Media in Unternehmen. Dies betrifft nicht nur die Auswahl relevanter Zielsetzungen, sondern auch den Reifegrad der Strategieentwicklung und -umsetzung. So befassen sich Unternehmen unterschiedlich lange mit Social Media, Strategiemodelle sind unterschiedlich stark differenziert und auch die Einbindung in eigene Geschäftsprozesse ist heterogen ausgeprägt. Die Nutzung im Vertrieb steht jedoch besonders mit Hinblick auf die Monetarisierung und die Darstellung eines entsprechenden Return on Social Media im Vordergrund. Daher ist eine differenzierte Analyse der aktuellen Nutzung von Social Media für vertriebliche Zwecke angezeigt.

---

4   Social Media Excellence 12: Wie die Top-500 Unternehmen in Deutschland Social Media nutzen, Quelle: http://www.social-media-study.com (eingesehen am 21.10.2012)

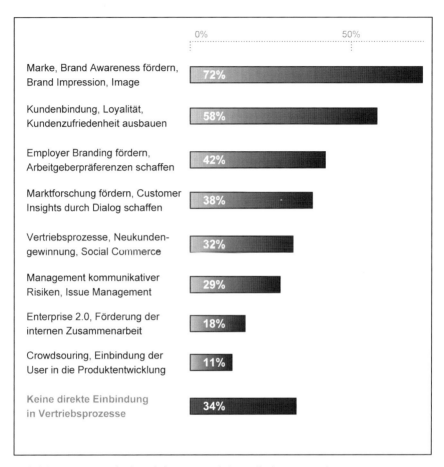

Abbildung 1: Typische Ziele von Social Media in Unternehmen

1.2 Social Commerce als wesentlicher Managementgegenstand

Social Commerce ist im Sinne der Nutzung von Social Media im Vertrieb ein wesentlicher Gegenstand der Managementforschung und -praxis. Aus Abbildung 1 lässt sich ableiten, dass 32 % der durch die Universität St. Gallen befragten Unternehmen an einer entsprechenden vertrieblichen Nutzung interessiert sind. Gleichzeitig sehen jedoch 34 % der Executives im Vertrieb kein adäquates Anwendungsfeld der neuen Medien. Dies lässt sich auf ein unterschiedliches Begriffsverständnis zurückführen. Social Commerce wird häufig zu eng betrachtet und nur auf die finale Phase im Kaufprozess der Kunden bzw. auf die Kaufentscheidung und -transaktion bezogen. Eine derart verengte Perspektive wird jedoch den Eigenschaften interaktiver Online-Medien nicht gerecht.

Social Media eignen sich v. a. zur Entwicklung von Beziehungen mit relevanten Stakeholdergruppen. Daher kann sich ein Engagement von Unternehmen in interaktiven Online-Medien auch indirekt bzw. langfristig auf den Vertrieb auswirken. Eine isolierte Fokussierung auf E-Commerce und die Abwicklung von Verkaufstransaktionen ist daher wenig Erfolg versprechend. Unternehmen müssen sich vielmehr damit auseinandersetzen, wie durch das eigene Engagement ein nachhaltiger Mehrwert für die User erzeugt wird und wie sich derartige Mehrwerte für den eigenen Vertriebsprozess nutzen lassen. Dafür ist jedoch eine genauer Analyse der digitalen Customer Journey sowie eine Erfassung der wesentlichen Touchpoints zwischen Unternehmen und Kunde erforderlich. Auf dieser Grundlage geht es um die Frage, wie eine optimale Vernetzung zwischen Kundenprozessen und Unternehmensprozessen hergestellt werden kann.

Social Commerce ist daher kein triviales Unterfangen. Es geht nicht nur um die Eröffnung digitaler Marktplätze auf Social Media Plattformen. Darüber hinaus müssen Unternehmen die Frage beantworten, wie sie die Eigenschaften interaktiver Online-Medien nutzen, nachhaltigen Dialog mit relevanten Zielgruppen gewährleisten und diesen Dialog in eigene Vertriebserfolge konvertieren. In erster Linie ist dafür eine differenzierte Auseinandersetzung mit dem Kaufverhalten auf Kundenseite erforderlich.

2 Typologisches Modell für das Kaufverhalten der Kunden

2.1 Phasenmodelle des Kaufprozesses

Unter dem Begriff Kaufverhalten werden im Allgemeinen alle individuellen Handlungen sowie intrinsische und extrinsische Determinanten gefasst, die das Verhalten eines Käufers vor, während und nach dem Kauf einer Ware beeinflussen. Nahezu alle Aktivitäten und Planungen des Marketings beziehen sich darauf.[5]

---

5   Vgl. Kotler, P. (1997): Marketing Management. Analysis, Planing, Implementation and Control. Upper Saddle River, 9. Auflage.

Der gesamte hier zu beschreibende Kaufprozess, kann grob in drei Phasen geteilt werden:

- Vor-Kauf-Phase
- Kauf-Phase
- Nach-Kauf-Phase

Von diesen grundsätzlichen Überlegungen ausgehend, haben unterschiedliche Autoren Modelle entwickelt, welche je nach gewählter Perspektive auf verschiedenen Niveaus differenzieren.[6] Status des Common Sense in der Forschung hat das sogenannte 5-Phasenmodell erlangt (vgl. Abbildung 2).

Abbildung 2: Die 5 Phasen des Kaufprozesses

Das 5-Phasenmodell unterscheidet das Erkennen bzw. Wahrnehmen eines Bedürfnisses (*Need Recognition*), Informationssuche bzw. -gewinnung (*Informations Search*), die Erwägung und Bewertung von Alternativen bzw. Substituten (*Evaluation of Alternatives*), die Phase der Kaufentscheidung selbst (*Purchase Decision*) und die nachgelagerte Bewertung des Kaufs bzw. das Nach-Kauf-Verhalten (*Purchase Evaluation*).

---

6 Einen Überblick geben bspw. Kroeber-Riel, W./Weinberg, P.; Gröppel-Klein, A. (2009): Konsumentenverhalten. München, 9. Auflage; sowie Schiffman, L./Kanuk, L. (2000): Consumer Behavior. Upper Saddler River, 7. Auflage.

Kennzeichnend für das 5-Phasenmodell ist der Bezug der einzelnen Stufen des Prozesses auf einen individuellen Käufer. Aus Sicht eines Unternehmens, einer Organisation ist vor allem das Einwirken auf oder das Steuern des Kaufprozesses relevant.

Hierzu haben die Arbeiten von Markin und Narayana[7] einen wesentlichen Beitrag geleistet. In ihrem Modell unterscheiden die Autoren zwischen drei verschiedenen Sets von Produkten oder Waren, die Käufer im Verlauf des Kaufprozesses zur Findung einer Kaufentscheidung involvieren (vgl. Abbildung 3). Die Gesamtmenge der Waren oder Angebote, die zu Beginn des individuellen Kaufprozesses einem potentiellen Käufer zur Verfügung stehen, wird im Modell der Autoren durch das *Total Set* repräsentiert. Die Teilmenge, mit welcher der Käufer in Berührung kommen kann, der er sich bewusst ist, fassen die Autoren unter *Awareness Set* zusammen. Wiederum eine Teilmenge des Awareness Set, die effektiv in die Kaufentscheidung einbezogen wird, wird als *Consideration Set* definiert.

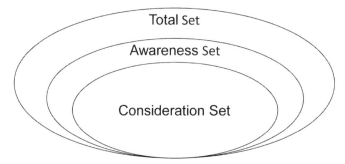

Abbildung 3:   Sets von Objekten im Kaufprozess[8]

Auf diese Arbeiten aufbauend, haben verschiedene Autoren weitere Ansätze entwickelt. In der Praxis weit verbreitet anzutreffen, ist die AIDA Wirkungskette (vgl. Abbildung 4). AIDA steht hierbei als Akronym für *Attention – Interest – Desire – Action*.[9] *Attention* bezieht sich auf das Wecken der Aufmerksamkeit eines potentiellen Käufers. Das Erregen des Interesses für ein Produkt wird durch

---

7 Markin, R./Narayana, C. (1975): Consumer Behavior and Produkt Performance. An Alternative Conceptualisation. In: Journal of Marketing, 39, S. 1-6.
8 Eigene Darstellung nach: Ebd.
9 Das Modell geht im Wesentlichen auf die Arbeit von Elmo Lewis zurück. Dieser beschrieb erstmals 1898, bezogen auf einen Verkäufermarkt, die grundlegende Struktur. Vgl. dazu Lewis, E. (1903): Catch-Line and Argument. In: The Book Keeper, Nr. 15, Februar, S. 124.

Interest bezeichnet. Die Auslösung des Besitzwunsches wird durch die Phase *Desire* beschrieben und der eigentliche Kauf durch den Kunden durch die Phase *Action*.[10]

Abbildung 4: AIDA Wirkungskette[11]

Das AIDA-Modell wurde seither von verschiedenen Autoren erweitert.[12] Zu der klassischen Wirkungskette wurden, je nach Schwerpunktsetzung, weitere Phasen hinzugefügt. Der Charakter eines Stufenmodells blieb jedoch immer erhalten.

Die wohl bekannteste Erweiterung wird mit dem Akronym AIDCAS bezeichnet. Sie ergänzt das klassische AIDA um die Phasen *Confidence* und *Satisfaction*. Dadurch wird der Bezug auf die Gewinnung des Vertrauens bzw. den Aufbau einer Vertrauensbeziehung zum Kunden oder Käufer (*Confidence*) und die Befriedigung des Kundenbedürfnisses in der Nach-Kauf-Phase (*Satisfaction*) hergestellt.

Zusammengefasst können die bisher skizzierten theoretischen Modellierungen des Kaufprozesses wie in Abbildung 5 dargestellt werden. Das Schema zeigt, wie die verschiedenen Phasen der einzelnen Wirkmodelle ineinandergreifen und offenbart daneben die unterschiedlichen Perspektiven auf den Kaufprozess.

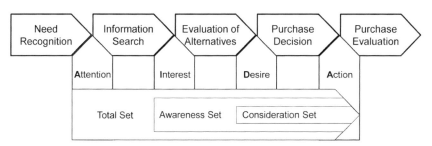

Abbildung 5: Synopse der Wirkmodelle des Kaufprozesses[13]

---

10 Vgl. Kotler, P. (1997): Marketing Management. Analysis, Planing, Implementation and control. Upper Saddle River, 9. Auflage.
11 Eigene Darstellung.
12 Vgl. zur Übersicht: Bongard, J. (2002): Werbewirkungsforschung. Grundlagen, Probleme, Ansätze. Münster u. a., S. 215 f.

Während das 5-Phasenmodell des Kaufprozesses auf die Wirkmechanismen beim Käufer abstellt, zielt das AIDA-Modell auf die unternehmensseitigen Ansatzpunkte für das Marketing. Den Fokus auf die Produktmenge richtet abschließend das Modell Narayanas.

Der durch alle theoretischen Modelle beschriebene Prozess läuft grundsätzlich bei allen Kaufentscheidungen in gleicher Weise ab.[14] Es liegt auf der Hand, dass einzelne Phasen in Abhängigkeit von dem jeweils betreffenden Produkt oder der Warengruppe unterschiedlich stark gewichtet werden. Wo im Einzelnen Verschiebungen auftreten ist eng verknüpft mit psychologischen, kognitiven und medialen Einflussfaktoren, die auf die Entscheidungsfindung des Käufers einwirken.

2.2 Einflussfaktoren und Motive

Betrachtet man die Einflussfaktoren (vgl. Abbildung 6), welche auf den Käufer innerhalb des Kaufprozesses wirken, so kann grundsätzlich zwischen psychischen und Umweltdeterminanten unterschieden werden. Psychische Faktoren werden weiterhin durch aktivierende und kognitive Prozesse gekennzeichnet. Umweltdeterminanten beziehen sich einerseits auf die direkten Umwelterfahrungen (physische, soziale und kulturelle) und andererseits auf die indirekten Umwelterfahrungen (Medienwelt) des Individuums.[15]

Unter aktivierenden Prozessen wird in der Forschung ein Konstrukt verstanden, dass sich aus den drei wesentlichen Komponenten Emotion, Motivation und Einstellung zusammensetzt. Durch das Zusammenwirken der drei aktivierenden Prozesse wird im Wesentlichen die Stärke der Bereitschaft des Individuums beeinflusst, Reize aufzunehmen und zu verarbeiten.[16]

13　Eigene Darstellung.
14　Vgl. Assael, H. (1995): Consumer Behavior and Marketing Action. 5. Auflage, Boston.
15　Vgl. Kroeber-Riel, W./Weinberg, P./Gröppel-Klein, A. (2009): Konsumentenverhalten. München, 9. Auflage.
16　Birbaumer, N. (1975): Psychologische Psychologie. Eine Einführung an ausgewählten Themen für Studenten der Psychologie, Medizin und Zoologie. Berlin, S. 63.

Social Commerce – Der Einfluss interaktiver Online-Medien auf das Kaufverhalten 159

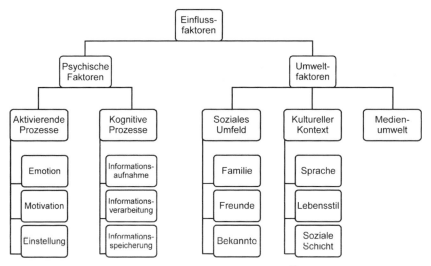

Abbildung 6: Einflussfaktoren auf den Kaufprozess[17]

Die zuvor beschriebenen aktivierenden Prozesse sorgen also dafür, dass das Individuum handelt. Im Gegensatz dazu beschreiben die kognitiven Einflussfaktoren gedankliche Prozesse mit deren Hilfe das Individuum von sich selbst und seiner Umwelt Kenntnis erhält. Beide Faktoren bedingen und beeinflussen einander.[18]

Der Kaufprozess wird durch eine zweite Gruppe von Determinanten beeinflusst. Umweltfaktoren umfassen in diesem Zusammenhang zwei Phänomene. Zum einen wird hier auf die sogenannte Erfahrungsumwelt Bezug genommen. Gemeint ist die für das einzelne Individuum direkt wahrnehmbare Umgebung. Dazu gehört das soziale Umfeld (Familie, Freunde etc.) aber auch der jeweilige kulturelle Kontext (Sprache, Milieu etc.), in dem sich das Individuum bewegt. Zum anderen fassen die Umweltfaktoren auch die Determinanten, die nicht direkt, sondern nur indirekt durch Medien vermittelt für das Individuum erfahrbar werden.[19]

---

17 Eigene Darstellung, nach ebd.
18 Vgl. einführend dazu: Schenk, M. (2002): Medienwirkungsforschung. 2. Auflage, Tübingen, S. 239 ff.
19 Vgl. Kroeber-Riel u. a. Konsumentenverhalten. S. 457 ff.

2.3 Kaufprozess Online versus Offline

Spätestens an diesem Punkt wird deutlich, welche Erweiterung der klassische Kaufprozess durch die technische Entwicklung des Internets erfährt (vgl. Abbildung 7). Die einzelnen Phasen bleiben beim Onlinekauf weiterhin bestehen, jedoch unterscheiden sie sich nach den zugrunde liegenden Ressourcen bzw. möglichen quantitativen Ausprägungen. Dies zeigt sich vor allem an einer Veränderung der Medienumwelt und, eng damit in Zusammenhang stehend, einer Änderung des sozialen Umfelds.

Insbesondere die Phase der Informationsbeschaffung (*Information Search*) und die Möglichkeiten Alternativen zu bewerten (*Evaluation of Alternatives*), werden durch das Informationsmedium Internet wesentlich erweitert und bereichert. Im Sinne des Narayana-Modells kann ebenso vermutet werden, dass eine quantitative Annäherung des dem Kaufprozess zugrundeliegenden *Total Set* und *Awareness Set* wahrscheinlich ist.

Eng mit der Veränderung der Medienumwelt verknüpft, ist eine potentielle Erweiterung des sozialen Umfeldes. Heute verfügbare Social Networks, wie z. B. Facebook mit über 870 Millionen Mitgliedern,[20] tragen dazu bei, dass Bekanntschaften sehr einfach und weltweit geschlossen werden können. Das somit quantitativ größere soziale Umfeld ist sowohl Ressource für Feedbacks (*Evaluation of Alternatives, Purchase Evaluation*) als auch Auslöser von Bedürfnissen (*Need Recognition*).

Selbst der eigentliche Kauf erfährt eine Veränderung. Onlineshops bieten ihren Kunden einen medial vermittelten persönlichen Kontakt. Ein Face-to-Face-Gespräch mit einem Verkäufer ist in der Regel nicht möglich. Gemindert wird dieser scheinbare Nachteil, durch die Erweiterung angebotener Produkte, Waren oder Dienstleistungen sowie die Ermöglichung des Austauschs von Erfahrungen zu Produkten von Kunden untereinander (Bewertungen, Testberichte etc.).

---

20 [http://allfacebook.de/userdata/] Eingesehen am: 24.07.2012.

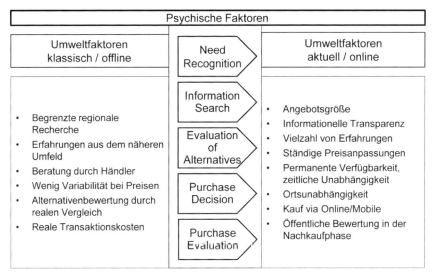

Abbildung 7: Kaufprozess Online vs. Offline[21]

3 Wirkungsdynamik von Social Media im Einkaufsprozess

3.1 Kommunikation und Mediennutzung

Die Kommunikation basiert auf dem Sender-Empfänger-Modell, bei dem Botschaften über ein bestimmtes Medium übermittelt werden. Die Nutzung des Mediums Online nimmt sukzessive zu. Das Social Web hat sich mittlerweile zu einer bedeutenden Einflusssphäre entwickelt, die Millionen von Nutzer einbezieht. Durch die große Akzeptanz von sozialen Netzwerken wie Google+ und Facebook haben sich neue Medienkanäle etabliert, die sich von den bestehenden traditionellen Webangeboten vor allem darin unterscheiden, wie Inhalte erstellt werden. In Social Media sind die Nutzer die Produzenten von Inhalten und Botschaften. Die digitalen Kommunikationskanäle und die Instrumente von Social Media vereinfachen und vervielfachen die Möglichkeiten des Erfahrungsaustausches. Überwiegend kommunizieren hier Nutzer untereinander. Insofern sind die neuen sozialen Medien von Consumer-to-Consumer (C2C) Beziehungen geprägt. Der durch die Nutzer erstellte Inhalt (User Generated Content – UGC) erhält also eine nicht zu unterschätzende Relevanz.

---

21 Eigene Darstellung.

Aus der Sicht von Handel- und Werbetreibenden ist die fehlende bzw. sehr stark begrenzte Kontrolle von UGC ein relevanter Aspekt. UGC kann in der Tonalität sowohl eindeutig positiv bis eindeutig negativ in Bezug auf Marken und Produkte sein. Auf die Online-Reputation von Unternehmen hat der durch C2C-Beziehungen entstandene UGC somit einen nicht zu unterschätzenden Einfluss.

Die Konsumenten können hierbei unterschiedliche Rollen einnehmen. So fungieren bestimmte Konsumenten als Meinungsführer und beeinflussen mit ihrem Wissen und ihren Erfahrungen andere Nutzer innerhalb des Kaufprozesses. Diese Meinungsführer werden dadurch selbst zu Werbebotschaftssendern – zu Promotoren.

3.2 Bedeutung von Word-of-Mouth

Word-of-Mouth (WoM) bezeichnet die direkte und persönliche Kommunikation zwischen Personen innerhalb eines sozialen Netzwerks. Diese persönlichen Gespräche zwischen Menschen über Unternehmen, Marken, Produkte und Dienstleistungen sind grundsätzlich nicht neu. Das wirtschaftliche Handeln von Unternehmen und Konsumenten impliziert ebenfalls einen Erfahrungsaustausch. So geben Menschen ihre positiven und negativen Erfahrungen zu Produkten und Unternehmen innerhalb ihres Netzwerks weiter. Durch das Internet, speziell durch Social Media, erfährt der Bereich Word-of-Mouth eine zunehmende Bedeutung. Word-of-Mouth findet heute gerade via und in sozialen Netzen wie Facebook, Twitter, Xing, Blogs und Foren statt.

Diese Erfahrungen sind für die Phasen der Informationsbeschaffung und der Alternativenbewertung innerhalb des Kaufprozesses für den potenziellen Käufer wichtig. Auch bieten Promotoren eine zusätzliche Quelle zum Wecken von Kunden- und Kaufbedürfnissen. Die Phasen des Kaufprozesses bleiben grundlegend gleich. Word-of-Mouth kann somit als zusätzlicher Kommunikationskanal und aufgrund der Multiplikatorwirkung als Katalysator betrachtet werden.

Als grundlegende Theorie für Word-of-Mouth sei hier auf das Two-step-flow-Modell von Lazarsfeld verwiesen (vgl. Abbildung 8). Danach werden Botschaften nicht direkt über Massenmedien, sondern über Meinungsführer an einen weiteren Personenkreis im jeweiligen sozialen Netzwerk kommuniziert, bewertet und eingeordnet. Die Informationen bzw. Botschaften durchlaufen somit zwei Stufen, die Meinungsführer üben eine Filter- und Empfehlungsfunktion aus.[22]

---

22 Vgl. Lazarsfeld, P. F./Berelson, B./Gaudet, H. (1968) [Original 1944]: The People's Choice. How the Voter Makes up his Mind in a Presidential Campaign. New York, London.

Social Commerce – Der Einfluss interaktiver Online-Medien auf das Kaufverhalten 163

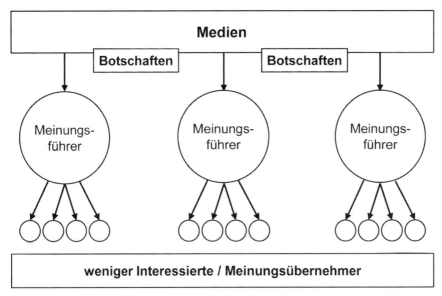

Abbildung 8: Two-step-flow-Modell nach Larzarsfeld

Nun findet Kommunikation nicht nur als direkter Dialog zwischen Unternehmen und Konsumenten über Meinungsführer statt, sondern auch innerhalb von sozialen Netzwerken zwischen den Konsumenten. Meinungsführer sind nicht als starre Rollen zu verstehen, sondern durch das Involvement zu einem Produkt oder einem Thema kann eine Person die Rolle eines Meinungsführers einnehmen.[23] Folgt man dem grundlegenden Ansatz von Lazarsfeld et al. und dessen Erweiterung, lässt sich hier eine neue Definition bzw. Anforderung an Zielgruppen ableiten.

Zielgruppen müssen zukünftig, um potenzielle Word-of-Mouth-Effekte nutzen zu können, differenzierter betrachtet werden. So ist es notwendig, neben soziodemografischen, geografischen und psychografischen Eigenschaften von Personen auch die Eigenschaften von Meinungsführern innerhalb dieser Zielgruppe und damit innerhalb von sozialen Netzen zu analysieren. Diese Analyse besteht als Basis aus einer Zielgruppenanalyse und ergänzt diese durch die Festlegung und Analyse von Kriterien für potenzielle Meinungsführer. Kriterien hierfür sind z. B. Aktivitäts- und Kommunikationsintensität innerhalb des sozialen Netzwerks, die bisherigen Rollen als Meinungsführer und das Involvement in das

---

23 Schenk, M. (2002): Medienwirkungsforschung. Tübingen. S. 320 ff.

Produkt und/oder die Botschaft. Untersuchungen innerhalb von Word-of-Mouth-Kampagnen haben gezeigt, dass Meinungsführer beispielsweise durch Anzahl der Freunde und Aktivität in Vereinen charakterisiert werden können.[24]

Die Zielgruppenanalyse erfährt somit eine Erweiterung um den Status (Meinungsführer ja/nein) innerhalb des betrachteten Netzwerks. Diese Teilmenge der Zielgruppe kann als Target Group 2.0 bezeichnet werden, um hierdurch die zusätzliche Differenzierung und den Status innerhalb von Social Media zu verdeutlichen. Die Target Group 2.0 ist aufgrund ihres kommunikativen Verhaltens in der Lage, innerhalb des Social Webs und der jeweiligen persönlichen Netzwerke die Phasen bis zur Kaufentscheidung der Konsumenten zu beeinflussen (vgl. Abbildung 9).

Für werbetreibende Unternehmen ist der stattfindende Erfahrungsaustausch über Word-of-Mouth in zweierlei Hinsicht von Bedeutung. Zum einen können Erfahrungsberichte im Rahmen von Social Media Analysen untersucht und verwertet werden und zum anderen zur gezielten Ansprache von Meinungsführern zur Erzielung einer optimalen Verbreitung einer Botschaft eingesetzt werden. Werbekampagnen werden heute umfassend konzipiert und durchgeführt. Dabei werden zunehmend WoM-Effekte innerhalb von Kampagnen berücksichtigt und integriert.

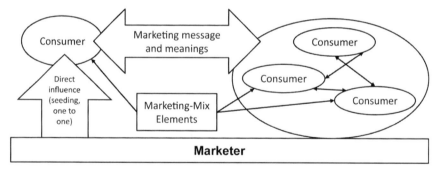

Abbildung 9: Kommunikation und WoM unter den Bedingungen des Social Webs[25]

---

24 Anschütz, T./Sonntag, R. (2011): Der Word-of-Mouth-Effekt als kalkulierbare Größe in der Mediaplanung. In Deutscher Direktmarketing Verband e.V. (Hrsg.): Dialogmarketing Perspektiven 2010/2011, Gabler, Wiesbaden, S. 63.
25 Kozinets, R./de Valck, K./Wojnicki, A./Wilner, S. (2010): Understanding Word-of-Mouth Marketing in Online Communitys. In: Journal of Marketing, Vol. 74, March, S. 72.

Gerade im Bereich von digitalen Produkten und Dienstleistungen nutzen Unternehmen die Multiplikatoreffekte von WoM für Produktneueinführungen. Aktiv werden Einladungen innerhalb der Beta-Phase eines Produkts an ausgewählte Personen versendet, die wiederum Einladungen für andere erhalten. Diese sind typischerweise Meinungsmultiplikatoren und nutzen gerne den entsprechenden Wissensvorsprung für die eigene Reputation. Von diesem Wissensvorsprung wiederum profitieren die Meinungsübernehmer. Dabei werden primär die Phasen des Kundenbedürfnisses und der Informationsbeschaffung innerhalb des Kaufprozesses unterstützt.

Aus diesem Grund gehört die gezielte Ansprache von Meinungsführern zum Kommunikationsmix innerhalb von Werbemaßnahmen von Unternehmen. Hierbei werden auch gezielt spezielle WoM-Kampagnen durchgeführt, bei denen potenziellen Meinungsführern Produkte zum Testen überlassen werden. Die Testerfahrungen sollen dann in dem jeweiligen sozialen Netz verbreitet werden. Durch die Meinungsführer entstehen dann entsprechende Multiplikatoreffekte.

3.3 Wirkungsanalyse von Word-of-Mouth

Wirkungsanalysen von Word-of-Mouth-Effekten innerhalb des Kaufprozesses stehen noch am Anfang. Es existieren vereinzelte Studien und Analysen von speziellen Word-of-Mouth-Kampagnen. Die klassische Kommunikation von Produkteigenschaften wirkt nicht so überzeugend auf Verbraucher, wie die positive, mit persönlichen Erfahrungen durchsetzte Empfehlung eines (auch unbekannten) Nutzers.[26] Selbst einfachste Empfehlungen von unbekannten Nutzern führen zu einem Anstieg von Verkaufszahlen.[27] Word-of-Mouth bzw. genauer die daraus entstehenden Multiplikatoreffekte beeinflussen also die Phasen des Kaufentscheidungsprozess und schlussendlich den Kauf seitens der Meinungsübernehmer.

Eine Studie von McKinsey untersuchte Einflussfaktoren von Word-of-Mouth, die den Kauf eines Produktes positiv beeinflussen. Dabei wurden die Faktoren Involvement von Meinungsführern, Inhalt der Botschaft, eigene Erfahrung und persönliches Netzwerk untersucht und hinsichtlich der Wirkung bewertet. Für Produkte im Kosmetikbereich kommt die Studie zu dem Ergebnis, dass das eige-

---

26 Vgl. Cheema, A./Kaikati, A. M. (2010): The Effect of Need for Uniqueness on Word of Mouth. In: Journal of Marketing Research, Vol. XLVII, June 2010, S. 553-563.
27 Vgl. Moe, W. W./Trusov, M. (2011)/Measuring the Value of Social Dynamics in Online Product Forums. In: Journal of Marketing Research, Nr. 48, S. 444-456.

ne Testen von Produkten (Faktor 5^{28}) und das jeweilige persönliche Netzwerk (Faktor 2,4) einen deutlicheren Einfluss als die Meinungsführer selbst (Faktor 1.2) haben. Für Finanzdienstleistungen hingegen ist die Auswahl der Meinungsführer (Faktor 4) wichtiger als die eigene Erfahrung (Faktor 2.6) und das persönliche Netzwerk (Faktor 2.2).[29]

Aussagen zu Wirkungen von Word-of-Mouth bzw. speziell von Word-of-Mouth-Kampagnen hinsichtlich Verhalten von bestimmten Zielgruppen bei verschiedenen Produkten existieren in ersten Ansätzen und ergeben noch kein einheitliches Bild. Hogan et al. haben 2004 ermittelt, dass der Multiplikatoreffekt von Word-of-Mouth im Vergleich zu keiner Nutzung von Word-of-Mouth über einen längeren Zeitraum einen positiven Effekt für den Customer Lifetime Value hat.[30] Dagegen kommt Schmitt (2010) zu dem Ergebnis, dass die Weiterempfehlungsrate keinen Effekt auf Kundenbindung und Kundenwert hat. Die Weiterempfehlungsrate kann lediglich als ein Indikator für die Steigerung des kundenindividuellen Deckungsbeitrags herangezogen werden.[31]

Der Multiplikatoreffekt wird in der Regel durch Selbstauskunft der Tester nach dem Produkttest erfragt. Dieser drückt das Verhältnis der Tester zu den beeinflussten Personen (Generation G1[32]) aus. Die Word of Mouth Association gibt für G1 einen Wert von 12,2 und bei detaillierter Betrachtung von realisierten Käufen von 26,7 an.[33] Die Generation G1 beeinflusst wiederum ihr soziales Netz (Generation G2). Die WOMMA geht hier von einem Wert von 4,2 aus.[34]

Innerhalb der Anbieter von WoM-Kampagnen im deutschsprachigen Raum analysiert Hubert Burda Media[35] durch Befragungen innerhalb der eigenen WoM-

---

28 Der Faktor verdeutlicht die Bedeutung des Einflussfaktors, nicht unmittelbar einen möglichen Multiplikatoreffekt durch WoM.
29 McKinsey (2010: Word of Mouth: Insights, drivers, and measurement. WOMMA Webex, June 2010. http://www.slideshare.net/WOMMAssociation/mckinsey-webinar-word-of-mouth-insights-drivers-and-measurement.
30 Hogan, J. E./Lemon, K. N./Libai, B. (2004): Quantifying the ripple: Word-of-mouth and advertising effectiveness. Journal of Advertising Research, 44(3), 271-280.
31 Schmitt, P./Meyer, S./Skiera, B. (2010): zfbf – Schmalenbachs Zeitschrift für betriebswirtschaftliche Forschung, Ausgabe 1/ 2010, Seite 30-59.
32 Assal gibt hier den Wert 8 an. Vgl. Assael, H. (2004): Consumer Behavior: A Strategic Approach, Houghton Mifflin, Boston.
33 Word of Mouth Marketing Association (2009): Vgl. http://womma.org/downloads/04-09-2009.pdf.
34 Vgl. Carl, W./Libai, B./Ding, A. (2008): Measuring the Value of Word of Mouth, ARF Audience Measurement 3.0 Conference, 24.-25.6.2008, New York, http://chatthreads.typepad.com/chatterbox/files/ChatThreads_MeasuringValueWOM.pdf.
35 S. a. http://www.freundeskreis.de/ (eingesehen am 21.10.2012).

Kampagnen einige Monate nach dem Produkttest die Nachhaltigkeitswirkung dieser Kampagnen.

Die im Folgenden zur Nachhaltigkeitsanalyse herangezogenen Daten wurden nach verschiedenen WoM-Projekten und Kampagnen bei Hubert Burda Media erhoben. Im zeitlichen Abstand von drei bis sechs Monaten werden Nachbefragungen unter den Teilnehmern von WoM-Kampagnen durchgeführt, um die Präsenz und die Einstellung der Testteilnehmer zu den einzelnen Produkten zu messen. Die nachfolgenden Ergebnisse beziehen sich auf fünf WoM-Kampagnen aus den Bereichen Nahrungsmittel und Kosmetik (vgl. Abbildung 10).

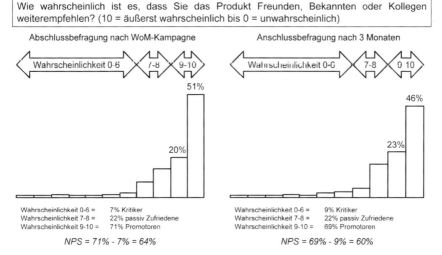

Abbildung 10: Exemplarischer Net Promoter Score für ein Produkt aus dem Kosmetik-Bereich

In der Gesamtschau ergibt sich folgendes Bild:

- Durchschnittlich haben 75 % der Tester das jeweilige Produkt im Nachhinein gekauft. Mehr als 80 % planen den Kauf des getesteten Produktes.
- Auf die Frage, ob die Teilnehmer nach dem Projekt über das Produkt gesprochen haben, antworten 94 % mit ja. Insofern liegt hier ein Indiz vor, dass die Tester auch nach der Kampagne proaktiv zum jeweiligen Thema kommunizieren.

- Bei der Befragung nach der Weiterempfehlungswahrscheinlichkeit (Net Promoter Score) würden im Durchschnitt 57 % der Teilnehmer das Produkt direkt nach der Kampagne weiterempfehlen, nach drei bis sechs Monaten sind es 54 %.

Zusammenfassend lässt sich festhalten, dass die vorliegenden Daten der untersuchten WoM-Kampagnen grundsätzlich gleichgerichtete Ergebnisse zeigen. Auch nach dem Kampagnenzeitraum (drei bis sechs Monate) weisen diese auf ein hohes Involvement der Tester hin, zeigen die über den Testzeitraum hinaus anhaltende Empfehlungsbereitschaft und eine positive Einstellung zu den getesteten Produkten. In Summe betrachtet, kann von einer sichtbaren Nachhaltigkeit des Marketinginstruments Word-of-Mouth ausgegangen werden.

Diese verschiedenen Ansätze der Wirkungsanalysen haben gezeigt, dass die Effekte von Meinungsführern hinsichtlich der Verbreitung von Botschaften existieren und messbar sind. Word-of-Mouth ist eine sinnvolle Ergänzung zur Kommunikation von (Werbe-)botschaften zwischen Konsumenten. Dabei wirken diese Multiplikatoreffekte auf sämtliche Phasen des Kaufprozesses und können durch die Eigenschaften des Social Webs ohne Kommunikationsbarrieren via digitaler Kommunikationskanäle entsprechend wirken. Zudem werden auch potenzielle Käufer über andere Kanäle wie z. B. persönliche Gespräche von Meinungsführer zu Meinungsübernehmer beeinflusst.

4 Typische Strategien zur Stimulierung von Social Commerce

Anhand der Modellierung des Kaufverhaltens der Kunden und der grundsätzlichen Wirkungsdynamik von Social Media in Kaufprozessen lassen sich typologische Strategien für die Nutzung interaktiver Online-Medien im Unternehmenskontext ableiten. Aus methodischer Sicht basiert die folgende Ableitung auf der Analyse von 25 Fallstudien mit Unternehmen aus Deutschland und der Schweiz.[36] Dazu wurden anhand definierter und vergleichbarer Forschungsziele jeweils qualitative Interviews mit relevanten Unternehmensvertretern geführt und durch eine qualitative Datenanalyse ausgewertet. Die inhaltlichen Schwerpunkte je Fallbeispiel wurden anschließend durch eine Cross-Case Analyse verglichen, um Gemeinsamkeiten und Unterschiede in der strategischen Ausrichtung der einzelnen Unternehmen zu identifizieren. Auf Basis der qualitativen

---

36 Social Media Excellence 12: Wie die Top-500 Unternehmen in Deutschland Social Media nutzen, Quelle: http://www.social-media-study.com (eingesehen am 21.10.2012).

Evaluation der Forschungsergebnisse lassen sich schließlich fünf Kernstrategien für die Stimulierung von Social Commerce identifizieren.

4.1 Social Media als neuer Servicekanal

Zunächst lässt sich bereits heute beobachten, dass Unternehmen Anwendungen wie Facebook oder Twitter als zusätzlichen Servicekanal nutzen. Dies bietet sich vorwiegend für Unternehmen an, bei denen auf Grund ihres Geschäftsmodells ein hohes Servicevolumen vorliegt (Service als Kostenfaktor) und/oder eine Differenzierung im Markt vorwiegend durch Serviceleistungen erfolgt (Service als Wettbewerbsfaktor). Entsprechende Anwendungen finden sich beispielsweise bei der Deutschen Telekom oder bei IBM.

Der wesentliche Unterschied im Vergleich zu klassischen Serviceprozessen und -kanälen (z. B. E-Mail, Hotline) besteht darin, dass die Kommunikation via Social Media offen erfolgt, d. h. die Anfragen und Reklamationen von Kunden und das Verhalten des Serviceanbieters sind potenziell auch für andere User der Plattform transparent. Positive Serviceerlebnisse zahlen daher direkt auf die Markenwahrnehmung der Serviceempfänger ein, darüber hinaus sind jedoch auch indirekte Effekte auf der Ebene der unbeteiligten bzw. beobachtenden User zu unterstellen.

Schließlich ist bei aktiver Verbreitung positiver Serviceerfahrungen durch die Kunden selbst ein Word-of-Mouth Effekt gegeben, dessen Reichweite die klassische Mundpropaganda im persönlichen Bekanntenkreis deutlich übersteigt.

Die skizzierten Effekte lassen sich an verschiedenen Stellen in das skizzierte Phasenmodell einer Kaufentscheidung auf Kundenseite integrieren. Zunächst können positive Serviceerlebnisse anderer Kunden zur Bildung entsprechender Bedürfnisse bei unbeteiligten Dritten führen. Soweit die Bedürfnisbildung durch andere Faktoren induziert ist (z. B. in der Telekommunikationsbranche durch einen Ablauf der Vertragslaufzeit) kann eine positive Servicewahrnehmung zur Aufnahme eines Anbieters in das „Relevant Set" beitragen. Schließlich induziert eine positive Servicekommunikation in Social Media weitere verkaufsfördernde Effekte, wenn der Faktor Service ein relevantes Kriterium der User im Zuge der aktuellen Evaluation unterschiedlicher Alternativen darstellt. Daher lassen sich aus Serviceperspektive unterschiedliche soziale Effekte auf das Kaufverhalten unterstellen, die in klassischen Servicekanälen tendenziell nicht realisierbar sind.

4.2 Social Media als Testplattform

Eine weitere Strategie zur Verbindung der Wirkungsdynamik von Social Media mit Kaufentscheidungsprozessen auf Kundenseite liegt in der Verbreitung eigener Produkte und Dienstleistungen zu Testzwecken. Dabei werden die eigenen Leistungen einem begrenzten Kreis von Kunden in der Regel unentgeltlich zur Verfügung gestellt. Die Kundencommunity kann die Produkte testen und im Idealfall via Facebook, Twitter und Co. über positive Testerfahrungen berichten.

Derartige Strategien werden heute v. a. in der Konsumgüterbranche mit Marken wie LG, Tempo, Rexona oder Dove umgesetzt. Das Management der Kundengruppen und die Steuerung der Kundenfeedbackprozesse kann zum Teil an professionelle Dienstleister wie TRND übergeben werden.

Die via Social Media verbreiteten Erfahrungen der Produkttester wirken unterschiedlich auf den Kaufentscheidungsprozess ein. Positive Testerfahrungen können auf Seite der unbeteiligten User ein Bedürfnis nach ähnlichen Leistungen wecken. Soweit Kunden bereits nach Alternativen suchen oder vor konkreten Kaufentscheidungen stehen, vermitteln die Testerfahrungen anderer Kunden eine hohe Glaubwürdigkeit. Aus dieser Perspektive kann sowohl das Sicherheitsempfinden der User in der Vorkaufsphase, als auch die Kaufbewertung im After Sales positiv beeinflusst werden.

4.3 Social Media und Branding

Über die beiden bislang skizzierten Strategien hinaus kann Social Media zur Steigerung der Brand Awareness und Verbesserung der Brand Impression genutzt werden. Dabei bieten interaktive Online Medien vielfältige Markenkontaktpunkte sowie die Möglichkeit zur Kommunikation mit Markenbotschaftern. Entsprechende Strategien werden zum Beispiel von der GLS Bank und der Daimler AG verfolgt. Wesentlich sind dabei eine dialogorientierte Grundhaltung sowie eine Kommunikation über userrelevante Themen. Darüber hinaus ist die spezifische Form und Tonalität der Kommunikation in Social Media zu berücksichtigen. Soweit das Interesse der User angesprochen ist und ein nachhaltiger Dialog entsteht, lassen sich mit Social Media interessante Reichweiteneffekte erzielen. Darüber hinaus kann sich die Markenwahrnehmung der User positiv entwickeln. Entsprechend wirkt sich das Corporate Branding auch auf die Kaufentscheidungsprozesse der Kunden aus.

Über eine Förderung der Brand Awareness gelangen Marken überhaupt erst ins relevante Einkaufsset auf Kundenseite. Daher kann ein Engagement in Social Media bereits in der Phase der Informationssuche den Kaufentscheidungsprozess beeinflussen. Eine positive Brand Impressionen führt schließlich zu Vorteilen im Zuge der Bewertung unterschiedlicher Marken und Leistungsangebote. Daher kann in Summe bei geeigneter Strategieumsetzung von positiven Markeneffekten einer Kommunikation in Social Media ausgegangen werden.

4.4 Social Media als Sourcingstrategie

Social Media kann über die genannten Strategiemodelle hinaus im Sinne eines Crowdsourcing die Entwicklung neuer Produkte und Dienstleistungen unterstützen. Dabei werden die User auf offenen oder geschlossenen Plattformen interaktiv in die Bewertung von Produkten und/oder Ideen einbezogen. Das Feedback der Kunden kann primär zur Optimierung der Entwicklung von Unternehmensleistungen herangezogen werden. Darüber hinaus kann das Kundenfeedback viral verbreitet werden. Entsprechende Ansätze werden heute bereits im Detailhandel von der MIGROS sowie beispielsweise im Banking von der HVB umgesetzt. Die Einbindung von Kunden in unternehmenseigene Entwicklungsprozesse führt im Sinne des Lead User Ansatzes zu positiven Implikationen für den Kaufentscheidungsprozess. Das Feedback der Kunden bezieht sich vorwiegend auf die optimale Bedienung eigener Bedürfnisse. Daher kann eine direkte Einbeziehung der Kunden die Wahrnehmung einer optimalen Bedürfnisbefriedigung begünstigen. Soweit Kundenbewertungen auch von anderen Usern der Plattform wahrgenommen werden, ist darüber hinaus mit indirekten Effekten zu rechnen, da Kunden auf Produkte und Dienstleistungen aufmerksam werden oder zumindest die Einbeziehung andere Kunden in Entwicklungsprozesse positiv bewerten.

4.5 Social Media und das Management von Communities

Unternehmen können Social Media schließlich nutzen, um den Dialog zwischen Usern mit vergleichbaren Interessen zu unterstützen. Dabei ist es zunächst wesentlich, Themengebiete zu identifizieren, die für die Unternehmen selbst relevant sind. D. h. der Themenfokus der Community sollte geeignet an Unternehmensprofil und Unternehmensgegenstand anknüpfen. So unterhält beispielsweise die IBM unterschiedliche Usergroups, die im Sinne einer Community über die Anwendung von IBM-Produkten diskutieren, die EnBW hat im Zuge einer allgemeinen Imagekampagnen eine Energiesparcommunity etabliert und die Fidor

Bank begründet ein eigenes Geschäftsmodell mit einer Community aus Finanzinteressierten. Neben der Anbindung an den Unternehmenskontext ist darüber hinaus der Mehrwert für den User wesentlich. Dieser kann im reinen Dialog mit Gleichinteressierten bestehen, bestenfalls jedoch auch durch geeignete Impulse von Unternehmensseite unterstützt werden. Aus der Kommunikation innerhalb der Community können relevante Implikationen für den Kaufentscheidungsprozess auf Kundenseite entstehen, wenn z. B. spezifische Bedürfnisse erst durch den Dialog innerhalb der Gemeinschaft erzeugt werden. Darüber hinaus können Unternehmen die Kommunikation beeinflussen, wenn sie selbst Moderator einer Community sind. Zusätzlich ist im Kreis der Interessengruppe eine stärkere Markenwahrnehmung zu erwarten, die besonders relevant sein kann, wenn die Community aus Unternehmenssicht relevante Stakeholder verbindet. Daher sind mit dem Betrieb einer Community im Idealfall vielfältige Auswirkungen verbunden, die sich positiv auf den Social Commerce auswirken.

5 Fallbeispiele

Zur Illustration der fünf skizzierten Strategien lassen sich unterschiedliche Beispiele aus der Unternehmenspraxis heranziehen. Beispielhaft werden an dieser Stelle die via Social Media erbrachten Serviceleistungen des Mobilfunkanbieters simyo sowie die Brandingstrategie der GLS Bank näher betrachtet.

Die simyo GmbH ist ein Mobilfunkdienstleister mit Sitz in Düsseldorf. Das Unternehmen betreibt kein eigenes Netz, sondern nutzt die Infrastruktur der Konzernmutter e-plus. Der Verkauf der SIM-Karten und weiterer Produkte und Dienstleistungen erfolgt über das Internet oder über eine Bestellhotline. Auf Grund des Verzichts auf eine eigene Filialorganisation hatte das Internet für simyo bereits frühzeitig eine hohe Bedeutung. Daher wurde zeitnah auf neue Entwicklungen im Internet reagiert, u. a. auch durch die Einführung eines eigenen Blogs, Twitterkanals und später einer eigene Facebook Fanpage. Der Dialog über Social Media Anwendungen hat sich in der Folgezeit deutlich in Richtung Service entwickelt. Daher hat simyo sein Engagement nachhaltig in Richtung „Service via Social Media" ausgebaut (siehe Abbildung 11). Die wesentliche Motivation für simyo liegt folglich in der Realisierung kundenbezogener Servicekanalpräferenzen und der Nutzung der Marketingmöglichkeiten der neuen Medien. Dabei werden seit einigen Jahren auch Kunden als Servicedienstleister aktiv in die Servicekommunikation eingebunden.

Social Commerce – Der Einfluss interaktiver Online-Medien auf das Kaufverhalten

Abbildung 11: Service via Twitter auf simyo_service

Aus Sicht von simyo wirkt sich ein Engagement in Social Media unterschiedlich auf das Einkaufsverhalten der Kunden und damit auch auf den eigenen Verkaufsprozess aus. Im Bestandskundenbereich stehen dabei zunächst die Kundenbindung und die Ausschöpfung der Kundenpotentiale durch Cross- und Up-Selling-Strategien im Fokus. Für den Vertrieb sind jedoch v. a. die Kommunikationswirkungen positiver Serviceerlebnisse bei Usern relevant, die bislang nicht Kunde von simyo sind. Hier kann auf Basis interner Analysen nachgewiesen werden, dass unbeteiligte Dritte auf positive Servicekommunikation reagieren und selbst Kauf- bzw. Wechselmotive entwickeln. Auf Grund der hohen Reichweite sozialer Netzwerke bieten sich daher kanalspezifische Möglichkeiten zur Stimulierung eines Word-of-Mouth Marketing, die in dieser Form in anderen Kanälen nicht oder nur mit begrenzten Reichweiten gegeben ist.

Die Umsetzung einer entsprechenden Servicestrategie ist jedoch auch mit Herausforderungen verbunden. Da die Bearbeitung eines Servicefalls in Social Media in der Regel (im Vergleich mit anderen Servicekanälen) mit deutlich höheren Kosten verbunden ist, stellt sich die Frage nach der Skalierbarkeit und Standardisierbarkeit einer Fallbearbeitung in Social Media. Dabei steht auch zur Diskussion, ob und wie Kunden stärker in die Bearbeitung von Servicefällen einzubinden sind oder inwiefern Frage-Antwort Communities im Web die Möglichkeiten für Kundenselbstservices zukünftig deutlich erhöhen werden.

Ein weiteres Beispiel für die vertrieblichen Auswirkungen von Social Media im Sinne des Social Commerce bildet die GLS Bank. Die Bank mit Sitz in Bochum wurde bereits in den 1960er Jahren gegründet und konzentriert das eigene Branding auf nachhaltige Bankdienstleistungen. Dies bezieht sich beispielsweise auf die Umsetzung von Socially Responsible Investments (SRI) und einer generellen Ausrichtung der Unternehmensstrategie an Corporate Social Responsibility (CSR). Durch das eigene Branding eröffnet die Bank eine Vielzahl möglicher Kommunikationsfelder in Themenbereichen wie Ökologie, Politik, Wirtschaft und Gesellschaft. Die Diskussion von Fragen der Nachhaltigkeit ist nicht für alle Bankkunden gleichermaßen relevant. Daher bieten sich für die GLS Bank in Social Media spezifische Möglichkeiten zur Identifikation und Ansprache der passenden Kundenzielgruppen. Entsprechend setzt die Bank seit 2008 ein eigenes Corporate Blog um. Zusätzlich ist das Institut auf Plattformen wie Facebook und Twitter aktiv (siehe Abbildung 12).

Geeignete Inhalte zu Fragen der Nachhaltigkeit werden durch Kooperationen mit klassischen Printmedien gewonnen. Daher kann die GLS Bank hochwertige Inhalte zur Stimulierung von Interaktionen auf Social Media Plattformen weitgehend ohne Eigenaufwand generieren.

Zunächst erreicht die GLS Bank durch ihr Engagement in Social Media interessante Reichweiteneffekte. Trotz der limitierten Institutsgröße und den begrenzten Ressourcen der Bank steht das Institut alleine über Facebook mit fast 10.000 Usern in Kontakt. Darüber hinaus zeichnen sich die „Fans" der GLS Bank durch ein hohes User Engagement aus. Auf Grund des starken Interesses an Nachhaltigkeitsthemen werden die Posts der Bank intensiv kommentiert. Interne Analysen zeigen darüber hinaus, dass die Intensität der Nutzung interaktiver Online-Medien positiv auf vertriebliche Zielgrößen einzahlt, z. B. bei der Ausschöpfung von Kundenbeziehungen und der Einführung neuer Produkte und Dienstleistungen.

Abbildung 12: Facebook Fansite der GLS Bank

6 Fazit

Die enorme Bedeutung sozialer Netzwerk und von Social Media ist in den Unternehmen angekommen. Aktuelle Fragestellungen aus der Praxis beziehen sich somit vorrangig auf die Möglichkeiten, Instrumente und Plattformen des Social Webs in Prozesse und Strukturen von Unternehmen zu integrieren und zu implementieren.

Eine aktuell zentrale Anforderung an das Unternehmensmanagement ist die Monetarisierung von Social Media über Social Commerce. Im vorliegenden Paper wurden die Rahmenbedingungen hierfür untersucht und diskutiert. So konnte herausgearbeitet werden, dass der kundenseitige Kaufprozess im Online- und Offline-Bereich grundsätzlich den gleichen Determinanten unterworfen ist. Insofern bestehen keine Unterschiede in Struktur und Ablauf bei der Findung einer Kaufentscheidung. Dennoch beeinflussen und erweitern die Kommunikationsmechaniken des Social Webs den Kaufprozess enorm. Dies beginnt mit der

Breite der Informationen zu Produkten und Dienstleistungen, die vom Kunden potentiell wahrgenommen werden können, um sie in den Prozess der Kaufentscheidung einzubeziehen. Insbesondere bei der Bewertung einer konkreten Kaufentscheidung und der Suche nach Produktalternativen zeigen die Kommunikationseffekte in Social Media ihre Wirkungsmächtigkeit. Onlinebasierte, virtuelle Freundesnetzwerke verfügen über ähnlich hohes Vertrauen und Glaubwürdigkeit, wie dies auf reale Personen und Offline-Netzwerke (Freunde, Bekannte, Familie) zutrifft.

Hierbei ist vor allem die potentiell unbegrenzte Reichweite von Kundenmeinungen und Produkterfahrungen relevant. Das Verständnis von Meinungsführern, Promotoren und dem klassischen Two-Step-Flow-Modell ist Ausgangspunkt für die Instrumentalisierung und Monetarisierung von Social Media. Hierzu konnte im vorliegenden Beitrag auf erste Wirkungsstudien zu Word-of-Mouth verwiesen werden, die die lohnende Integration dieses Kommunikationseffekts in Kampagnen unterstreichen.

Durch die Diskussion von insgesamt fünf strategischen Ansätzen zur Stimulierung von Social Commerce konnten erste erfolgversprechende Ansätze aufgezeigt werden, die die Implementierung von Social-Media-Instrumenten und Plattformen in den Unternehmenskontext einordnen. Konkret sind dies:

- Social Media als Servicekanal
- Social Media als Testplattform
- Social Media im Kontext von Branding
- Social Media als Sourcingstrategie
- Management von Communities

Das gesamte Feld des Social Webs ist permanenter Veränderung unterworfen. Nahezu täglich entstehen neue Plattformen, die potentiell neue Ansätze für das Feld der Unternehmenskommunikation und das Marketing bieten. Insofern ist die begleitende Beobachtung der aktuellen Entwicklungen im Online-Bereich, insbesondere in Social Media, sowohl aus wissenschaftlicher als auch unternehmerischer Perspektive angezeigt. Neben der Erforschung von dezidert auf Social-Media-Mechaniken beruhenden Kommunikationseffekten, stellt sich im hier beleuchteten Feld dringlich die Frage nach einem allgemein gültigen und anwendbaren Instrumentarium zur Bewertung von Kommunikationsmaßnahmen. Hier müssen zukünftig Forschung und Praxis in enger Kooperation geeignete Instrumentarien entwickeln, um einen Return on Investment (ROI) bzw. einen Return on Social Media einordnen und valide bewerten zu können.

Literatur

Allfacebook: http://allfacebook.de/userdata/
Anschütz, T./Sonntag, R. (2011): Der Word-of-Mouth-Effekt als kalkulierbare Größe in der Mediaplanung. In Deutscher Direktmarketing Verband e.V. (Hrsg.): Dialogmarketing Perspektiven 2010/2011, Gabler, Wiesbaden.
Assael, H. (1995): Consumer Behavior and Marketing Action. 5. Auflage, Boston.
Assael, H. (2004): Consumer Behavior: A Strategic Approach, Houghton Mifflin, Boston.
Bänsch, Axel (2002): Käuferverhalten. München.
Birbaumer, N. (1975): Psychologische Psychologie. Eine Einführung an ausgewählten Themen für Studenten der Psychologie, Medizin und Zoologie. Berlin.
Bongard, J. (2002): Werbewirkungsforschung. Grundlagen, Probleme, Ansätze. Münster.
Carl, W./Libai, B./Ding, A. (2008): Measuring the Value of Word of Mouth, ARF Audience Measurement 3.0 Conference, 24.-25.6.2008, New York, http://chatthreads.typepad.com/chatterbox/files/ChatThreads_MeasuringValueWOM.pdf.
Cheema, A./Kaikati, A. M. (2010): The Effect of Need for Uniqueness on Word of Mouth. In: Journal of Marketing Research, Vol. XLVII, June 2010, S. 553-563.
Hogan, J. E./Lemon, K. N./Libai, B. (2004): Quantifying the ripple: Word-of-mouth and advertising effectiveness. Journal of Advertising Research, 44(3), 271-280.
Kotler, P. (1997): Marketing Management. Analysis, Planing, Implementation and control. Upper Saddle River.
Kozinets, R./de Valck, K./Wojnicki, A./Wilner, S. (2010): Understanding Word-of-Mouth Marketing in Online Communitys. In: Journal of Marketing, Vol. 74, March, S. 71-89.
Kroeber-Riel, W./Weinberg, P./Gröppel-Klein, A. (2009): Konsumentenverhalten. München, 9. Auflage.
Lazarsfeld, P. F./Berelson, B./Gaudet, H. (1968) [Original 1944]: The People's Choice. How the Voter Makes up his Mind in a Presidential Campaign. New York, London.
Lewis, E. (1903): Catch-Line and Argument. In: The Book Keeper, Nr. 15, Februar, S. 124.
Markin, R./Narayana, C. (1975): Consumer Behavior and Produkt Performance. An Alternative Conceptualisation. In: Journal of Marketing, 39, S. 1-6.
McKinsey (2010: Word of Mouth: Insights, drivers, and measurement. WOMMA Webex, June 2010. http://www.slideshare.net/WOMMAssociation/mckinsey-webinar-word-of-mouth-insights-drivers-and-measurement
Moe, W. W./Trusov, M. (2011): Measuring the Value of Social Dynamics in Online Product Forums. In: Journal of Marketing Research, Nr. 48, S. 444-456.
Schenk, M. (2002): Medienwirkungsforschung. Tübingen.
Schmitt, P./Meyer, S./Skiera, B. (2010): zfbf – Schmalenbachs Zeitschrift für betriebswirtschaftliche Forschung, Ausgabe 1/ 2010, Seite 30-59.
Word of Mouth Marketing Association (2009): http://womma.org/downloads/04-09-2009.pdf

Die Autoren

Dr. Alexander Rossmann ist Research Associate am Institut für Marketing der Universität St. Gallen. Vor dieser Tätigkeit war er über zehn Jahre Mitglied der Geschäftsleitung einer renommierten Unternehmensberatungsgesellschaft. Seine Forschungsschwerpunkte liegen in den Bereichen Beziehungsmarketing, Social Media und Collaboration. Er hat sein MBA-Studium an der Universität Tübingen und der State University of New York absolviert. Darüber hinaus verfügt er über eine fundierte Ausbildung in systemischer Beratung und Familientherapie.

Prof. Dr. Ralph Sonntag lehrt Marketing, speziell multimediales Marketing, an der Hochschule für Technik und Wirtschaft in Dresden. Nach seinem Studium der Betriebswirtschaftslehre in Würzburg war er als wissenschaftlicher Mitarbeiter und Projektleiter des Steinbeis-Transferzentrums in Dresden tätig. Daran anschließend folgten Stationen bei der Unternehmensberatung Diebold (jetzt Detecon) sowie Kommunikations- und Werbeagenturen. Seine Arbeits- und Forschungsschwerpunkte liegen in der Werbeerfolgsforschung, speziell der Untersuchung von Messmöglichkeiten innerhalb von neuen Kommunikationskanälen wie Word of Mouth und Social Media.

Kontakt

Dr. Alexander Rossmann
Universität St.Gallen
Institut für Marketing (IfM)
Dufourstrasse 40a
CH 9000 St.Gallen
alexander.rossmann@unisg.ch

Prof. Dr. Ralph Sonntag
Hochschule für Technik und Wirtschaft Dresden
Marketing, insbesondere Multimedia-Marketing
Friedrich List Platz 1
01069 Dresden
sonntag@htw-dresden.de

Crowdsourcing-Kampagnen – Teilnahmemotivation von Konsumenten

Heinrich Holland / Patrizia Hoffmann

Inhalt

1	Problemstellung	180
2	Crowdsourcing	181
2.1	Definition Crowdsourcing	181
2.2	Aufgaben, Akteure und Aufrufe beim Crowdsourcing	182
2.3	Bedeutung der Teilnahmemotivation	183
2.4	Motive und Anreize beim Crowdsourcing	185
3	Untersuchung von Crowdsourcing-Kampagnen	188
3.1	Forschungsdesign	188
3.2	Beispiele für Crowdsourcing-Kampagnen	191
3.3	Merkmale von Crowdsourcing-Kampagnen	193
3.3.1	Aufgaben, Akteure und Aufrufe bei den Crowdsourcing-Kampagnen	193
3.3.2	Ausprägungen der Merkmale von Crowdsourcing-Kampagnen	194
3.3.3	Vorteile und Risiken von Crowdsourcing-Kampagnen	198
3.3.4	Anreize als Erfolgsfaktor bei Crowdsourcing-Kampagnen	199
3.3.5	Erfolgsmessung	202
4	Schlussbetrachtung und Ausblick	204

Literatur 207
Die Autoren 209
Kontakt 209

Management Summary

Das Phänomen Crowdsourcing gewinnt in der Wirtschaft immer mehr an Bedeutung. Es wird von Unternehmen zu Innovations- aber auch Promotion-Zwecken eingesetzt. Dieser Artikel legt einen Fokus auf die Verwendung durch das Marketing und analysiert hierfür Crowdsourcing-Kampagnen von Fast Moving Consumer Goods. Durch die Analyse der Kampagnen werden zum einen die Merkmale solcher Kampagnen aufgedeckt, zum anderen wird dadurch die Relevanz von Anreizen deutlich. Dabei zeigt sich, dass indirekte materielle und soziale immaterielle extrinsische Anreize von Unternehmen häufig eingesetzt werden. Dennoch ist die Existenz von intrinsischer Motivation bei den Konsumenten Grundvoraussetzung für die Teilnahme an einer Crowdsourcing-Kampagne.

1 Problemstellung

„People don't want to consume passively, they'd rather participate
in the development and creation of products meaningful to them."
Alvin Toffler, Futurist

Mit der Entwicklung des Web 2.0 wurden aus den passiven Internet-Anwendern aktive User und aus dem Internet wurde ein Mitmachmedium. Damit einhergehend möchten Konsumenten nicht einfach nur konsumieren, sondern auch ihre Meinungen und Ideen einbringen. Der Dialog mit den Konsumenten hat sich auf viele unterschiedliche Formen der Kommunikation ausgeweitet. Vor diesem Hintergrund gewinnen Aktionen, in denen die Unternehmen *Konsumenten in ihre Prozesse einbeziehen* immer mehr an Bedeutung. Crowdsourcing ist ein neues Phänomen, mit dem in jüngster Zeit bewiesen wurde, wie profitabel es sein kann, Konsumenten in den Problemlösungsprozess einzubinden.

„No matter who you are,
most of the smartest people work for someone else."
Bill Joy, Mitbegründer von Sun Microsystems

Der Erfolg bestätigt „Joy's Gesetz", wonach ein Unternehmen durch Crowdsourcing eben nicht nur das Wissen seiner eigenen Mitarbeiter nutzt, sondern auch derer, die nicht für es arbeiten.

Um Crowdsourcing erfolgreich zu betreiben, ist es von enormer Wichtigkeit, so viele Menschen wie möglich zur Teilnahme zu motivieren. Da vor allem über das Internet eine große Masse (Crowd) angesprochen werden kann, ist dies ein beliebtes Medium für Crowdsourcing. Jedoch beteiligen sich nur knapp 30 Prozent der Internetuser auch aktiv. Die Abbildung 1 verdeutlicht die *70-20-10-Regel* und zeigt, dass sich 10 Prozent der Internetnutzer an der Erstellung von Onlineinhalten durch eigene Artikel oder Blogs beteiligen. Weitere 20 Prozent bewerten oder kommentieren vorhandene Inhalte. Daraus folgt, dass 70 Prozent der Nutzer sogenannte Lurkers sind, also Anwender, welche das Internet nicht aktiv nutzen.[1]

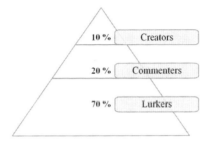

Abbildung 1: 70-20-10-Regel[2]

Vor diesem Hintergrund gewinnt die *Motivation der Konsumenten* enorm an Bedeutung. So hat ein Unternehmen die Chance, die 10 Prozent der Kreativen auf sich aufmerksam zu machen. Es steht aber auch vor der Herausforderung, mit den richtigen Anreizen die passiven Nutzer von der Aktion zu überzeugen und sie zur Teilnahme zu bewegen.[3]

2 Crowdsourcing

2.1 Definition Crowdsourcing

Der Ursprung des Begriffs *Crowdsourcing* (ein Neologismus aus den Wörtern „Crowd" und „Outsourcing") geht auf einen Artikel von Jeff Howe im Wired Magazin aus dem Jahr 2006 zurück. Der Autor beschreibt in seinem Artikel „The Rise of Crowdsourcing" das Phänomen, dass Unternehmen eine große Men-

---

1 Vgl. Habermann (2011).
2 Vgl. Schneider (2011).
3 Vgl. Unterberg (2010), S. 134.

schenmasse in ihre Prozesse einbeziehen, um in Zusammenarbeit mit ihnen Ideen und Projekte zu entwickeln.[4]

Beim Crowdsourcing werden *Aufgaben ausgelagert*, die traditionell von den eigenen Mitarbeitern erledigt wurden. Zu diesen Aufgaben gehören die Problemlösung und die Ideengenerierung sowie repetitive Aufgaben. Diese sollen von einer großen Masse externer Akteure wie einer Organisation oder Privatpersonen gelöst bzw. entwickelt werden. Zur Realisation trägt ein öffentlicher Aufruf bei, der über eine Webseite erfolgt. Aus dieser Zusammenarbeit können für beide Seiten, Unternehmen und Teilnehmer, Vorteile entstehen. Mit dieser Betrachtung wird deutlich, dass die *Aufgaben*, die *Akteure* sowie der *Aufruf* die charakteristischen Bestandteile des Crowdsourcings sind.

2.2 Aufgaben, Akteure und Aufrufe beim Crowdsourcing

Die *Aufgaben*, die an die Crowd weitergegeben werden, sind vielfältig. Sie reichen von der Übersetzung von Schriftstücken bis hin zur Entdeckung neuer Goldminen. Potenzielle Einsatzbereiche können beispielsweise das Produktdesign oder das Marketing sein. Aber auch zur Generierung von Ideen, um konkrete fachspezifische Probleme zu lösen, kann das Crowdsourcing hilfreich sein. Ein weiteres Gebiet ist die Geldbeschaffung und die kollaborative Projektumsetzung.[5]

Ein Schlagwort, das oft in Verbindung mit Crowdsourcing gebracht wird, ist der „arbeitende Kunde". Dieser Konsumententypus wirbt in Blogs für seine Lieblingsmarke und designt seine individuellen Sneakers. Er übernimmt die Arbeit als Berater, Ideenentwickler, Qualitätsprüfer oder Marketingspezialist und nicht immer erfolgt dafür eine Gegenleistung z. B. in Form einer Vergütung. Gleichzeitig reduziert das Unternehmen seine Verantwortung oder Pflichten.[6] Kunden wollen zunehmend an der Entwicklung von Produkten als *Akteure* beteiligt werden.

Dazu wird ein öffentlicher *Aufruf* über eine Webseite realisiert; das Internet ist die Basis dieses Phänomens. Über Plattformen werden Communities angesprochen, die sich mit dem Problem auseinandersetzen, und die Crowd übernimmt ganz im Sinne des Web 2.0 eine aktive Rolle.[7]

---

4   Vgl. Howe (2006).
5   Vgl. Roskos (2009).
6   Vgl. Papsdorf (2009), S. 13 f.
7   Vgl. Roskos (2009).

2.3 Bedeutung der Teilnahmemotivation

Die *Motivation* ist der Schlüssel zum Erfolg des Crowdsourcings. Hierzu zählt es, Menschen zur Teilnahme zu aktivieren, um damit einen hohen Grad der Verbreitung und Problemlösung zu generieren.

Motive bzw. Bedürfnisse stehen im Zusammenhang mit emotionalen Vorgängen, die für das Verhalten der Konsumenten verantwortlich sind. Sie treiben den Konsumenten an und sorgen für eine zielgerichtete Handlung. Zudem liegt beim *Motiv* ein überdauernder Aspekt vor. Als *Motivation* wird dagegen die momentane Handlungsausrichtung bezeichnet.[8] Der Zustand des Motiviertseins kann von wenig motiviert bis zu hoch motiviert reichen.

Wie Abbildung 2 zeigt, muss dem Motiv eine *situative Anregung* gegeben werden, um ein Verhalten beim Menschen auszulösen. „Die situativen Momente, die Motive ansprechen und damit die Ausbildung einer Motivation bewirken, werden als *Anreiz* bezeichnet."[9] Damit existiert eine enge Verbindung von Motiven und Anreizen. Optimalerweise sollten zu den jeweiligen Motiven passende Anreize geboten werden, damit der Organismus eine geeignete Voraussetzung für eine zielgerichtete Handlung wahrnimmt. Ähnlich wie die Motive können Anreize sowohl biologischer als auch sozialer Natur sein. Es wird dabei von natürlichen und sozialen Anreizen gesprochen. Während bei den natürlichen Anreizen, beispielsweise bei dem Motiv der Fortpflanzung, der Geruch ein Anreiz sein kann, beruhen die sozialen Anreize auf Lernerfahrung oder kulturellen bzw. sozialen Faktoren. Durch das Zusammenkommen von Motiv und Anreiz entsteht somit eine Motivanregung, aus der Motiviertsein resultiert.[10]

Als grundlegende Motivationstypen werden die extrinsische und intrinsische Motivation unterschieden. Bei der *intrinsischen Motivation* steht die Aktivität selbst im Vordergrund und trägt direkt zur Bedürfnisbefriedigung bei. Ein Verhalten ist demnach „intrinsisch motiviert", wenn es aus eigenem Antrieb und damit ohne Einfluss externer Faktoren entsteht.[11] So wird durch die Belohnung der Arbeit an sich ein motivationaler und emotionaler Zustand beeinflusst. Die mit der intrinsischen Motivation zusammenhängenden Bedürfnisse sind Selbstbestimmung, Kompetenzerleben und Zugehörigkeit.[12] Aber auch Spaß ist ein Bedürfnis, das zur intrinsischen Motivation beitragen kann.

---

8   Vgl. Meffert/Burmann/Kirchgeorg (2012), S. 121.
9   Schmalt/Langens (2009), S. 20.
10 Vgl. Schmalt/Langens (2009), S. 20-23.
11 Vgl. Rheinberg (2008), S. 149.
12 Vgl. Deci/Ryan (2000), S. 57; Rheinberg (2008), S. 151.

Abbildung 2: Grundmodell der klassischen Motivationstheorie[13]

Die *extrinsische Motivation* trägt indirekt zur Bedürfnisbefriedigung bei. Das ausgelöste Verhalten dient zur Herbeiführung positiver Folgen bzw. der Vermeidung von negativen Folgen. So baut die extrinsische Motivation auf dem Anreiz von Zielen auf.[14]

Um also die Motiviertheit zu beeinflussen, gilt es mit *externen Anreizen* die individuellen Motive anzusprechen. Hierfür gibt es materielle und immaterielle Anreize. Zu den *materiellen Anreizen* zählen monetäre Entlohnungen. *Immaterielle Anreize* dagegen sind unentgeltliche Anreize. Sie werden von Individuen verschieden wahrgenommen, wodurch die Steuerung dieser Anreize diffiziler als die materieller Anreize ist.

Wie wichtig Motive und passende Anreize beim Kaufverhalten der Konsumenten sind, soll Abbildung 3 anhand des *Kommunikationsmodells* nach Meffert/ Burmann/Kirchgeorg verdeutlichen. Mit der Wahrnehmung einer Werbebotschaft entstehen *aktivierende* und *kognitive Prozesse*. Diese sind Teil des Verarbeitungsprozesses und beeinflussen sich gegenseitig. So ist das Verstehen der Botschaft eine wichtige Größe, um die Informationen aufnehmen, verarbeiten und speichern zu können. Aber auch Emotionen tragen zur Verarbeitung bei, indem sie beispielsweise Lust signalisieren. Damit stehen Emotionen eng in Verbindung mit den Motiven der Konsumenten. Wie bereits erwähnt, richten Motive das Verhalten der Konsumenten auf ein Ziel aus und damit auf den Kauf eines Produkts. Sie werden je nach Situation relevant, weshalb das Wissen über die wichtigsten Motive von enormer Bedeutung ist. Letztendlich führen diese Komponenten zur Bildung eines Images, was eine wichtige Voraussetzung für die Kaufabsicht ist. Die endgültige Kaufhandlung hängt von situativen Einflüssen ab wie der Preishöhe.

---

13 Vgl. Rheinberg (2008), S. 70.
14 Vgl. Rheinberg (2008), S. 151.

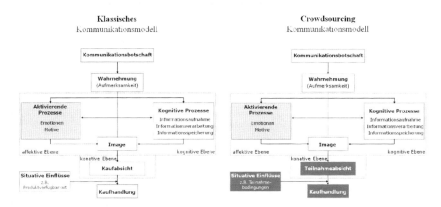

Abbildung 3: Teilprozesse der Kommunikationswirkung[15]

Diese Betrachtung lässt sich an die Besonderheiten des *Crowdsourcings* anpassen. Wie die rechte Darstellung zeigt, führt Crowdsourcing nicht vorwiegend zur Kaufabsicht, sondern zur Teilnahmeabsicht. Durch situative Einflüsse wie Teilnahmebedingungen und gewisse Voraussetzungen kann eine tatsächliche Teilnahme unterstützt bzw. verhindert werden, beispielsweise der Notwendigkeit einer Community anzugehören.

2.4 Motive und Anreize beim Crowdsourcing

Auf Grundlage der Maslow'schen *Bedürfnispyramide* lassen sich erste Erkenntnisse über die Effizienz von Anreizen für die einzelnen Stufen vornehmen. Danach werden die niederen Bedürfnisse zuerst befriedigt, wonach die physiologischen Bedürfnisse wie Hunger und Durst durch direkte materielle Anreize zu stillen sind, wie Abbildung 4 verdeutlicht.

Da die meisten Menschen in den Industrieländern über genügend finanzielle Mittel verfügen, um ihre physiologischen *Grundbedürfnisse* zu befriedigen, könnte davon ausgegangen werden, dass ein rein direkter materieller Anreiz in Form von Geld nicht am wirkungsvollsten ist. So könnte ein indirekter Anreiz einen größeren Einfluss auf die Motivation haben. Nach Befriedigung der Bedürfnisse dieser Stufe wäre damit den *Sicherheitsbedürfnissen* nachzukommen, zu denen Stabilität, Geborgenheit, Ordnung und die Erhaltung der Erwerbstätigkeit gehören. Ein Zusam-

---
15 Vgl. Meffert/Burmann/ Kirchgeorg (2012), S. 739.

menhang zwischen diesen Bedürfnissen und dem Crowdsourcing lässt sich nur schwer finden. In der Praxis konnten keine direkten Anreize gefunden werden, die diese Faktoren befriedigen. Denkbar wäre die Erhaltung der Erwerbstätigkeit, allerdings in einer abgewandelten und abgeschwächten Version wie die Möglichkeit, mit einem Unternehmen in Kontakt zu treten.

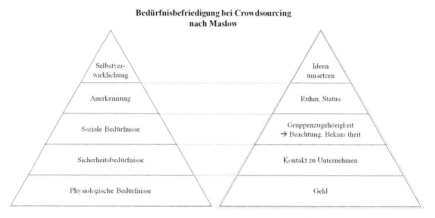

Abbildung 4: Anreize für die Bedürfnisse nach Maslow[16]

Bei den nächsten drei Stufen lassen sich weitere Zusammenhänge finden. So können die *sozialen Bedürfnisse* durch Anreize wie Gruppenzugehörigkeit zu einer Community befriedigt werden. Durch *Anerkennung* anderer Teilnehmer oder den Ruhm durch den Sieg können beim Crowdsourcing die Prestigebedürfnisse Erfüllung finden. Auch die letzte Stufe, die *Selbstverwirklichung*, kann befriedigt werden, da der Konsument seine eigenen Ideen umsetzen kann.

Durch den Aufbau der Stufen könnte, je nach Zielgruppe, eine Hierarchie der Anreize deutlich werden. Beispielsweise würden Studenten vielleicht auf einen monetären Anreiz stärker reagieren, wohingegen Berufstätige motivierter bei dem Ausblick auf Ruhm sein könnten.

Um das Verhalten von Individuen gezielt zu beeinflussen, ist eine Klassifizierung der verschiedenen Anreiz- und Motivarten vonnöten, da diese in enger Beziehung zueinander stehen.[17] Einen tieferen Einblick in die Gemeinsamkeiten von Motiven und Anreizen bietet Janzik in seiner Dissertation zur *Motivations-*

---

16 Vgl. Maslow (1978), S. 62 ff.
17 Vgl. Jahnke (2006), S. 12.

analyse von Online-Communities. Seine Ausarbeitung zur extrinsischen und intrinsischen Motivation beruht auf einer ausführlichen Literaturanalyse und weiteren Untersuchungsergebnissen.[18]

Tabelle 1 bietet einen Überblick über die Motive und deren passende Anreize, die Janzik im Bereich Anwenderinnovationen in Online-Communities ermittelt hat. Sie zeigt, dass den *materiellen Motiven* wie Einnahmen oder dem persönlichen Bedarf, die Anreize monetärer Entlohnung sowie Gratisprodukte bzw. die Nutzung des Produkts, Bonuspunkte oder die Teilnahme an Verlosungen gegenüberstehen.

Tabelle 1: Extrinsische und intrinsische Motivatoren und mögliche Anreize[19]

Extrinsische Motivation				Intrinsische Motivation
Materielle Motive		**Immaterielle Motive**		**Intrinsische Motive**
Direkt	Indirekt	Sozial	Organisatorisch	
• Einnahme, finanzieller Vorteil	• Persönlicher Bedarf • Problemdruck	• Fähigkeiten verbessern • Sammeln von Wissen & Erfahrung • Anerkennung • Reputation, Status • Macht • Stärken von sozialen Bindungen • Sozialer Austausch	• Verbesserung der eigenen Funktion in der Community • Berufliche Aufstiegschancen, Selbstvermarktung	• Spaß • Innerer Drang • Gefühl von Kompetenz • Identifikation • Altruismus
Materielle Anreize		**Immaterielle Anreize**		**Intrinsische Anreize**
Direkt	Indirekt	Sozial	Organisatorisch	
• Monetäre Entlohnung	• Gratisprodukte • Bonusprodukte mit monetärem Gegenwert • Gutscheine • Teilnahme an Verlosungen • Geringer Aufwand für Beteiligung • Kostenlose Nutzung des Produkts	• Erhöhung des Status, Macht • Auszeichnungen, sichtbarer Mitgliedslevel • Nennung als Co-Entwickler • Vertrauen bilden	• Zusätzliche Rechte in der Community, Zugang zu gesonderten Informationen • Karrierechancen	• Aus der Tätigkeit selbst

Auch zu den *immateriellen Motiven* fand Janzik Beispiele aus der Praxis. Zum Beispiel kann der Aufgabensteller durch die Nennung des Gewinners als Co-Entwickler, Konsumenten ansprechen, deren Motiv an der Teilnahme die Verbesserung der Reputation ist. Konsumenten mit organisatorischen Motiven, wie einem beruflichen Aufstieg oder der Selbstvermarktung, können durch Anreize wie Karrierechancen motiviert werden. Ein weiteres Motiv dieser Gruppe stellt die Verbesserung der Stellung in der Community dar. So können Community-Mitglieder durch zusätzliche Rechte zu einer Teilnahme aktiviert werden. Im Gegensatz zu den extrinsischen Motiven können intrinsische Motive wie Spaß,

---

18 Vgl. Janzik (2011), S. 80.
19 Vgl. Janzik (2011), S. 81.

Identifikation und Altruismus nicht von außen beeinflusst werden. So ist für Konsumenten, die diese Motive haben, die Tätigkeit selbst der Anreiz.

3 Untersuchung von Crowdsourcing-Kampagnen

3.1 Forschungsdesign

Der Untersuchungsgegenstand sind Kampagnen, die von Unternehmen im Bereich *Fast Moving Consumer Goods* (FMCG) in Deutschland durchgeführt wurden. Bei der Recherche der Crowdsourcing-Kampagnen wurde deutlich, dass die Anzahl der von der Literatur auch so bezeichneten Kampagnen übersichtlich war. Durch eine umfangreiche Onlinerecherche im Zeitraum von April bis Mai 2012 konnten insgesamt 16 Unternehmensbeispiele für Crowdsourcing-Kampagnen aus den Jahren 2010 bis 2012 gefunden werden. Dabei handelt es sich ausschließlich um bekannte Unternehmen. Bei den Unternehmen handelt es sich um folgende:

- Alfred Ritter
- dm
- MAPA
- Griesson
- Intersnack
- Coca-Cola
- Unilever
- Kraft Foods
- Henkel
- McDonald's
- Rügenwalder Mühle
- L'Oreal
- Reckitt Benckiser

Da es sich bei diesen Beispielen um alle Kampagnen handelt, die von den Unternehmen selbst oder von Experten als Crowdsourcing-Kampagnen bezeichnet wurden, würde dies für eine *Totalerhebung* sprechen. Jedoch ist nicht auszuschließen, dass die Liste der Kampagnen nicht vollständig ist, da vielleicht Kampagnen durchgeführt wurden, die aber nicht als solche bezeichnet wurden.

Zur Theoriebildung wurden hauptsächlich *sekundäre Daten* aus Quellen wie Unternehmenswebseiten und Zeitschriftenartikeln genutzt. Um eine hohe Qualität und auch die Validität der Sekundärforschung zu gewährleisten, wurde bei den verwendeten Quellen besonders auf die Kriterien Ruf und Professionalität der Herausgeber und Autoren geachtet. Die gesammelten Daten und Informationen, die aus den genannten Quellen hervorgingen, wurden in Tabelle 2 zusammengetragen.

Tabelle 2: Merkmale von Crowdsourcing-Kampagnen

	Unternehmen	Marke	Jahr	Produkt-kategorie	Dauer	Slogan	Reichweite	Aufgabe	Aufruf	Akteure	Akt onsumfeld	Voting	Anreize	Nachhaltigkeit
1	Unilever	AXE	2012	Hygieneartikel	6 Monate	"Axe Anarchy - The graphic novel"	international	Autor-Wettbewerb	Print, Online	Crowd	YouTube, Twitter, FB	Com.-Jury	Die Chance eine eigene Rolle zu übernehmen	Zeitlich beschränkt
2	dm	Balea	2011	Hygieneartikel	2 Monate	"Balea Dusche für die kalte Jahreszeit"	national	Produktentwicklung + Namensvorschlag + Verpackungsdesign	nicht bekannt	Community	Plattform unser.dm.de, FB	Com	Aktivste Mitentwickler bekommen fertiges Produkt	Limitierte Edition
3	MAPA	Billy Boy	2011	Hygieneartikel	3 Monate	"BILLY BOY Hot Spots"	national	Videowettbewerb	nicht bekannt	Crowd	Eigene Plattform, YouTube, Billy-Boy-Newsletter	Com.-Jury	1 Platz: 5.000 Euro 2 Platz: 1.500 Euro 3 Platz: 1.000 Euro	Zeitlich beschränkt
4	Coca Cola	Coca Cola	2012	Lebensmittel		"Dein Move macht den Beat"	international	Videowettbewerb	nicht bekannt	Crowd	MyVideo + FB	Jury	Homestorys der Wochengewinner VIP-Tickets für Olympia und Kultrapper DAS BO treffen	
5	Coca Cola	Coca Cola	2012	Lebensmittel		"Coca-Cola Design + Award"	international	Verpackungsdesign	nicht bekannt	Community	Plattform jowoto.com, FB, Twitter	Jury + Com	3.000 Euro pro Gewinner	Keine Neuauflage
6	Reckitt Benckiser	Durex	2012	Hygieneartikel		"Durex Naked Box"	international	Verpackungsdesign	TV Spot, weitere nicht bekannt	Crowd	Eigene Plattform + FB	Com.-Jury	Teilnahme am Workshop und internationaler Final Runde Zusammenarbeit mit der Durex Designagentur und 2000€ Preisgeld	Limited Edition
7	Intersnack	funny-frisch	2011	Lebensmittel		"Funny-Frisch Chipswahl 2011"	national	Produkttester	TV Spot, Print, Aufsteller-POS, Banner in Socialmedia Kanälen	Crowd	Website + FB (Twitter)	Com	Tester (Test-Paket) dürfen neue Chips-Sorte wählen	Limited Edition
8	L'Oreal	L'Oreal	2011	Kosmetik	3 Monate	"Werde das Gesicht von Sublime Mousse"	national	Modelwettbewerb	FB, Kampagnenseite, Display-Banner-Kamp. und FB-Ads	Crowd	FB	Com-Jury-Com	Werbekampagne, Modelvertrag und ein Fotoshooting mit Videodreh	Zeitlich beschränkt
9	McDonald's	McDonald's	2011	Lebensmittel	2 Monate	"Mein Burger"	national	Produktentwicklung	TV Spot, Rundfunk und Online	Crowd	Website + FB	Com-Jury-Com	Werbespot	Limitierte Edition
10	Kraft Foods	Milka	2011	Lebensmittel		"Damals wie Heute! Die schönsten Pausen sind lila"	national	Produkttester	Social-Media-Kanäle, wie eigene Communities und FB	Crowd	Website + FB	Com-Jury-Com	Produkttester	Limitierte Edition
11	Henkel	Pril	2011	Reinigungsmittel		"Mein Pril – Mein Stil"	national	Verpackungsdesign	Online-Banner sowie Werbeplakate	Crowd	Website + FB	Com	Reise	Limitierte Edition
12	Griesson	Prinzenrolle	2011-2012	Lebensmittel		"Back dir deinen Traumprinzen"	national	Produktentwicklung + Fotowettbewerb	Online-Werbekampagne mit Like-Ads und Bannern	Crowd	FB	Jury-Com	Fanrolle exklusiv nach Hause	Limitierte Edition
13	Alfred Ritter	Ritter SPORT	2010-2011	Lebensmittel		"Von euch, mit euch, für euch"	national	Produktentwicklung + Namensvorschlag + Verpackungsdesign	Social-Media-Kanäle wie der eigene Blog, FB, Website, Newsletter	Crowd	Blog-Ritter SPORT, FB, Twitter, Flickr-Kanal	Jury-Com	Top 20 erhalten ein Schuber mit ihrem Design	Limitierte Edition
14	Rugenwalder Mühle	Rugenwalder Mühle	2011	Lebensmittel	6 Monate	"Genuss des Jahres"	national	Produktentwicklung + Produkttester + Darsteller Spot	nicht bekannt	Crowd	FB	Com-Jury-Com	Wurstexperte, Wursttester und Darsteller für den Werbespot	Dauerhaft
15	Henkel	Schwarzkopf	2011	Kosmetik		"The Look of Music"	international	Style-Wettbewerb	TV Spot, Social-Media-Kanäle, Banner	Crowd	Website + FB	Com.-Jury	Werbekampagne, exklusives Fotoshooting mit Starfotograf, ESC VIP-Package (Tickets, Flug, Hotel)	Zeitlich beschränkt
16	Henkel	Volvic	2012	Lebensmittel	3 Monate	"Volvic Design-Wettbewerb"	national	Verpackungsdesign	Social-Media-Kanäle sowie Printanzeigen	Crowd	Website + FB	Jury-Com	Familien-Reise im Wert von 5.000 Euro	Limitierte Edition

Abkürzungen: Facebook (FB), Community (Com.)

Die Erhältlichkeit der Daten stellte sich für diese Forschung problematisch dar. In einigen Fällen konnten nicht alle benötigten Daten recherchiert werden. Dabei handelte es sich um allgemeine Aspekte, wie die Verwendung verschiedener Medien in einzelnen Kampagnen und um Angaben zum Kampagnenerfolg. Diese Lücken wurden durch *primäre Daten* zu schließen versucht, indem die Unternehmen durch schriftliche Interviews (per E-Mail) dazu befragt wurden. Es zeigte sich, dass nur wenige Unternehmen bereit waren, diese Informationen herauszugeben. So konnten zu sechs Kampagnen aus erster Hand Informationen herangezogen werden. Aufgrund der insgesamt kleinen Stichprobe und der teilweise nicht vollständigen Informationen, sind die aus dieser Betrachtung gewonnenen Erkenntnisse nicht verallgemeinerbar. Die Daten reichen jedoch aus, um Annahmen über den Einsatz von Anreizen in Crowdsourcing-Kampagnen zu machen.

Ein weiteres Problem besteht in der *Genauigkeit*. So konnte nicht nachvollzogen werden, wie die verwendeten Daten erhoben wurden und ob sie zum Vorteil einer Organisation oder eines der untersuchten Unternehmen herausgegeben wurden. Um dennoch die *Reliabilität* zu erhöhen, wurde eine Vielzahl von Quellen zu jeder Kampagne herangezogen. So konnten die Ungenauigkeit und Inkonsistenz der Daten reduziert und die Zuverlässigkeit gesteigert werden.

Durch die Kampagnenforschung wurden Analysen angestellt. Dabei sollten durch den induktiven Ansatz wichtige *Merkmale* von Crowdsourcing-Kampagnen herausgearbeitet und Zusammenhänge zu *Anreizen* erkannt werden. Insgesamt hat die Überarbeitung der sechzehn Kampagnen ein besseres Verständnis geschaffen und die Sensibilisierung für die Problemstellung konnte erhöht werden.

Für die Auswertung mussten die Informationen aus den Sekundärdaten komprimiert, kategorisiert und in einer Tabelle neu strukturiert werden. Durch die Betrachtung der Kampagnen und die wiederkehrenden Inhalte wurden die Merkmale der Kampagnen deutlich. So konnten die Informationen im nächsten Schritt wesentlich reduziert und die Daten neu geordnet werden. Diese Untersuchung besteht aus zwei Teilen. Zum einen sollte ein Bild der Crowdsourcing-Kampagnen vermittelt werden und zum anderen gezeigt werden, welche Rolle Anreize spielen. Hierfür wurde zusätzlich betrachtet, welche Anreize von den Unternehmen eingesetzt werden und ob sie damit erfolgreicher als andere waren. Um die Analyse zu erleichtern, wurde eine überschaubare und verständliche Tabelle erstellt, die die Daten kategorisiert. Zu den grundlegenden *Untersuchungskriterien* der Kampagnen gehörten die Themen Aufgabe, Aufruf, Akteure, Reichweite, Aktionsumfeld, Voting, Anreize und die zeitliche Begrenzung der Produkte (Tabelle 2).

3.2 Beispiele für Crowdsourcing-Kampagnen

Die folgenden vier typischen Crowdsourcing-Kampagnen bieten einen guten Überblick über die *Gestaltungsmöglichkeiten* und *Einsatzgebiete*.

Abbildung 5: Beispiele von Crowdsourcing-Kampagnen

Intersnack führte 2011 seine erste Crowdsourcing-Kampagne mit dem Slogan „Funny-Frisch Chipswahl 2011" durch. Das Unternehmen suchte eine neue Geschmacksrichtung für die funny-frisch Chips, die die Crowd auswählen sollte. Es rief über einen TV-Spot, Printanzeigen, Aufsteller am Point of Sale sowie Banner in Social-Media-Kanälen die Konsumenten dazu auf, sich als Tester von Chips zu bewerben. Zusätzlich setzte es Bastian Schweinsteiger als Testimonial ein. Die Aktion fand auf der eigens dafür entwickelten Homepage statt, auf welcher sich die Mitglieder der Community gegenseitig bewerten konnten. Über Facebook und Twitter sollten die Teilnehmer zusätzlich auf sich aufmerksam machen und Stimmen sammeln. Die 1.000 beliebtesten User erhielten ein Testpaket, das fünf verschiedene, launchfähige Produkte beinhaltete. In zwei Durchläufen wurde dann der Sieger gekürt. Im ersten Schritt wählten die Tester ihre zwei Favoriten ins Finale, aus denen sie im zweiten Schritt den Sieger bestimmten. Mit dieser Kampagne hat Intersnack eindrucksvoll bewiesen, dass das

Crowdsourcing dazu in der Lage ist, marktfähige Produkte vorzubringen. So wurde die Siegersorte „Currywurst Style" aus dem Jahr 2011 die erfolgreichste Produkteinführung im Kartoffelchips-Segment und lag im Verkaufsranking auf Platz 2. An diesen Erfolg will das Unternehmen 2012 anknüpfen.[20]

„Back dir deinen Traumprinzen", so lautete der Aufruf des Unternehmens *Griesson*. Bei dieser Kampagne wurde dazu aufgerufen, eine neue Geschmacksrichtung der Prinzenrolle zu kreieren. In mehreren Schritten sollte ein Keks kreiert, der Name bestimmt sowie Bilder für die Verpackung gewählt werden. Das Unternehmen gab hierfür Kekssorten in drei Geschmacksrichtungen sowie 140 Zutaten vor, aus denen die Crowd zwei Zutaten für die Cremefüllung wählen konnte. Das Aktionsumfeld dieser Kampagne war die Facebook-Fanpage. Dort konnte sich die Community austauschen und gegenseitig bewerten. Eine Jury, bestehend aus Mitarbeitern und drei Facebook-Fans, bestimmte zunächst die zwanzig besten Rezepturen. Daraus wählte die Facebook-Community die Sieger-Geschmacksrichtung und legte deren Namen fest. Über einen Fotowettbewerb hatten die Konsumenten die Möglichkeit, aktiv an der Gestaltung mitzuarbeiten.[21] Dies sorgte für zusätzliche Aufmerksamkeit. Als Belohnung erhielten die zwanzig Fans, deren Vorschläge in die engere Wahl kamen, eine Keksrolle noch bevor sie als Sonderedition in den Handel kam.

Auch außerhalb der Ernährungsindustrie werden CSK genutzt. So suchte beispielsweise das Unternehmen *MAPA* für seine Billy Boy Produktlinie kreative Werbespots. Um das Risiko nicht marktfähiger Ideen zu minimieren, definierte das Unternehmen im Vorfeld eine Reihe von Regeln. Demnach sollten die Clips keine pornografischen Inhalte enthalten, maximal 60 Sekunden lang sein und ein Speichervolumen von 20 MB nicht überschreiten. Auf der für diese Aktion erstellten Plattform konnten sich Konsumenten registrieren und ihre witzigen „Hot Spots" einstellen. Die Verbreitung der Spots fand über YouTube, Facebook sowie über den Billy-Boy-Newsletter statt, wo die Teilnehmer auch ihre Spots bewerten lassen konnten. Eine Billy-Boy-Jury kürte dann die drei besten Spots. Für den ersten Platz gab es ein Preisgeld von 5.000 Euro, für den Zweitplatzierten 1.500 Euro und für den dritten Platz 1.000 Euro.[22]

Unilever nutzte für seine Marke Axe eine internationale Crowd, um einen Comic zu der neuen Produktlinie „Axe Anarchy" zu kreieren. Mit dem Slogan „Axe Anarchy – The graphic novel" rief das Unternehmen weltweit dazu auf, Haupt-

---

20 Vgl. Horizont (2012).
21 Vgl. Griesson – de Beukelaer (2011).
22 Vgl. Billy Boy (2012).

darsteller und Szenerie des Comics zu bestimmen. Darüber hinaus konnten die Konsumenten auf dem eigenen YouTube-Kanal von Axe darüber abstimmen, wie die Story weitergeht und damit ihre eigene Rolle im Comic bekommen. Hierfür mussten sie ihre Vorschläge auf YouTube oder über Facebook und Twitter einreichen und die besten Ideen bewerten.[23] Die Jury, die aus einem bekannten Comic-Autor sowie Mitarbeitern eines Comic-Verlags bestand, entschied letztendlich über den Verlauf der Geschichte.

3.3 Merkmale von Crowdsourcing-Kampagnen

3.3.1 Aufgaben, Akteure und Aufrufe bei den Crowdsourcing-Kampagnen

Crowdsourcing wird durch die Merkmale Aufgaben, Akteure und Aufrufe charakterisiert. Die Grundlage für die Darstellung bildet Tabelle 2. Die Untersuchung der Kampagnen zeigt, dass es eine Vielfalt an Aufgabenstellungen gibt. Die häufigsten *Aufgaben* beziehen sich dabei auf das *Produkt*. Hierzu gehören die Produktentwicklung, der Namensvorschlag, das Verpackungsdesign und das Testen von Produkten. Von 16 Kampagnen machen 63 % diese Tätigkeiten zur Aufgabe. Bei 31 % der Kampagnen wurden Aufgaben zum *Marketing* gestellt. Diese beinhalten das Erstellen von Spots oder die Teilnahme an Werbemaßnahmen wie die Möglichkeit, eine Rolle als Model einer Kampagne oder Darsteller in einem Werbespot zu bekommen, einen Song bzw. Comic mitzugestalten oder einen neuen Style zu kreieren.

Bei genauerer Betrachtung wird deutlich, dass 25 % der Unternehmen *mehrere Aufgaben* in ihren Crowdsourcing-Kampagnen stellen. *Rügenwalder Mühle* beispielsweise kreierte eine Aufgabenstellung aus Produktentwicklung (Entwickeln und Testen einer Wurst) und Marketing (Darsteller für einen Werbespot). Andere Unternehmen erweiterten ihre Aufgabe der Produktentwicklung, indem in weiteren Schritten der Produktname und das Verpackungsdesign bestimmt werden sollten. Mit gut 29 % werden daher die meisten Aufgaben im Bereich *Verpackungsdesign* gestellt. Am zweithäufigsten mit 21 % lassen Unternehmen aus dem Bereich Fast Moving Consumer Goods neue Produkte entwickeln. Mit jeweils 13 % werden Namen für die Produkte oder Produkttester gesucht. Alle bereits genannten Marketingaufgaben machen jeweils 4 % der Aufgabenstellungen aus.

---

23 Vgl. Unilever (2012).

Daraus folgt, dass der Hauptzweck von CSK darin liegt, Produkte zu testen und zu entwickeln. Dagegen werden Aufgabenstellungen zum Bereich Marketing selten eingesetzt. Weiter ist der Trend erkennbar, dass Unternehmen nicht nur einen Teil des Entstehungsprozesses auslagern, sondern *sämtliche Produktionsstufen*.

Da nur sechs Unternehmen Informationen zum Einsatz der Werbeinstrumente zur Verfügung gestellt haben, kann eine repräsentative Aussage zum *Aufruf* von Crowdsourcing-Kampagnen nicht getroffen werden. Dennoch wird deutlich, dass zehn von elf Kampagnen ihren Aufruf zur Teilnahme online, auf ihrer eigenen Webseite, auf Facebook oder in anderen Social-Media-Kanälen tätigten. So kann davon ausgegangen werden, dass ein Fokus auf *Onlinemedien* liegt und dies mit dem klassischen Crowdsourcing übereinstimmt. Sieben Kampagnen setzten zusätzlich *Offlinemedien* wie Printanzeigen, Plakate und TV-Spots ein, um eine breite Masse anzusprechen.

Welche *Akteure* angesprochen werden, lässt sich an den Internet-Plattformen erkennen. Die Betrachtung der Unternehmensbeispiele zeigte, dass nur 12,5 % der ausgewerteten Unternehmen, nämlich dm und Coca-Cola einen *Online-Ideenbroker* vorgezogen haben. Dabei handelt es sich um intermediäre Plattformen, deren Mitglieder interessiert sind und eine Affinität zum Crowdsourcing haben oder auch Experten sind.[24] Dagegen sprechen 87,5 % der Unternehmen keine spezifische Zielgruppe an. Auf Grundlage der Aufrufe lässt sich zudem eine Aussage über die Akteure treffen. So kann gesagt werden, dass es sich hauptsächlich um *Unternehmensinteressierte* handelt, die entweder über die Homepage des Unternehmens darauf gestoßen sind oder bereits Mitglied einer Fan-Community sind. Da es in beiden Fällen keine Ausschlusskriterien gibt, kann festgehalten werden, dass es sich bei den Personen um eine *unbestimmte* Menschenmasse handelt, die sowohl jung als auch alt sein kann und vom Schüler bis hin zum Unternehmer reicht. Die Nutzung von Massenmedien wie Printanzeigen oder TV-Spots verstärken diesen Effekt.

3.3.2 Ausprägungen der Merkmale von Crowdsourcing-Kampagnen

Bei der Untersuchung der Crowdsourcing-Kampagnen wurde deutlich, dass es weitere charakteristische Merkmale der Kampagnen gibt, die in diesem Kapitel dargestellt werden sollen (vgl. Abbildung 6).

---

24 Vgl. Jovoto (2012).

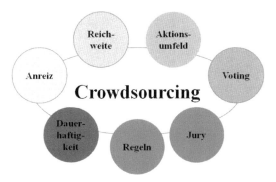

Abbildung 6: Ermittelte Merkmale von Crowdsourcing-Kampagnen

Da es für die *Anreize* einer größeren Diskussion bedarf, werden diese erst in einem späteren Kapitel vorgestellt und analysiert.

Grundsätzlich können CSK national oder international gestaltet werden, somit kann sich die *Reichweite* der Kampagnen unterscheiden. Die Analyse hat ergeben, dass 69 % der Unternehmen sich nur auf den deutschen Markt konzentriert haben. Nur 31 % der Unternehmen haben auch international für ihre Kampagnen geworben. Durch soziale Netzwerke wie Facebook können sich Fans einer Marke weltweit zusammentun und Produktideen teilen und gegenseitig bewerten. Die Marken Coca-Cola, Durex, Schwarzkopf und AXE haben dieses Potenzial erkannt und welt- oder europaweit Kampagnen durchgeführt.

Ein weiteres Merkmal von CSK ist das *Aktionsumfeld*. Hierbei handelt es sich um Webseiten, die der Crowd innerhalb der Aktion zur Verfügung stehen, um Ideen einzustellen oder für ihre Idee zu werben. Die Analyse zeigt, dass für alle Kampagnen *Facebook* genutzt wird. Die Fanseite kann dort den Mittelpunkt der Aktion bilden, auf der Mitglieder sich gegenseitig bewerten und ihre Ideen kommentieren können. Aber auch zur Verbreitung der Aktion ist Facebook ein wertvolles Instrument. Zusätzlich gehören Twitter, Flickr, MyVideo und YouTube zu weiteren Instrumenten, die solchen Aktionen dienen. Zum Beispiel bedienen sich AXE und Coca-Cola für „Dein Move macht den beat" aufgrund ihrer Wettbewerbe eigener MyVideo- und YouTube-Kanäle, die ebenfalls den Mittelpunkt der Aktion bilden. Hier können Videos und Ideen eingestellt werden. Aber auch die eigenen Unternehmenswebseiten, eigene Communities sowie eigens für diese Aktion erstellte Plattformen bilden das Aktionsumfeld.

Durch diese Betrachtung wird erneut die Wichtigkeit des Internets als Werbemittel deutlich, da durch die Aufgabenstellung und das Aktionsumfeld eine gewisse Internetaffinität der Teilnehmer vorausgesetzt wird. Diese Zielgruppe kann hier besonders effektiv und effizient angesprochen werden.

Votings sind ein wichtiger Bestandteil einer CSK. Pril zeigte in der Vergangenheit, dass ein Voting nicht ganz den Teilnehmern überlassen werden sollte. Durch Scherz-Kreationen der Etiketten für Spülmittelflaschen, die nicht marktfähig waren, sah sich das Unternehmen gezwungen, die Regeln während der Aktion zu ändern und eine eigene *Jury* anstatt der *Community* über den Gewinner entscheiden zu lassen. Dies führte zu Protesten der Teilnehmer und zu einer regelrechten Hetzkampagne auf sozialen Netzwerken gegen das Unternehmen. Grundsätzlich kann festgehalten werden, dass bei allen Kampagnen der Gewinner durch das Urteil einer Jury oder der Community ermittelt wird. Die Unterschiede liegen in der Anzahl der Wahlgänge und darin, wer den Sieger bestimmt.

Mit 44 % besteht die häufigste Kombination aus *zwei Durchgängen*. So lassen die Unternehmen zuerst die Jury die Vorauswahl treffen, woraus die Community den Sieger bestimmt oder in umgekehrter Reihenfolge. Letztere bietet den Vorteil, dass das Gewinnen nicht marktfähiger Ideen durch eine Jury verhindert werden kann.[25] Danach kommt mit 31 % die Wahl des Siegers nach nur einem Durchgang. Am häufigsten wird hierbei der Community die Siegerwahl überlassen. Eine andere Möglichkeit, die nur Coca-Cola nutzte, ist die Wahl allein durch eine Jury. Hier scheint eine Bewertung durch die Jury unabdingbar, da eine Komposition aus vielen Soundbeiträgen kreiert werden sollte. 25 % der Kampagnen nutzen drei Durchgänge bei der Bewertung. Beispielsweise hat die McDonald's Community zuerst eine grobe Auswahl getroffen und die Top 10 der Beiträge erstellt, daraus hat die Jury die fünf Kandidaten gewählt, aus denen wiederum die Community den Sieger kürte. Ein Ausreißer ist die Kampagne „Coca-Cola Design + Award", hier entschied sich Coca-Cola, die Entscheidung der Jury von der der Community deutlich zu trennen. So wurden drei Gewinner durch die Jury und ein Gewinner durch die Community bestimmt.

Vor dem Hintergrund, dass eine Bewertung der Community vorab die Auswahl der Jury im positiven Sinne verkleinert,[26] sind die Kombinationen, bei denen die Community zuerst wählt, für das Unternehmen am wenigsten zeitaufwendig. Um die Teilnehmer noch stärker zu *involvieren* und damit zu motivieren, scheint eine Kombination aus *drei Stufen*, Community, Jury, Community, am erfolgreichsten

---

25 Vgl. Junke (2011).
26 Vgl. Bell (2011), S. 1.

zu sein. So kann das Unternehmen im letzten Schritt das Gefühl beim Konsumenten verstärken, dass es seine Meinung ernst nimmt.[27] Weiter kann die Spannung aufrecht gehalten und der Hype vergrößert werden.

In Zuge dessen sollte ein Blick auf die Mitglieder der *Jury* geworfen werden. Grundsätzlich konnten durch die Analyse drei Arten von Jurybesetzungen ermittelt werden. Beispielsweise besteht die Jury bei der Prinzenrolle aus drei Facebook-Fans und Mitarbeitern. Bei McDonald's entschied eine Jury aus Prominenten und Experten über die besten Burger. Und auch Coca-Cola machte sich das Expertenwissen zunutze und ließ Experten mit den Mitarbeitern gemeinsam die Entscheidung treffen. Am häufigsten besteht die Jury aus eigenen Mitarbeitern. Hierbei stellt sich die Frage, ob die Wahl der Jurymitglieder auch die Motivation potenzieller Teilnehmer beeinflussen kann.

Sinnvoll scheint die Wahl durch *Experten* bei Kampagnen wie der von Schwarzkopf zu sein. Hier wählten ein Fotograf und Haarexperten den besten Style der Teilnehmer. Bei dem „Axe-Anarchy"-Comic entschieden ein Comic-Autor und -Verlag über den Verlauf der Geschichte.

Auch die *Regeln* spielen bei CSK eine große Rolle. So machte Pril mit seiner Aktion deutlich, dass es für den Erfolg einer Kampagne maßgeblich ist, Regeln vorher festzulegen. Zur Gewährleistung der Einhaltung müssen Interessierte vor der Teilnahme die Teilnahmebedingungen lesen und bestätigen. In einem solchen Regelwerk können z. B. Vorgaben für Zutaten festgelegt werden. Dadurch können unerwünschte Kreationen vermieden werden.[28]

Es lassen sich innovations- und promotionorientierte Ideenwettbewerbe unterscheiden. Um einen Trend erkennen zu können, wurde ein Fokus auf die *Nachhaltigkeit* der entwickelten, designten und getesteten Produkte gelegt. Tabelle 2 zeigt, dass fast alle Unternehmen die Produkte als limitierte Edition verkaufen. Weiter fällt auf, dass bei diesen Kampagnen keine völlig neuen Produkte kreiert, sondern nur *Produktdifferenzierungen* vorgenommen wurden. Auch im Bereich Marketing werden die Ergebnisse der weniger innovationsorientierten Aufgaben wie Model einer Kampagne zu sein und einen Spot zu drehen nur kurzzeitig eingesetzt.

Hieraus wird deutlich, dass Unternehmenskampagnen aus dem Bereich Fast Moving Consumer Goods einen *promotionorientierten* Hintergrund haben. Dies

---
27 Vgl. Füller (2012).
28 Vgl. Junke (2011); Dämon (2011).

deckt sich mit Marsdens Theorie, nach der promotionorientierte Ideenwettbewerbe überwiegend von Konsumgüterherstellern genutzt werden.[29] Schlussfolgernd kann gesagt werden, dass im Gegensatz zum klassischen Crowdsourcing einer der Hauptgründe für Crowdsourcing-Kampagnen weniger die Entwicklung von Produkten oder gar das Lösen eines Problems ist, sondern vielmehr die *Kundenbindung durch Integration* zu erhöhen.

3.3.3 Vorteile und Risiken von Crowdsourcing-Kampagnen

Die Betrachtung der Kampagnen bringt die Gründe näher, warum Unternehmen das Crowdsourcing einsetzen. So sehen sie einen *Vorteil* von Crowdsourcing-Kampagnen darin, den Konsumenten in den Prozess der Produktentwicklung mit einzubeziehen, da sie dadurch emotional an die Marke bzw. das Produkt gebunden werden können.[30] Weiter lassen sich durch die Voraussetzung der Mitgliedschaft in einer eigenen Unternehmens-Community Kundendaten für weitere Aktionen generieren. Aber auch durch den Stimmenfang über Facebook lassen sich neue Fans gewinnen. Zudem kann durch Social-Media-Kanäle eine starke Mundpropaganda erzeugt werden.[31] Dies geschieht, indem zufriedene Teilnehmer zu Markenbotschaftern werden und auf das Produkt aufmerksam machen.

So zeigte Ritter SPORT in seiner Kampagne eindrucksvoll, wie die Teilnehmer zur Verbreitung ermuntert werden können. Trotz Scherz-Kreationen, die im Internet kursierten, schaffte es das Unternehmen durch humorvolle Kommunikation mit der Crowd, die Verbreitung der Aktion zu fördern und eine *virale Marketing-Kampagne* zu schaffen. Anhand dieses Beispiels wird zudem deutlich, wie wichtig die Kommunikation mit den Teilnehmern ist. Sie bietet die Chance, mit den Konsumenten in Kontakt zu treten und damit Kundennähe zu beweisen. Dies bestätigt Tobias Spörer, Agenturchef von elb-kind in einem Interview: „Wir sehen Crowdsourcing als machtvolles Werkzeug, um Produkte besser zu machen und Kunden mit Marken in einen Dialog treten zu lassen."[32] So können Crowdsourcing-Kampagnen nicht nur zur Verbesserung von Produkten durch eine weltweit angesiedelte Crowd führen, sondern auch die Bekanntheit der Produkte fördern, die von Konsumenten aktiv mitgestaltet wurden. So ist bei Markteinführung der Produkte das Engagement der Verbraucher viel höher.

---

29 Vgl. Marsden (2009), S. 4.
30 Vgl. Roskos (2010).
31 Vgl. Füller (2012); Roskos (2010).
32 Spörer zitiert nach Pelzer (2011).

Risiken können dann bestehen, wenn Unternehmen die falschen Zielgruppen ansprechen. So hat z. B. Pril mit der Kreativität seiner Konsumenten nicht gerechnet. Um solche Spaßdesigns zu vermeiden, hätte es eine Analyse über das Internetverhalten seiner Zielgruppe anfertigen und darauf aufbauend ein Reglement aufstellen sollen. Alternativ sollte sich ein Unternehmen an intermediäre Plattformen wenden, bei denen die nötige Ernsthaftigkeit durch Fachwissen vorhanden ist. Ein weiteres Risiko besteht darin, durch mangelhafte Teilnahmebedingungen die Crowd von der Teilnahme abzuhalten. Gründe für eine Demotivation könnten sein, dass die Regeln die Kreativität zu sehr einschränken oder die Teilnehmer nicht ausreichend für ihr Engagement bzw. für ein uneingeschränktes Nutzungsrecht des Unternehmens honoriert werden.[33] Welche Rolle der letzte Punkt bei der Teilnahme spielt und wie Anreize gegenwärtig von den Unternehmen genutzt werden, um Konsumenten zur Teilnahme zu motivieren, soll im nachfolgenden Kapitel beleuchtet werden.

3.3.4 Anreize als Erfolgsfaktor bei Crowdsourcing-Kampagnen

Aus der Analyse der Anreize, die bei den betrachteten Crowdsourcing-Kampagnen eingesetzt wurden, sollen Erkenntnisse zum Einsatz von *Anreizen zur Teilnahmemotivation* gewonnen werden. Tabelle 3 zeigt eine Übersicht über die eingesetzten Anreize. Im Fokus der Betrachtung stehen die Hauptgewinne der Kampagnen. Zusatzgewinne wie die Verlosung von Sachpreisen unter allen Teilnehmern bleiben unbeachtet.

Zur Analyse der Kampagnen wurde die Tabelle 1 herangezogen. Dadurch soll eine Strukturierung der Anreize ermöglicht werden. Hierfür wurden die in den Kampagnen verwendeten Anreize in *extrinsische* und *intrinsische* aufgeteilt. Ein Problem, das mit der Einordnung der Anreize einhergeht, ist die subjektive Wahrnehmung durch Individuen. So können Anreize unterschiedlich wahrgenommen werden. Beispielsweise stellt für einen Konsumenten der Gewinn, als Model einer Kampagne zu agieren einen intrinsischen Anreiz dar, wohingegen ein anderer damit sein Bedürfnis nach Ruhm befriedigen kann. Die Einordnung erfolgt somit objektiv und basiert auf den theoretischen Grundlagen.

---

33 Vgl. Marsden (2009), S. 4; Schaffrinna (2012).

Tabelle 3: Analyse der Anreize

		Extrinsische Anreize / Materielle Anreize		Immaterielle Anreize		Intrinsische Anreize			
Marke	**Anreize (kurz)**	**Direkt**	**Indirekt**	**Sozial**	**Organisatorisch**		**Erfolg nach Facebook**	**Erfolg nach Ideen**	**Erfolg nach abgegebenen Stimmen**
1 AXE	Darsteller im Comic			Erhöhung des Status		Ideen-Wettbewerb			9.000
2 Balea	Gratisprodukt		Gratis-Produkte			Produkt-entwicklung		2.500 Kreationen	
3 Billy Boy	Geldpreis	Monetäre Entlohnung				Ideenwettbewerb		77 Spots	
4 Coca-Cola	VIP-Tickets für Olympiade + Reise + Homestory + Promi treffen		2x Preis mit monetärem Gegenwert	2x Erhöhung des Status		Videowettbewerb			
5 Coca-Cola	Geldpreis	Monetäre Entlohnung				Verpackungs-design		443 Ideen	
6 Darex	Teilnahme am Workshop + Teilnahme am Finale (international) + Zusammenarbeit mit Agentur + Geldpreis	Monetäre Entlohnung		Anerkennung	2x Karrierechancen	Verpackungs-design			
7 funny-frisch	Produkttester					Produkttester		18.000 Bewerber	460.000
8 L'Oreal	Modelvertrag – Fotoshooting – Videodreh					Model für Kampagne		Kurz nach Start bereits 1.000 Bewerber	
9 McDonald's	Teilnahme im Werbespot			3x Erhöhung des Status		Produkt-entwicklung	30.000	116.468 Burger	1,5 Mio
10 Milka	Produkttester			Erhöhung des Status		Produkttester			1,6 Mio
11 Pril	Reise		Preis mit monetärem Gegenwert			Verpackungs-design	50.000	50.000 Etiketten	
12 Prinzenrolle	Gratisprodukt		Gratis-Produkte			Produkt-entwicklung		5.000 Rezepturen	930
13 Ritter SPORT	Gratisprodukt		Gratis-Produkte			Produkt-entwicklung		930 Kreationen	2.200
14 Rügenwalder Mühle	Wurstexperte + Wursttester + Darsteller im Werbespot			Erhöhung des Status		Produkt-entwicklung + Produkttester + Darsteller im Werbespot	Wesentlicher Anteil der Fans	Hunderte bewerben sich	Untere vierstellige Anzahl
15 Schwarzkopf	Fotoshooting + VIP-Tickets für ESC + Reise + Professionelle Frisur					Idol für Kampagne		6.000 Fotos	
16 Volvic	Reise		3x Preis mit monetärem Gegenwert			Verpackungs-design		1.000 Etiketten	40.000

Die Kampagnenanalyse zeigt, dass gut 20 % der Kampagnen gar keine extrinsischen Anreize nutzten, sondern ihren Fokus auf die *intrinsischen* Motive der Konsumenten setzten. Das setzt voraus, dass der Konsument Spaß bei dem Lösen der Aufgabe hat, sich damit identifizieren kann, helfen will, das Gefühl von Kompetenz haben will oder einfach nur den Drang verspürt, die Aufgabe zu lösen. Die Unternehmen Milka und Intersnack boten beispielsweise dem Konsumenten die Möglichkeit, darüber entscheiden zu können, welches Produkt in den Handel kommt. Während die Rügenwalder Mühle ein Produkt entwickeln ließ, indem das Unternehmen Wurstexperten suchte, die neue Wurstsorten kreieren sollten, Wursttester, die diese hinsichtlich ihres Geschmacks bewerten und Darsteller, die in einem Werbespot mitwirken sollten. Da sich drei Unternehmen vollständig auf intrinsische Anreize stützten und allein die Tätigkeit selbst als Anreiz darstellten, soll angenommen werden, dass die *Grundvoraussetzung für die Teilnahme* an einer Crowdsourcing-Kampagnen intrinsische Motive sind.

Weiter ist auffällig, dass die Unternehmen die Aufgabenstellung in ihren Aufrufen hervorheben. So hieß es beispielsweise bei Intersnack: *„Nur sie erhalten das Test-Paket von funny-frisch mit den drei neuen Sorten – und nur sie dürfen Deutschlands neue Chips-Sorte wählen!"* Durch die Betonung auf das „nur Sie" könnte das Unternehmen neben dem intrinsischen Motiv „Gefühl der Kompetenz" auch den „Drang, die Aufgabe zu lösen" erhöhen. Welches intrinsische Motiv beim einzelnen Konsumenten angesprochen wird, wird hier nicht deutlich. Doch scheint die *richtige Wortwahl* die Intensität der Motivation beeinflussen zu können.

Die Vielfalt der in den analysierten Crowdsourcing-Kampagnen gebotenen Anreize sowie ihre Aufteilung werden in Tabelle 4 zusammengefasst. Durch die Betrachtung der restlichen 80 % der Kampagnen, die *extrinsische* Anreize anboten, kann festgestellt werden, dass die extrinsischen materiellen und immateriellen Anreize fast gleich häufig zum Einsatz kommen.

Tabelle 4: Eingesetzte Anreize in den Crowdsourcing-Kampagnen

Extrinsische Motivation					Intrinsische Motivation	
Materielle Anreize 56,5 %		Immaterielle Anreize 43,5 %			Intrinsische Anreize 100 %	
Direkt 23,1 %	Indirekt 76,9 %	Sozial 80 %	Organisatorisch 20 %			
• Geldpreis	• Reise • Gratisprodukt • Styling • VIP-Tickets für ein Event	• Teilnahme an einem Werbespot • Teilnahme am Finale • Fotoshooting • Modelvertrag • Promitreffen • Homestory • Darsteller im Comic • Fotos des Gewinners auf der Produktverpackung	• Zusammenarbeit mit Agentur • Teilnahme an Workshop		• Produkt testen • Produkt entwickeln • Namen bestimmen • Verpackung designen ------- • Erstellen eines Werbespots • Darsteller im Werbespot • Model einer Kampagne • Mitgestaltung eines Songs • Autor eines Comics	18,75 % nur intrinsisch

Nach Maslows Theorie wird mit Befriedigung der physiologischen Bedürfnisse die nächste Stufe der Bedürfnispyramide erreicht. So ist es nicht überraschend, dass nur 23,1 % der angebotenen extrinsischen Anreize Geldpreise sind. Dagegen werden indirekte materielle Anreize wie Gratisprodukte und Reisen sowie soziale immaterielle Anreize gleichermaßen stark eingesetzt. Die immateriellen organisatorischen Anreize sind mit 20 % die am wenigsten eingesetzten. Nur Durex hat diese in seiner Kampagne benutzt und motiviert seine Teilnehmer durch eine Zusammenarbeit mit einer Agentur und die Teilnahme an einem Workshop. So kann angenommen werden, dass *soziale immaterielle* Motive bei den Konsumenten stärker vertreten sind.

Weiter zeigt die Analyse, dass ebenfalls *Kombinationen* mehrerer Anreize genutzt werden. Damit setzten 25 % der Unternehmen zwei oder mehr extrinsische Anreize ein.

Abschließend soll die Klassifizierung von *extrinsischen und intrinsischen Motiven* und Anreizen nach Janzik auf Basis von Crowdsourcing-Communities erwähnt werden. Obwohl die Kampagnenanalyse Übereinstimmungen mit dem Großteil seiner Ergebnisse aufzeigt, kann der Einfluss einiger Anreize bei Crowdsourcing-Kampagnen nicht bestätigt werden. Beispielsweise findet der Anreiz „Bonusprodukte mit monetärem Gegenwert" bei Crowdsourcing-Kampagnen keine Verwendung. Auch Anreize wie Auszeichnungen oder sichtbare Mitgliedslevel werden nicht eingesetzt. Dies ist darauf zurückzuführen, dass intermediäre Plattformen bei Crowdsourcing-Kampagnen nur selten zum Einsatz kommen und diese Anreize keine Relevanz für Social-Media-Plattformen wie Facebook haben. So kann auch das Motiv „Verbesserung der eigenen Funktion in der Community" für die weitere Untersuchung ausgeschlossen werden.

3.3.5 Erfolgsmessung

Kommentare wie der auf der Fanpage von Volvic: *„Ne, geht mal hübsch zu einer Agentur wie üblich und lasst euch von denen abzocken"*[34] zeigen, dass ein *unangemessener Anreiz* die Crowd demotivieren kann. Daher soll in diesem Kapitel geklärt werden, wie sehr Anreize den Erfolg der Kampagnen beeinflussen können. Zudem soll eine detaillierte Betrachtung Erkenntnis über die am meisten zur Teilnahme motivierenden Anreize bringen.

Zur *Erfolgsmessung* sollten zunächst Indikatoren bestimmt und Messgrößen entwickelt werden. Hierfür gab die vorangegangene Analyse bereits Kennzahlen vor. So beschrieben manche Unternehmen in ihren Pressemitteilungen ihren Erfolg, indem sie angaben, wie viele Teilnehmer Ideen eingereicht und wie viele Konsumenten sich am Voting beteiligt haben. Somit sollten die Größen „Anzahl

---

34 Schaffrinna (2012).

der *Ideen*" und „Anzahl der *abgegebenen Stimmen*" Indikatoren für den Erfolg einer Crowdsourcing-Kampagne sein. Da Facebook bei den meisten Kampagnen eine entscheidende Rolle spielte, schien es sinnvoll, ebenfalls einen Blick auf die Vergrößerung der Community im Zeitraum der Kampagne zu werfen. Jedoch wurde durch die schriftlichen Interviews mit den Unternehmen deutlich, dass die Messgröße „Erfolg nach *Facebook*" für sie keine relevante Größe darstellt. So gibt es dazu keine genauen Angaben, nur dass die Anzahl der Fans definitiv gestiegen ist. Dennoch ist den Unternehmen zu empfehlen, diese als Indikatoren für den Erfolg anzusehen.

Aus dem vorhandenen Datenmaterial und dem Vergleich der Erfolgsgrößen konnten drei sehr *erfolgreiche Kampagnen* identifiziert werden (Tabelle 3). Hierzu gehören McDonald's, Pril und Intersnack. *McDonald's* konnte mit der Kreation eines Burgers und dem Anreiz, Darsteller in einem Werbespot zu werden, rund 116.000 Burgerkreationen und 1,5 Millionen abgegebene Stimmen verzeichnen. An diesen Erfolg knüpfte das Unternehmen 2012 an und konnte die Beteiligung auf 327.000 kreierte Burger und 5 Millionen abgegebene Stimmen steigern. Hierfür ergänzte es seine Anreize um eine Reise an den Entstehungsort von McDonald's und erleichterte die Teilnahme am Bewertungsverfahren, indem die Restaurantbesucher durch einen QR-Code auf den Burgerverpackungen mit ihrem Smartphone direkt abstimmen konnten.

Bei der Kampagne von *Pril* wurde ebenfalls ein extrinsischer Anreiz eingesetzt. Eine Luxusreise für die ganze Familie sollte die Konsumenten zur Teilnahme motivieren. Trotz negativer Schlagzeilen wurden bei Pril 50.000 Etiketten entworfen. Interessant ist, dass sich sogar mehr Konsumenten am Voting beteiligt haben (1,6 Mio.) als bei McDonald's, was mit hoher Wahrscheinlichkeit im Zusammenhang mit der Regeländerung und den daraus resultierenden Protest-Votings steht.

Auch die bereits beschriebene Kampagne von *Intersnack* gehört zu den erfolgreichsten Kampagnen. Obwohl hier keine extrinsischen Anreize geboten wurden, nahmen 18.000 Konsumenten teil und 460.000 voteten für die Produkttester. Aus der Aktion entstand ein Produkt, das den zweiten Platz im Verkaufsranking von Intersnack belegte.

Welcher Anreiz war nun am erfolgreichsten? McDonald's an der Erfolgspitze, bot den *sozialen immateriellen Anreiz* Ruhm durch den Auftritt in einem Werbespot an. Im Gegensatz zu Pril, das mit seinem *indirekten materiellen Anreiz* (Reise) den persönlichen Bedarf der Konsumenten ansprach. Intersnack dagegen motivierte mit der *Arbeit selbst*, allerdings mit weitaus geringerem Erfolg als McDonald's und Pril, obwohl es mit TV-Spots, Printwerbung, Aufstellern am POS und Bannern im Internet warb.

Eine andere interessante Annahme kann durch die Betrachtung der Pril- und Volvic-Kampagnen erfolgen. Die Tabellen 2 und 3 zeigen, dass bei beiden Kampagnen die Teilnehmer Etiketten designen konnten, der Aufruf über ähnliche Medien erfolgte, zu denen das Facebook-Profil sowie die eigene Homepage gehörten und die Community den Sieger wählen konnte. Weiter boten beide eine Reise als indirekten materiellen Anreiz an. Dennoch haben bei *Volvic* nur 1.000 Konsumenten einen Vorschlag eingereicht, wobei 50.000 ein Etikett für *Pril* entwarfen. Dies lässt darauf schließen, dass die *Identifikation* mit dem Produkt oder dem Unternehmen, in diesem Fall der Marke, da beide zu Henkel gehören, den größten Erfolgsfaktor darstellt. Diese Annahme bestätigen auch die Crowdsourcing-Kampagnen von Ritter SPORT und Prinzenrolle.

Rückblickend auf die Annahme, dass direkte materielle Anreize weniger als indirekte materielle Anreize motivieren und der Annahme, dass rein *monetäre Anreize* nicht ausreichend sind, lässt die Analyse eine erste Bewertung zu. Denn bei den Kampagnen von Billy Boy und Coca-Cola wurden die Teilnehmer zwar mit Geldpreisen motiviert, dennoch waren die Teilnehmerzahlen im Vergleich zu den anderen Crowdsourcing-Kampagnen, mit 77 Kondom-Spots und 443 Colakisten-Ideen, unterdurchschnittlich.

Eine andere Erkenntnis bringt die Betrachtung der eingesetzten Medien in Bezug auf den Erfolg der Kampagnen. Demnach haben alle CSK, in denen ein Aufruf über einen *TV-Spot* erfolgte, eine hohe Teilnehmerzahl erzielen können.

Die Betrachtung der Erfolgsgrößen zeigte, dass Anreize ein relevantes Instrument zur Beeinflussung der Teilnehmerzahl sind. Zudem konnte festgestellt werden, dass intrinsische Motive nicht nur über den Erfolg der Kampagne entscheiden, sondern *extrinsische Anreize* die Aktivierung verstärken.

4 Schlussbetrachtung und Ausblick

Das vorrangige Ziel dieses Beitrags bestand darin zu zeigen, welche Anreize den Konsumenten geboten werden, um sie zu der *Teilnahme* an einer Crowdsourcing-Kampagne zu motivieren. Hierzu wurde eine Marktanalyse durchgeführt, um einen Eindruck zu gewinnen, wie solche Kampagnen bisher gestaltet und welche Anreize von den Unternehmen eingesetzt wurden. Betrachtet wurde daher auch der Erfolg der Kampagnen.

Das zentrale Ergebnis der qualitativen Untersuchung der Kampagnen ist, dass Crowdsourcing-Kampagnen auf der gleichen Grundidee wie das klassische Crowdsourcing basieren und auch ähnliche Vorgehensweisen aufweisen. Der wesentliche Unterschied besteht in den *Zielen*. Bei den Kampagnen geht es nicht darum, Innovationen zu entwickeln oder Problemlösungen zu finden, sondern vielmehr darum, Kunden stärker an das Unternehmen zu binden. Dies geschieht durch die *aktive Einbindung* der Konsumenten in die Entwicklungsprozesse, um so ein hohes Maß an Involvement und folglich eine stärkere Markenpräsenz beim Kunden zu erzeugen. Da Crowdsourcing-Kampagnen vorrangig im Bereich der Fast Moving Consumer Goods anzutreffen sind, ist es ein weiteres Ziel, eine möglichst große *unbestimmte Masse* anzusprechen. Gerade dies setzt eine hohe Attraktivität der Anreize voraus.

Die Klassifizierung der Anreize machte eine detaillierte Betrachtung der einzelnen Faktoren möglich. So stellte sich heraus, dass die Unternehmen am häufigsten soziale immaterielle und indirekt materielle Anreize einsetzen. Damit lässt sich auf die *extrinsischen* Motive der Konsumenten schließen, wonach die Anerkennung, der Ruhm oder der soziale Kontakt sowie das Interesse am Sachpreis und daran, das Produkt verbessern zu wollen, um einen Mehrwert daraus zu ziehen, zu jenen zählen.

Die Befunde einer zusätzlich durchgeführten Befragung zeigen jedoch, dass soziale immaterielle Anreize für Konsumenten nur wenig motivierend wirken. Wohingegen die materiellen *extrinsischen* Anreize die höchste Motivation bei den Konsumenten auslösen. Hierzu zählen die Reise als Sachpreis (indirekt materiell) und der Geldpreis (direkt materiell). Weiter wurde deutlich, dass die *intrinsischen* Motive Spaß und die Identifikation mit dem Produkt die größte Rolle bei den Konsumenten für die Teilnahme an einer Crowdsourcing-Kampagne spielen und deren Existenz Grundvoraussetzung ist.

Um die Konsumenten *intrinsisch* zu motivieren, stellen die Unternehmen am häufigsten Aufgabenstellungen, die der Entwicklung von Verpackungen oder Produkten dienen, sowie dem Testen von Produkten. Dabei werden auch verschiedene Aufgaben kombiniert, wodurch mehrere Produktionsstufen an die Konsumenten ausgelagert werden. Durch die Befragung stellte sich in diesem Zusammenhang heraus, dass die Aufgabenstellung ein Produkt zu testen der attraktivste intrinsische Anreiz ist.

Weiter zeigte sich, dass Crowdsourcing-Kampagnen zur Befriedigung aller Bedürfnisse der Konsumenten beitragen können. Jedoch deckte die Befragung auf, dass die *Motive* der Konsumenten für eine Teilnahme an einer Crowdsourcing-Kampagne nicht deckungsgleich mit deren allgemeinen Bedürfnissen sind. Zwar ist die Rangfolge die gleiche, jedoch ist die Intensität der Motive weitaus schwächer ausgeprägt. So sollten Unternehmen darin ihre Chance sehen, mit der richtigen Ansprache und der Betonung der passenden Anreize Konsumenten von einer Teilnahme zu überzeugen.

Interessant für die zukünftige Forschung und als Erweiterung dieser Studie wäre zu untersuchen, welche *Konsumentenschicht*, vor dem Hintergrund der in dieser Studie erforschten Motive, am ehesten durch welche Anreize zu motivieren ist, oder welche Zielgruppen am meisten Potenzial zur Teilnahme an Crowdsourcing-Kampagnen aufweisen. Hierfür wäre eine Analyse auf Grundlage der Sinus-Milieus denkbar. Eine weitere Untersuchung wäre angebracht, um die optimale Kombination aus intrinsischen und extrinsischen Anreizen zu ermitteln. Dabei könnte geklärt werden, welche Anreize diejenigen, die aus der Arbeit selbst entstehen, ergänzen und durch welche Anreize wiederum eine weitere Zielgruppe aktiviert werden kann.

Da Crowdsourcing-Kampagnen ein Erfolg versprechendes Instrument sind, um *Kundenbindung* durch Integration der Konsumenten in die Entstehungsprozesse zu verstärken, ist davon auszugehen, dass sie noch weiter an Bedeutung gewinnen werden. So können die Unternehmen gerade in Bezug auf den starken Wettbewerbsdruck diesen Vorteil für sich nutzen. Doch je mehr Unternehmen das Instrument für sich entdecken, umso mehr wird deutlich werden, dass auch die *Ressource Crowd* begrenzt ist.[35] Daher ist eine weitere Erforschung dieses Bereichs nicht nur von großem Interesse, sondern auch von hoher Relevanz.

---

35 Vgl. Ramge (2007), S. 137.

Literatur

Bell, Dan: The Crowdsourcing Handbook, Milton Keynes 2011.
Billy Boy (Hrsg.): Aktionsvorstellung, http://hotspots.billyboy.de/, Erscheinungsdatum: o.J., Abrufdatum: 14.03.2012.
Dämon, Kerstin: Back dir dein Produkt, http://www.wiwo.de/erfolg/trends/crowdsourcing-back-dir-dein-produkt/5820982.html, Erscheinungsdatum: 10.11.2011, Abrufdatum: 29.06.2012.
Deci, Edward L./Ryan, Richard M.: Intrinsic and Extrinsic Motivations: Classic Definitions and New Directions, in: Contemporary Educational Psychology 25, o.O. 2000, S. 54-67.
Füller, Johann: Die Gefahren des Crowdsourcing, http://www.harvardbusinessmanager.de/blogs/artikel/a-840963-2.html, Erscheinungsdatum: 27.06.2012, Abrufdatum: 12.08.2012.
Griesson – de Beukelaer (Hrsg.): „Back dir deinen Traumprinzen": Facebook-Communitykreiert eigene Rezeptur für die Prinzen Rolle, http://www.griessondebeukelaer.de/deDE/pressecenter/pressemeldungen/2011/artikel/news/back-dir-deinen-traumprinzen-facebook-community-kreiert-eigene-rezeptur-fuer-die-prinzen-roll/back/510/hash/a2b1e446d9e526d7e177732fffe395f4/, Erscheinungsdatum: 10.11.2011, Abrufdatum: 14.03.2012.
Habermann, Florian: Es lebe das Engagement – von 90-9-1 zu 70-20-10, http://www.social-business-blog.de/2011/10/es-lebe-das-engagement-von-90-9-1-zur-70-20-10-regel/, Erscheinungsdatum: 12.10.2011, Abrufdatum: 23.04.2012.
Horizont (Hrsg.): Nach McDonald's jetzt auch Intersnack: Was Crowdsourcing für die Marke leisten kann, http://www.horizont.net/aktuell/marketing/pages/protected/Nach-McDonalds-jetzt-auch-Intersnack-Was-Crowdsourcing-fuer-die-Marke-leisten-kann_105408.html, Erscheinungsdatum: 30.01.2012, Abrufdatum: 22.03.2012.
Howe, Jeff: The Rise of Crowdsourcing, http://www.wired.com/wired/archive/14.06/crowds.html?pg=1&topic=crowds&topic_set=, Erscheinungsdatum: 14.06.2006, Abrufdatum: 30.04.2012.
Jahnke, Bernd/Yalcin, Erdal/Bauer, Sven: Anreizsysteme zur Verbesserung der Wissensteilung in Unternehmen, http://tobias-lib.uni-tuebingen.de/volltexte/2008/3309/pdf/ab_wi31.pdf, Erscheinungsdatum: 2006, Abrufdatum: 09.05.2012.
Janzik, Lars: Motivanalyse zu Anwenderinnovationen in Online-Communities, Wiesbaden 2011.
Junke, Alex: Mein Burger – McDonald's Crowdsourcing Kampagne, http://www.online-artikel.de/article/mein-burger-mcdonalds-crowdsourcing-kampagne-83253-1.html, Einstellungsdatum: 05.07.2011, Abrufdatum: 22.07.2012.
Marsden, Paul: Ideenplattformen – Web 2.0 at it's best, Frankfurt am Main 2009.
Maslow, Abraham H: Motivation und Persönlichkeit, 2. erweiterte Aufl., Freiburg 1978.
Meffert, Heribert/Burmann, Christoph/Kirchgeorg Manfred: Marketing-Grundlagen marktorientierter Unternehmensführung: Konzepte-Instrumente-Praxisbeispiele, 11., überarbeitete und erweiterte Auflage, Wiesbaden 2012.

Papsdorf, Christian: Wie Surfen zu Arbeit wird – Crowdsourcing im Web 2.0, Frankfurt am Main 2009.
Pelzer, Claudia: Die demokratische Wurst, http://www.crowdsourcingblog.de/blog/2011/10/10/die-demokratische-wurst/, Erscheinungsdatum: 10.10.2011, Abrufdatum: 22.03.2012.
Ramge, Thomas: Die Masse macht's, in: brand eins: Heft 09/2007, S. 132-137.
Rheinberg, Falko: Motivation, 7. aktualisierte Aufl., Stuttgart 2008.
Roskos, Matias: Crowdsourcing – Mehrwerte, Chancen, Definition, http://www.socialnetworkstrategien.de/2010/07/crowdsourcing-mehrwerte-chancen-definition/, Einstellungsdatum: 21.07.2010, Abrufdatum: 19.06.2012.
Roskos, Matias: Warum Kreative beim Crowdsourcing mitmachen, http://www.socialnetworkstrategien.de/2009/08/warum-kreative-beim-crowdsourcing-mitmachen/, Einstellungsdatum: 27.08.2009, Abrufdatum: 05.06.2012.
Schaffrinna, Achim (Hrsg.): Wieder einmal ein kruder „Designwettbewerb", diesmal von Volvic, http://www.designtagebuch.de/wieder-einmal-ein-kruder-designwettbewerb-diesmal-von-volvic/, Einstellungsdatum: 07.02.2012, Abrufdatum: 19.05.2012.
Schmalt, Heinz-Dieter/Langens, Thomas A.: Motivation, 4., vollständig überarbeitete und erweiterte Aufl., Stuttgart 2009.
Schneider, Paul: Is the 90-9-1 Rule for Online Community Engagement Dead?, http://info.socious.com/bid/40350/Is-the-90-9-1-Rule-for-Online-Community-Engagement-Dead-Data?utm_source=feedburner&utm_medium=feed&utm_campaign=Feed%3A+Social-Business-Socious+%28Social+Business+-+Online+Community+Blog%29, Erscheinungsdatum: 11.08.2011, Abrufdatum: 23.04.2012.
Unilever (Hrsg.): Axe Unleashes Anarchy with First-Ever Fragrance for Girls, http://www.unileverusa.com/mediacenter/pressreleases/2012/AxeUnleashesAnarchywithFirstEverFragranceforGirls.aspx, Erscheinungsdatum: 09.01.2012, Abrufdatum: 02.07.2012.
Unterberg, Bastian: Crowdsourcing, in: Michelis, Daniel/Schildhauer, Thomas (Hrsg.): Social Media Handbuch – Theorien, Methoden, Modelle, Baden-Baden 2010, S. 121-135.

Die Autoren

Prof. Dr. Heinrich Holland lehrt an der University of Applied Sciences Mainz. Er ist Akademieleiter der Deutschen Dialogmarketing Akademie (DDA) und Mitglied zahlreicher Beiräte und Jurys, z. B. Alfred Gerardi Gedächtnispreis für wissenschaftliche Arbeiten im Dialogmarketing, GO DIALOG Förderpreis und Mentor bei Forum Kiedrich. Heinrich Holland hat 20 Bücher und über 200 Aufsätze veröffentlicht, sein Standardwerk „Direktmarketing" ist in einer russischen Lizenzausgabe erschienen. Im Jahr 2004 wurde er in die Hall of Fame des Direktmarketings aufgenommen. Er hält Vorträge im In- und Ausland und berät namhafte Unternehmen.

Patrizia Hoffmann ist Master-Absolventin der Betriebswirtschaftslehre der University of Applied Sciences Mainz mit dem Schwerpunkt Marketing. Erste Führungsverantwortung erhielt sie während ihrer Tätigkeit als Handelsfachwirtin bei der Peek & Cloppenburg KG. Praktische Erfahrung im Marketing sammelte sie unter anderem bei der Schott AG (Bereich Corporate Marketing), der Weber-Stephen GmbH (Bereich Produktmarketing) sowie in einem Marktforschungsprojekt für die Löwen Entertainment GmbH.

Kontakt

Prof. Dr. Heinrich Holland
University of Applied Sciences Mainz
Lucy-Hillebrand-Straße 2
55128 Mainz
heinrich.holland@wiwi.fh-mainz.de

Spenderrückgewinnung: Segmentierung und Ansprache inaktiver Geldspender

Moritz Parwoll / Andreas Mann

Inhalt

1	Spenderrückgewinnung als Herausforderung für Spendenorganisationen	212
2	Der integrative Spenderrückgewinnungsprozess	213
3	Empirische Untersuchung	214
3.1	Grundlagen der empirischen Untersuchung	214
3.2	Ergebnisse der empirischen Untersuchung	216
3.2.1	Spendermotivation, -verhalten und -abwanderung	216
3.2.2	Der Zusammenhang von Spendermotiven und Abwanderungsgründen	223
4	Implikationen für die Spenderrückgewinnungs-Praxis	225
5	Schlussbetrachtung	228

Literatur 229
Die Autoren 231
Kontakt 231

Management Summary

Die Rückgewinnung abgewanderter Geld-Spender hat für Spendenorganisationen aus ökonomischer Sicht eine große Relevanz. Die Ansprache ehemaliger Spender mit dem Ziel der Wiederaufnahme der Spendentätigkeit erfordert ein sensibles Vorgehen, das sich an den individuellen Motiven der Spender orientiert. Eine Pilotstudie des SVI-Stiftungslehrstuhls für Dialogmarketing an der Universität Kassel, die Ende 2011/Anfang 2012 bei 438 deutschen

Privatpersonen als schriftliche Befragung durchgeführt wurde, liefert zum einen Hinweise darauf, welche Spendenmotivationen und -aktivitäten bei deutschen Spendern vorherrschen. Zum anderen werden in der Studie auch Gründe für die Abwanderung von Spendern ermittelt. Durch die Verbindung der Bereiche ergibt sich ein integriertes Gesamtkonzept des Spenderverhaltens, auf dessen Basis im vorliegenden Beitrag praktische Implikationen für die strategische Ausgestaltung eines rückgewinnungsbezogenen Dialogmarketings von Spendenorganisationen abgeleitet werden.

1 Spenderrückgewinnung als Herausforderung für Spendenorganisationen

Neben privatwirtschaftlichen Unternehmen sind auch Spendenorganisationen davon betroffen, dass die Abnehmer ihrer Leistungen, in diesem Fall die Spender, ihre Unterstützung aus verschiedenen Gründen einstellen. So verzeichnen Spendenorganisationen jährliche *Abwanderungsquoten* zwischen 25 % und 50 %.[1] Von den gewonnenen Erstspendern gehen nach der ersten Spende bis zu 50 % wieder verloren, von den verbleibenden Spendern wandert fast ein Drittel jedes weitere Jahr ab.[2] Da sowohl die Gewinnung von Erstspendern recht aufwendig ist und auch die Anzahl von Spendenorganisationen und -anlässen steigt, nimmt die Bindung von bestehenden Spendern und auch die Rückgewinnung abgewanderter Spender eine zentrale Bedeutung für Spendenorganisationen ein.[3] Die Relevanz dieser Aufgaben wird umso deutlicher, wenn man berücksichtigt, dass eine Senkung der Abwanderungsrate um zehn Prozent zu einer Erhöhung der Profitabilität einer Spendenorganisation um bis zu 50 Prozent führt.[4] Auch die Rückgewinnung von abgewanderten Spendern wird als etwa fünfmal günstiger eingeschätzt als die Gewinnung neuer Spender.[5]

Dennoch gibt es in der wissenschaftlichen Literatur bisher kaum Forschungsberichte und -ergebnisse, die sich mit der Rückgewinnung inaktiver Spender beschäftigen. Lediglich einige deskriptive Untersuchungen von Abwanderungsgründen und Unterschieden zwischen aktuellen und ehemaligen Spendern sowie dem Abwanderungsprozess vorgelagerte (Einfluss-)Faktoren (z. B. Spendenmotive) liegen im Schrifttum vor. Entsprechende Studien versuchen Erklärungen zu

---

1 Vgl. Crole 2006, S. 614.
2 Vgl. Burnett 2002, S. 156.
3 Vgl. Urselmann 2006, S. 82 ff.; Hunziker 2010, S. 50.
4 Vgl. Sargeant/Jay 2004, S. 3.
5 Vgl. Burnett 2002, S. 157; Hönig/Schulz 2006, S. 285; Sargeant/Jay 2004, S. 3.

den Unterschieden zwischen aktiven und inaktiven Spendern anhand soziodemografischer oder psychografischer Merkmale[6], den Abwanderungsgründen[7] sowie zu den Einflussgrößen der Abwanderung[8] zu liefern.

Erste Ansatzpunkte zur konkreten Rückgewinnung von Spendern weist die qualitative Studie von Hunziker (2010) auf, in der verschiedene Abwanderungscluster gebildet und diesen jeweils Rückgewinnungswahrscheinlichkeiten zugeordnet werden. Ein Einfluss von Spendenmotiven auf die Abwanderung konnte dabei nicht festgestellt werden.[9] Da wir dennoch vermuten, dass es einen Zusammenhang zwischen den ursprünglichen Motiven des Spendens und der Abwanderung von Spendern gibt, haben wir eine eigene, quantitativ ausgerichtete *Pilotstudie* durchgeführt, um diesen Zusammenhang genauer zu analysieren und auf dieser Grundlage relevante Hinweise für eine erfolgreiche Spenderrückgewinnung zu erhalten. Folgende Forschungsfragen, die wir auch in dem vorliegenden Beitrag behandeln wollen, liegen unserer Untersuchung zugrunde:

- Besteht zwischen den Spendenmotiven und Abwanderungsgründen ein kausaler Zusammenhang?
- Lassen sich unterschiedliche Abwanderungssegmente ermitteln?
- Welche Anforderungen an eine Erfolg versprechende Ansprache abgewanderter Spendersegmente bestehen?

2 Der integrative Spenderrückgewinnungsprozess

Grundlage für ein erfolgreiches Rückgewinnungsmanagement ist die systematische Betrachtung des *Rückgewinnungsprozesses*, die sowohl die Perspektive der Spendenorganisation als auch die Perspektive des abgewanderten Spenders berücksichtigt. In Abbildung 1 ist eine integrative Betrachtung des Spenderrückgewinnungsprozesses dargestellt.

Aus Sicht der Spendenorganisation geht es zunächst darum, die abgewanderten Spender zu identifizieren, bevor entsprechende *Abwanderungssegmente* gebildet, selektiert und angesprochen werden können.[10] Bereits die *Identifikation* der abgewanderten Spender setzt jedoch voraus, dass entsprechende Informationen

---

6 Vgl. z. B. Aldrich 2000; Notarantonio/Quigley 2009; Schlegelmilch/Tynan 1989.
7 Vgl. u. a. Sargeant 2001; Sargeant/Hudson 2008; Nathan/Hallam 2009.
8 Vgl. z. B. Aldrich 2000; Sargeant/Jay 2004; Miller et al. 1990; Tang et al. 2010.
9 Vgl. Hunziker 2010, S. 319.
10 Vgl. Michalski 2002, S. 184; Schöler 2006, S. 609.

über das Spendenverhalten einzelner Spender vorliegen, die sowohl zur Prognose der Abwanderung und somit für spenderbindungsbezogene Maßnahmen als auch für Rückgewinnungsaktivitäten geeignet sein können. Dazu gehören neben der Spendenhöhe, -häufigkeit und den Spendenintervallen insbesondere die Spendenmotive, die eine Grundlage dafür sind, dass überhaupt einmal gespendet worden ist. Auch auf welche Art gespendet wird, hängt mehr oder minder stark von den Spendenmotiven ab.[11] *Kritische Ereignisse* (z. B. unfreundliches Personal oder skandalöses Verhalten der Spendenorganisation) und andere Umstände (z. B. Verlust des Arbeitsplatzes) können schließlich dafür verantwortlich sein, dass sich das *Spendenverhalten* einer Person verändert oder die Spendenaktivitäten sogar gänzlich eingestellt werden. Je nach Abwanderungsgrund und Begleitumständen der Abwanderung bestehen bei inaktiven Spendern mehr oder minder ausgeprägte *Rückkehrintentionen* sowie *Rückkehrbedingungen*. Letztere können weitere Ansatzpunkte für die Spendenorganisationen liefern, um abgewanderte Spender zu einem Rückkehrverhalten zu bewegen und sie wieder in ihren Wertschöpfungsprozess neu zu integrieren.

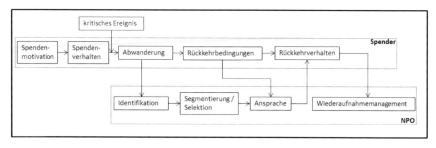

Abbildung 1: Der integrative Spenderrückgewinnungsprozess

3 Empirische Untersuchung

3.1 Grundlagen der empirischen Untersuchung

Ende 2011/Anfang 2012 wurde eine standardisierte, schriftliche Befragung von zufällig ausgewählten Personen, die in Deutschland leben, durchgeführt. Die Probanden wurden zu ihrem Spendenverhalten (nur Geldspenden) und -einstellungen sowie zu den Motiven des Spendens und ihrem Abwanderungsverhalten befragt. Insgesamt 433 Personen haben an der Untersuchung teilgenommen. Wesentliche Strukturmerkmale der untersuchten Stichprobe sind in Tabelle 1 dargestellt.

---

11 Vgl. Bruhn 2011, S. 171.

Tabelle 1: Grundlegende Strukturdaten der Stichprobe (n = 433)

Strukturmerkmale	Ausprägung in der Stichprobe
Geschlecht der Befragten	Frauen: 49,4 % Männer: 50,6 %
Alter der Befragten	18-30 Jahre: 2,3 % 31-49 Jahre: 31,8 % 50-70 Jahre: 46,3 % Über 70 Jahre: 19,6 %
Haushaltsgröße	Single-Haushalte: 27,1 % 2-Personen-Haushalte: 41,8 % 3-4 Personen-Haushalte: 26,3 % Über 4-Personen-Haushalte: 4,8 %
Familienstand	Verheiratet: 52,4 % Lebenspartnerschaft: 10,2 % Alleinstehend: 28,2 % Verwitwet: 9,2 %
Spendenzweck (Top 5)	Katastrophenhilfe: 52,7 % Kinder-/Jugendhilfe: 42,3 % Behinderten-/Krankenhilfe: 38 % Glaubensgemeinschaften: 30,3 % Wohlfahrt/sonstiges Soziales: 29,8 %

Im Rahmen der Befragung wurden weitgehend geschlossene Fragen verwendet, bei denen die Probanden auf einer Skala von 1 („stimme zu") bis 5 („stimme nicht zu") die vorgegebenen Aussagen bewerten konnten. Die Fragen zur Spendermotivation orientieren sich an dem *Voluntary Function Inventory* (VFI), einem Inventar von Aussagen zur Untersuchung der Motivation und Durchführung freiwilligen Engagements.[12] Da eine direkte Übertragung auf das Geldspenden nur teilweise möglich ist, wurden die Statements aus dem VFI modifiziert und einem Pre-Test unterzogen, bevor sie in den Fragebogen aufgenommen worden sind. Die Betrachtung der Abwanderungsgründe der Spender erfolgte auf Basis der Studien von Sargeant (2001); Aldrich (2000) und Sargeant/Hudson (2008) sowie eigenen Überlegungen. Das ermittelte Strukturmodell wurde mit der Software SmartPLS berechnet.[13]

---

12 Vgl. Clary et al. 1998, S. 1516 ff.
13 Vgl. Ringle et al. (2005).

3.2 Ergebnisse der empirischen Untersuchung

3.2.1 Spendermotivation, -verhalten und -abwanderung

Um herauszufinden, welche Beweggründe für die Spendentätigkeit verantwortlich gewesen sein können, wurde zunächst eine deskriptive Analyse der *Spendenmotive* durchgeführt. Tabelle 2 beinhaltet die zehn Aussagen, denen am häufigsten in diesem Zusammenhang zugestimmt wurde. Dabei wird deutlich, dass die Probanden insbesondere empathieorientierte Gründe (z. B. Mitgefühl) sowie reziprozitätsbezogene Motive (z. B. etwas zurückgeben) und soziale Normen als Spendenursache (z. B. nahestehende Personen spenden) angeben.

Tabelle 2: Top 10 Spendenmotive (n = 377)

Spendenmotive	Prozent
Mitgefühl für Menschen in Not.	95,2
Spenden macht Freude.	84,5
Gemeinwohl hat hohe Bedeutung.	83,2
Ich möchte etwas zurückgeben.	82,6
Wichtig, andere zu unterstützen.	80,5
Nahestehende Personen spenden.	77,9
Sorge um andere.	67,9
Spenden gibt mir das Gefühl, gebraucht zu werden.	51,5
Verbessert mein Selbstwertgefühl.	48,9
Ich oder Nahestehende haben bereits von der Organisation profitiert.	25,5

Um festzustellen, welche übergeordneten Motivfaktoren für die Spendenentscheidung in Betracht gezogen werden, wurde eine explorative Faktorenanalyse durchgeführt. Die Ergebnisse sind in Tabelle 3 mit den üblichen statistischen Kennwerten (FL = Faktorladung, DEV = durchschnittlich erfasste Varianz und CA = Cronbach Alpha-Koeffizient) dargestellt. Dabei zeigt sich, dass neben den bereits angesprochenen Faktoren Empathie, Soziale Norm und Reziprozität, auch noch weitere Motivgruppen aufgedeckt werden konnten. Der Faktor „Enhancement" bezieht sich auf eine Verbesserung des emotionalen Zustands des Spenders (z. B. Selbstwertgefühl verbessern), „Selbstschutz" erfasst dagegen die Vermeidung oder Verminderung negativer Zustände (z. B. schlechtes Gewissen). Auch materielle Spendenmotive, die auf einen extrinsischen Nutzen gerichtet sind (z. B. Steuerersparnis), sind denkbar.

Tabelle 3: Motivfaktoren des Spendens (n = 376)

Faktor	Indikator	FL	DEV	CA
Selbstschutz	Weniger alleine fühlen	,746	,712	,811
	Schuldgefühle	,832		
	Ablenkung von Problemen	,780		
Empathie	Andere unterstützen	,789	,544	,619
	Mitgefühl	,668		
	Gemeinwohl hat hohe Bedeutung	,728		
Enhancement	Steigerung Selbstwert	,775	,565	,666
	Gefühl des Gebrauchtwerdens	,779		
	Besserer Mensch sein	,793		
Materiell	Positive Auswirkung auf Karriere	,707	,759	,683
	Steuervorteile	,721		
Soziale Norm	Nahestehende spenden	,810	,729	,641
	Bedeutet Nahestehenden viel	,749		
Reziprozität	Bereits von NPO profitiert	,762	,702	,605
	Etwas zurückgeben	,726		

Neben den Spendenmotiven wurde auch die *Spendenhäufigkeit* bei den Probanden ermittelt. Wie Abbildung 2 zeigt, spenden die meisten Befragten alle zwei Jahre bis maximal zweimal im Jahr (39,1 % der Probanden). Gut die Hälfte der Befragten spendet nach eigenen Angaben 2,5 bis 12 Mal pro Jahr. Immerhin 12,1 % der Probanden geben an, mehr als 12 Spendenakte pro Jahr zu vollziehen. Grundsätzlich muss bei der Abfrage der Spendenhäufigkeit damit gerechnet werden, dass die Probanden sozial erwünschte Antworten geben und die Ergebnisse daher leicht verzerrt sein könnten. Die Ergebnisse weisen jedoch auf eine Dominanz von Spendern hin, die eher selten spenden, was der üblichen Spenderklientel von Spendenorganisationen entspricht und damit eine grundlegende Validität der Ergebnisse vermuten lässt.

Allein die Information über die Spendenhäufigkeit ist allerdings keine ausreichende Information zur Bewertung des Spendenverhaltens, da auch die Höhe der getätigten Spenden bedeutsam ist, um den *Spenderwert* zu bestimmen. Auf Basis dieser Größe erfolgt die sogenannte wertorientierte Spendersegmentierung. Je höher die getätigten Spenden sind, desto wertvoller ist in der Regel ein Spender. Dementsprechend bedeutsam sind diese (ehemaligen) Spender für die Rückgewinnung. 71 % der Befragten gaben an, immer unterschiedliche Beträge zu spenden, 29 % stellen gleich große Zuwendungen zur Verfügung. Die Verteilung dieser Beträge ist in Abbildung 3 dargestellt.

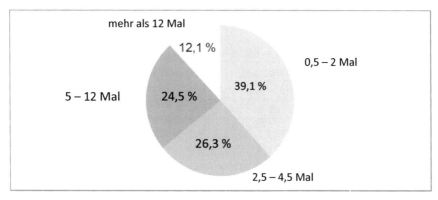

Abbildung 2: Spendenhäufigkeit (n = 378)

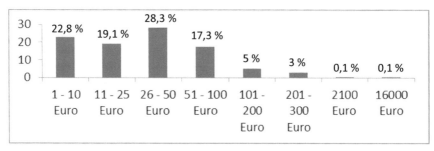

Abbildung 3: Spendenhöhe (n = 99)

Die meisten der befragten Spender engagieren sich mit Zuwendungen zwischen 26 und 50 Euro (28,3 %). Bedenkt man, dass es sich dabei um gleich große Beträge handelt, die möglicherweise regelmäßig getätigt werden und dass knapp ein Viertel der Spenden über diesem Spendenintervall liegen, deutet das darauf hin, welches enorme Umsatz-Potenzial für die Rückgewinnung besteht, wenn es zu einer Verminderung oder Einstellung der Spenden gekommen ist. Doch auch hier sind die Ergebnisse mit Vorsicht zu interpretieren, da ebenfalls mit einem sozial erwünschten Antwortverhalten der Probanden zu rechnen ist.

Für die Identifikation von vermeintlich abgewanderten Spendern ist die *Regelmäßigkeit des Spendens* eine wichtige Größe. Das gilt vor allem, wenn kein vertragsähnliches Verhältnis besteht, wie z. B. bei der Einrichtung eines Dauerauftrags. Während in diesem Fall die Kündigung eines Dauerauftrags und die damit verbundene Einstellung des Zahlungsflusses an die Spendenorganisation relativ zuverlässig als Abbruch der Spendenbeziehung interpretiert werden kann, ist die Ermittlung der Abwanderung von Spendern mit unregelmäßigen Spendenaktivitäten weitaus schwieriger möglich. Fast die Hälfte der Probanden (47,6 %) spenden in festen Zeitabständen. Die Mehrheit dieser regelmäßigen Spender spenden jährlich (56,4 %), aber auch quartalsweise und monatliche Spender sind vertreten (41,3 %).

Grundsätzlich spenden 74,7 % der Befragten ohne feste Zeitabstände, womit deutlich wird, dass auch die regelmäßigen Spender unter bestimmten Bedingungen bereit sind, zusätzliche Spenden (auch an andere Spendenorganisationen mit einem anderen Arbeitsschwerpunkt) zu tätigen. Die am häufigsten genannte Bedingung für eine Zusatzspende stellt die aktuelle Notwendigkeit, z. B. eine Flutkatastrophe, dar (54,8 %). Aus eigenem Antrieb heraus, weil man gerade Lust hat, spenden zusätzlich 36,7 % der Probanden, zu bestimmten Anlässen 35,2 % (z. B. Weihnachten) oder als Reaktion auf eine gezielte Ansprache 24,8 % (z. B. Werbebrief einer Organisation).

Selbst ein professionelles Spenderbindungsmanagement kann nicht verhindern, dass Spender ihre Geldzuwendungen einstellen. Von den befragten Spendern gab knapp ein Drittel an, bereits mindestens einmal bewusst die finanzielle Unterstützung für eine Spendenorganisation beendet zu haben. Bei zwei Drittel dieser Abgewanderten wurde seitens der Spendenorganisation kein Versuch unternommen, sie zu einer Wiederaufnahme ihrer Spendenaktivität zu bewegen. Inaktive Spender, welche mit einer *Rückgewinnungsmaßnahme* angesprochen worden sind, wurden hauptsächlich schriftlich (70 %) oder mit einem Gespräch (21 %) kontaktiert (Abbildung 4). 9 % bewerteten die weitere Zusendung von Newslettern oder Informationsmaterial als Rückgewinnungsversuch der Organisationen.

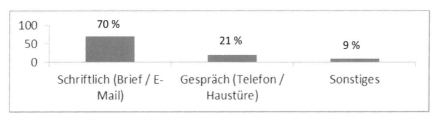

Abbildung 4: Form des Rückgewinnungsversuchs (n = 45)

Schließlich konnten nur 4,35 % der ehemals Abgewanderten von einer Wiederaufnahme ihrer Spendenaktivität überzeugt werden. Die *Conversion Rate* (CR) der kontaktierten Abgewanderten beträgt immerhin 13,33 %. Auch wenn man berücksichtigt, dass ein wesentlicher Teil der befragten Spender für die Katastrophenhilfe und aus aktueller Notwendigkeit heraus spendet, was als Zeichen einer hohen Fluktuation gesehen werden kann[14] (z. B. man spendet dort, wo es gerade gebraucht wird), zeigen diese Ergebnisse ein Optimierungspotenzial an, denn weniger als ein Drittel der Abgewanderten wurden überhaupt mit Rückgewinnungsmaßnahmen kontaktiert. Abbildung 5 liefert einen Überblick über die Ergebnisse.

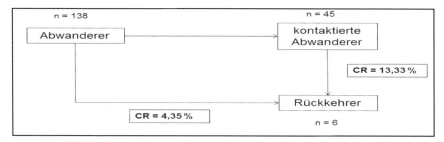

Abbildung 5: Erfolg der Rückgewinnungsmaßnahmen (n = 138)

Wesentliche Ansatzpunkte für eine erfolgreiche Rückgewinnung bieten die Abwanderungsgründe, da aus ihnen hervorgeht, warum Spender ihre Tätigkeit eingestellt haben. Diese Information sollte bei einer rückgewinnungsbezogenen Ansprache aufgegriffen und entsprechende Gegenmaßnahmen eingeleitet werden. Tabelle 4 zeigt die in unserer Studie am häufigsten genannten *Abwanderungsgründe*. Es handelt sich vor allem um Gründe, die sich auf die Organisation zurückführen lassen (z. B. wird Spende zweckmäßig eingesetzt), durch Aktivitäten von konkurrierenden Spendenorganisationen ausgelöst (z. B. zu viele wollten etwas von mir) oder durch die Spender selbst (z. B. Finanzen) initiiert wurden.

Die Ergebnisse einer explorativen Faktorenanalyse zur Gruppierung aller Abwanderungsgründe sind in Tabelle 5 mit den grundlegenden statistischen Kenngrößen dargestellt. Es konnten sechs übergeordnete *Abwanderungsfaktoren* identifiziert werden. Die beiden Faktoren „Arbeitsweise" und „Interaktivität" stellen dabei organisationsbezogene Gründe da. Die Faktoren „Anderer Zweck" und „Wettbewerber" lassen sich auf konkurrenzbezogene Ursachen zurückführen.

---

14 Vgl. Helmig/Hunziker 2011, S. 34.

Die Faktoren „Interesse" und „Finanzen" basieren auf spenderbezogenen Abwanderungsgründen.

Tabelle 4: Top 10 Abwanderungsgründe (n = 138)

Abwanderungsgründe	Prozent
Unsicherheit, ob Spende zweckmäßig eingesetzt wird	56,4
Zu viele NPO wollten etwas von mir	52,2
Die NPO arbeitet nicht im Interesse der Sache	46,4
Andere Zwecke sind stärker auf meine Hilfe angewiesen	45,4
Ich bin mit der Organisationspolitik nicht einverstanden	43,0
Die NPO hat mich zu sehr bedrängt	42,6
Ich konnte es mir finanziell nicht mehr leisten	42,2
Die NPO hat mich nicht über die Verwendung informiert	37,1
Andere NPO sind überzeugender	30,5
Ich möchte zur Abwechslung einem anderen Zweck dienen	25,3

Tabelle 5: Abwanderungsfaktoren (n = 138)

Faktor	Indikator	FL	DEV	CA
Arbeitsweise	Nicht effizient	,777	,650	,825
	Nicht im Interesse der Sache	,780		
	Organisationspolitik	,841		
	Richtiger Einsatz der Spenden	,845		
Interaktion	Kein Dank	,777	,680	,768
	Kein Eingehen auf Wünsche	,780		
	Langsame Reaktion	,841		
Interesse	Spenden nicht mehr so wichtig	,789	,819	,793
	Aufwand wurde zu groß	,671		
Andere Zwecke	Andere Zwecke sind wichtiger	,785	,734	,638
	Zur Abwechslung für anderen Zweck spenden	,807		
Finanzen	Finanziell nicht mehr leisten	1		
Wettbewerber	Andere NPO überzeugender	1		

Anhand dieser Abwanderungsfaktoren wurden die abgewanderten Spender in unterschiedliche *Abwanderungscluster* eingeteilt. Jedes Cluster wurde zunächst separat bezüglich der am häufigsten genannten Abwanderungsgründe untersucht. Die dabei berücksichtigten relativen Häufigkeiten beziehen sich nur auf das jeweils analysierte Cluster. Bei der Betrachtung der Abwanderungsursachen lässt sich erkennen, dass die Abwanderergruppen größtenteils durch verschiedene Abwanderungsgründe gekennzeichnet sind. Für Cluster 1 sind vor allem die wettbewerbsbezogenen Gründe für die Abwanderung relevant. Cluster 2 stellt eine Mischform von spender- sowie organisationsbezogenen Abwanderungsgründen dar. Letztere bilden die Grundlage für Cluster 3 (Arbeitsweise) und 4 (Interaktion). Die Abwanderungsgründe in Cluster 5 und 6 sind eindeutig den Spendern zuzuordnen. Tabelle 6 veranschaulicht die Ergebnisse der Clusterzentrenanalyse.

Tabelle 6: Abwanderungscluster (n = 138)

Cluster	Abwanderungs-ursache	Wesentlicher Abwanderungsgrund	Prozent
1	Wettbewerb	Andere Zwecke wichtiger	46
		Zu viele wollten etwas	44
2	Spender/ Arbeitsweise	Finanzen	86
		Unsicherheit der Verwendung	71
		Nichts verändern können	50
		Organisationspolitik	50
3	Arbeitsweise	Unsicherheit der Verwendung	87
		Nicht im Interesse der Sache	60
		Organisationspolitik	50
4	Interaktion	Keine Info über Verwendung	79
5	Spender	Spenden nicht mehr wichtig	100
6	Spender	Finanzen	74

Bereits die Kenntnis der Abwanderungsgründe ist relevant für die richtige Auswahl und Gestaltung von Rückgewinnungsangeboten. Um abgewanderte Spender noch präziser ansprechen zu können und die Wahrscheinlichkeit ihrer Rückkehrintention zu erhöhen, ist es darüber hinaus erforderlich, den Zusammenhang zwischen Spendenmotiven und Abwanderungsgründen zu erkennen und die Resultate für die Optimierung rückgewinnungsbezogener Maßnahmen zu verwenden.

3.2.2 Der Zusammenhang von Spendermotiven und Abwanderungsgründen

Für die Überprüfung, ob zwischen den einzelnen Spendenmotiven und Abwanderungsgründen ein Zusammenhang besteht, wurden die gebildeten Cluster aus Tabelle 6 einer genaueren Prüfung unterzogen. In jedem Cluster wurden dabei zunächst Korrelationen zwischen den am häufigsten genannten Abwanderungsgründen mit den am häufigsten genannten Spendenmotiven berechnet. Für jede signifikante Korrelation wurde in Tabelle 7 an dem Schnittpunkt zwischen Abwanderungsgrund und Spendenmotiv die entsprechende Clusternummer eingetragen.

Auffallend ist zunächst, dass bei den Motiven „Selbstschutz" und „Materiell" kein gemeinsames Auftreten mit Gründen der Abwanderung vorkommt. Cluster 4, stark durch Abwanderungsgründe der Interaktion zwischen Organisation und Spender gekennzeichnet, weist eine Korrelation mit den verbleibenden Motiven „Empathie", „Enhancement", „Soziale Norm" sowie „Reziprozität" auf. Diese Motive korrelieren ebenfalls in den Clustern 2 und 3 mit organisationsbezogenen Abwanderungsgründen („Arbeitsweise"), in Cluster 1 mit wettbewerbsbezogenen Abwanderungsgründen („Andere Zwecke" und „Wettbewerber") und in den Clustern 2 und 6 mit spenderbezogenen Abwanderungsgründen („Finanzen"). Ein vermindertes Interesse an Spendentätigkeiten zeigt in Cluster 5 ein gemeinsames Auftreten mit den Motiven „Empathie" sowie „Soziale Norm".

Tabelle 5: Korrelation von Spendermotiven und -abwanderungsgründen *(n = 138)*

Motive Abwanderungs- gründe	Empathie	Enhance- ment	Soz. Norm	Rezi- prozität	Selbst- schutz	Materiell
Interaktion	C 4	C 4	C 4	C 4	x	x
Arbeitsweise	C 2 / C 3	C 2 / C 3	C 2 / C 3	C 2 / C 3	x	x
Interesse	C 5	x	C 5	x	x	x
Andere Zwecke	C 1	C 1	C 1	C 1	x	x
Finanzen	C 2 / C 6	C 2 / C 6	C 2 / C 6	C 2 / C 6	x	x
Wettbewerber	C 1	C 1	C 1	C 1	x	x

Da Korrelationen allerdings nicht mehr als ein gemeinsames Auftreten von Merkmalsausprägungen der betrachteten Variablen darstellen, kann noch keine Aussage über einen kausalen Zusammenhang zwischen den betrachteten Größen getroffen werden. Zu diesem Zweck ist in jedem Cluster ein *Strukturglei-*

chungsmodell aufgestellt worden, um zu prüfen, ob Spendenmotive tatsächlich die Abwanderungsgründe kausal bedingen. Beispielhaft hierzu soll das Ergebnis von Cluster 1 im Folgenden dargestellt werden (Abbildung 6).

In Cluster 1 waren die beiden Abwanderungsgründe „andere Zwecke" und „zu viele wollten etwas" die hervorstechenden Merkmale. Deswegen wurden diese beiden als abhängige (zu erklärende) Variablen in das jeweilige Modell aufgenommen. Als unabhängige (erklärende) Variablen dienen die im Rahmen der Faktorenanalyse ermittelten Motive. Da die Ermittlung der Korrelationen ergab, dass die beiden Motive „Selbstschutz" sowie „Materiell" vernachlässigt werden können, sind nur die restlichen vier Motive in das Modell aufgenommen worden.

Die Ergebnisse zeigen, dass die Abwanderung zugunsten anderer Zwecke (Modell 1) zu 25,3 % durch die entsprechenden Motive erklärt werden kann. Den stärksten Einfluss auf die abhängige Variable weist dabei der Faktor „Empathie" mit einem Regressionskoeffizienten von 0,34, vor den Faktoren „Reziprozität" (0,30) sowie „Enhancement" (0,26) auf. Bei dem Faktor „Soziale Norm" ist kein signifikanter Einfluss festzustellen. Dafür wird in Modell 2 der Abwanderungsgrund „zu viele wollten etwas" nur durch diesen Faktor zu 16,3 % erklärt.

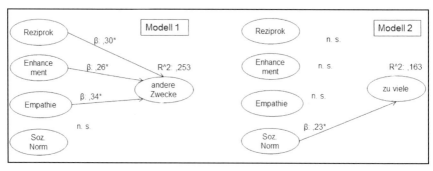

Abbildung 6: Strukturgleichungsmodelle für Cluster 1 (n = 46)

Die Ergebnisse belegen, dass – wie wir oben vermutet haben – unterschiedliche Abwanderungsgründe sehr wohl durch verschiedene Spendenmotive bedingt werden. Aus welchen Motiven heraus sich Personen entscheiden, eine gemeinnützige Organisation zu unterstützen, scheint bereits eine Prädisposition für unterschiedliche Abwanderungsgründe hervorzurufen. Welche Implikationen sich aus diesen Ergebnissen und aus weiteren Informationen über Spendermotivation, -verhalten und -abwanderung für die Spenderrückgewinnungs-Praxis ableiten lassen, soll im Folgenden kurz erläutert werden.

4 Implikationen für die Spenderrückgewinnungs-Praxis

Die dargestellten empirischen Ergebnisse und beschriebenen Zusammenhänge bieten Spendenorganisationen die Möglichkeit, den Spenderrückgewinnungsprozess zielgruppengenauer zu gestalten. Bereits bei der *Identifikation* inaktiver Spender liefern insbesondere Daten zum Spendenverhalten (z. B. Häufigkeit oder Regelmäßigkeit) nützliche Hinweise bezüglich des Status der Spender. Gerade bei nicht-vertragsähnlichen Beziehungen ist zunächst auf Basis gesammelter Informationen über das Spenderverhalten zu bestimmen, ob ein Spender noch Spender ist, oder bereits als abgewandert gilt.[15]

Im Rahmen der *Segmentierung und Selektion* identifizierter Abwanderer, die als Grundlage für eine rückgewinnungsbezogne Ansprache dienen, bieten die Spendenmotive als auch Abwanderungsgründe wertvolle Informationen für eine möglichst trennscharfe Bildung unterschiedlicher Abwanderungssegmente. Auch hier liefern Verhaltensdaten der Spender nützliche Hinweise für eine spezifischere Segmentierung (z. B. Dauerspender oder Gelegenheitsspender) und für eine rentable Selektion der Abwanderungssegmente (z. B. Second Donor Lifetime Value).[16] Nur für inaktive Spender, deren zukünftige Umsätze größer als die dabei anfallenden Kosten prognostiziert werden, erscheint die Durchführung von Rückgewinnungsmaßnahmen wirtschaftlich sinnvoll.

Die rückgewinnungsbezogene *Ansprache* sollte sich konkret an den selektierten Abwanderungssegmenten orientieren und in inhaltlicher, formaler und zeitlicher Form erfolgen. Bei der inhaltlichen Ausgestaltung der Ansprache kann auf ausgewählte Strategien aus dem Bereich der Kundenrückgewinnung im Profit-Sektor zurückgegriffen werden.[17] Da jedoch die Besonderheiten des Dritten Sektors (z. B. Spender ist nicht der Leistungsempfänger) herkömmliche Ansätze der Kundenrückgewinnung teilweise irrelevant erscheinen lassen (z. B. Umtausch), ist eine differenzierte Betrachtung und spezifische inhaltliche Gestaltung dieser Strategien erforderlich. So können sich Spendenorganisationen im Rahmen der *Entschuldigungs- bzw. Kompensationsstrategie* zwar für eine nicht zufriedenstellende Leistung bei ihren Spendern entschuldigen, aber den Leistungsmangel nicht in Form finanzieller Leistungen bzw. Rückvergütungen ausgleichen. Deswegen sollten Spendenorganisationen eher eine angemessene Rechtfertigung ihrer Handlungen anstreben und/oder ein aufrichtiges Eingestehen ihrer Fehler kommunizieren. Spender vor die Wahl verschiedener Kompensationsleistungen (z. B. Bildband,

---
15 Vgl. Rutsatz 2004, S. 72.
16 Vgl. Stauss/Friege 1999, S. 351.
17 Vgl. Michalski 2002, S. 188; Bruhn 2012, S. 199; Gonzalez et al. 2005, S. 60 f.

Anhänger oder keine Kompensation) zu stellen, könnte den Rückgewinnungserfolg erhöhen.[18] Eine *Überzeugungsstrategie* könnte so gestaltet sein, dass abgewanderte Spender von der Bedeutung der Arbeit der Organisation, für die sie gespendet hatten, sowie von dem Nutzen ihrer Spenden überzeugt werden. Als *Anpassungsstrategie* kommt die Ausrichtung an individuellen Spenderbedürfnissen in Frage. Sind Spender beispielsweise finanziell nicht mehr in der Lage, die Organisation zu unterstützen, könnte diesen die Möglichkeit aufgezeigt werden, sich als Volunteer (Zeitspender) zu betätigen. Schließlich lässt sich die *Anreizstrategie* dazu verwenden, Abgewanderte durch eine positive Stimulierung zu einer Wiederaufnahme ihrer Spendentätigkeit zu bewegen. Die Einladung zu einer Spenden-Gala, Informationsveranstaltungen oder Exkursionen könnten geeignet sein, entsprechende Impulse zu liefern.

Die *formale Ansprache* orientiert sich insbesondere an den zum Zweck der Rückgewinnung eingesetzten Medien. Eine kostengünstige Maßnahme stellt hierbei die elektronische Ansprache, z. B. in Form von E-Mails oder Newslettern dar. Insbesondere jüngere Gelegenheitsspender mit einem niedrigen Second Donor Lifetime Value könnten eine geeignete Zielgruppe für diese Form darstellen. Demgegenüber bietet sich an, Großspender (besonders Major- oder Top-Spender) mit einer persönlichen Kontaktaufnahme zu kontaktieren, da sie einer persönlichen Betreuung aufgeschlossener gegenüberstehen oder diese sogar, aufgrund ihres hohen Spendenvolumens, erwarten.[19] Eine direkte Kontaktaufnahme ist ebenfalls durch das Telefon möglich, was eine geeignete Ansprache für regelmäßige Dauerspender mit durchschnittlichem Spendenvolumen darstellt. Aufgrund der weiterhin hohen Akzeptanz des klassischen Werbebriefs bei Spendern und der vielseitigen Gestaltungsmöglichkeit, lassen sich Mailings sowohl für Segmente mit höherem, als auch mit geringerem Spendenvolumen angemessen einsetzen.[20]

Für die *zeitliche Gestaltung* der Ansprache kommen zwei Möglichkeiten in Betracht: Eine sehr zeitige Umsetzung der Rückgewinnungs-Maßnahmen oder eine verzögerte Ansprache. Studien belegen, dass sich eine zeitnahe Ansprache positiver auf die Rückkehrintention auswirkt, da hierdurch eine Kontrolle der Organisation über die mangelnde Leistung suggeriert und somit die Wahrscheinlichkeit einer Wiederholung dieses Vorfalls gering eingeschätzt wird.[21] Aber auch eine verzögerte Ansprache kann unter bestimmten Bedingungen durchaus Erfolg versprechend sein. Hängt der Grund der Abwanderung nicht direkt mit der Orga-

---

18 Vgl. Mattila/Cranage 2005, S. 271 f.
19 Vgl. Stöhr 2008, S. 366.
20 Vgl. Mann 2009, S. 174.
21 Vgl. Wirtz/Mattila 2004, S. 162; Mann 2009, S. 173.

nisation zusammen, sondern hat andere Ursachen (z. B. Abwanderung zu Wettbewerber durch Variety Seeking), könnte eine bewusst später durchgeführte Rückgewinnungsmaßnahme vorgenommen werden, da zeitnahe Versuche der Rückgewinnung möglicherweise eher Irritationen oder Reaktanzen hervorrufen.[22] Fühlen sich Spender mit der Organisation, für die sie neu spenden, nach kurzer Zeit unwohl oder sind sie von den Leistungen enttäuscht („honey-moon-effect"), ergibt sich für die vorhergehende Organisation eine aussichtsreichere Möglichkeit der Rückgewinnung.[23]

Die inhaltliche, formale und zeitliche Gestaltung der Rückgewinnungsmaßnahmen sollte dabei nicht isoliert voneinander, sondern integrativ betrachtet werden. Beispielsweise hat die Entschuldigungsstrategie bei einer zeitnahen Ansprache (wenn keine Kompensationsleistungen erbracht werden) einen höheren Einfluss auf die Rückgewinnungswahrscheinlichkeit als bei einer verzögerten Ansprache.[24] Die Gestaltungskomponenten der rückgewinnungsbezogenen Ansprache mit dem Ziel der Wiederaufnahme der Spendenaktivität sind in Abbildung 7 dargestellt.

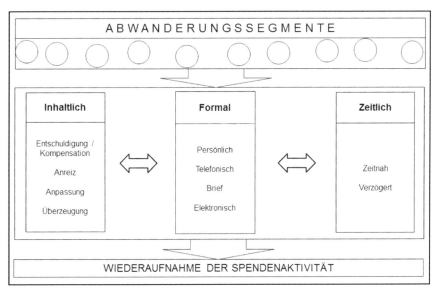

Abbildung 7: Gestaltung der rückgewinnungsbezogenen Ansprache

---

22 Vgl. Michalski 2002, S. 194; Mann 2009, S. 175.
23 Vgl. Sauerbrey/Henning 2000, S. 33.
24 Vgl. Wirtz/Mattila 2004, S. 161.

5 Schlussbetrachtung

Die Ergebnisse unserer Pilotstudie deuten darauf hin, dass in Deutschland die Umsetzung spezifischer Spenderrückgewinnungs-Maßnahmen möglicherweise noch nicht von allen Spendenorganisationen durchgängig professionell durchgeführt wird. Bedenkt man, dass der Großteil der Spenden nach Angaben der Probanden durch Überweisung (75 %) und Bankeinzug (21 %) getätigt worden ist, erscheint alleine die Quote der kontaktierten abgewanderten Spender (ca. 32 %) gering zu sein, auch wenn die Mehrheit der Personen für den Katastrophenschutz gespendet haben, womit oftmals ein einmaliger Spendenakt (z. B. Naturkatastrophe) in Verbindung gebracht wird.

Die Tatsache, dass wesentliche Abwanderungsgründe den drei Oberkategorien „Organisation", „Wettbewerber" und „Spender" zugeordnet werden können, bestätigt bisherige Forschungsarbeiten aus dem Bereich der Kunden- sowie Spenderabwanderung.[25] Ein wesentlicher Erkenntnisgewinn dieser Studie besteht allerdings darin, dass ein Zusammenhang zwischen Spendenmotiven und Abwanderungsgründen aufgedeckt werden konnte. Bereits durch die Kenntnis der Motivlage der Spender wäre es Spendenorganisationen somit möglich, abwanderungsgefährdete bzw. für bestimmte Abwanderungsgründe sensibel reagierende Spender zu identifizieren und zu segmentieren, um dann entsprechende protektive Maßnahmen zu treffen. Zu berücksichtigen ist dabei, dass Spender nicht nur durch ein Motiv, sondern vielmehr durch Motivbündel, die im jeweiligen individuellen Kontext der Spender zu betrachten sind (z. B. situative Einflüsse wie Lebensumstände), in ihrer Spendentätigkeit beeinflusst werden.[26]

Für Rückgewinnungsmaßnahmen bietet es sich damit grundsätzlich an, nicht nur die Abwanderungsgründe, sondern gleichzeitig auch die ursprünglichen Motive der Spender zu berücksichtigen. Die Beweggründe, die ursprünglich dazu geführt haben, dass eine Person eine bestimmte Spendenorganisation unterstützt hat, könnten nämlich Hinweise darauf geben, weshalb sie ihre Spendenaktivität wieder aufnehmen würden. Die Wahl der Ansprachestrategie sollte sich deshalb an den ursprünglichen Spendenmotivationen ausrichten.

Eine große *Herausforderung* stellt dabei die Kenntnis der Spendenmotive sowie der Abwanderungsgründe dar. Die Erfassung der Beweggründe des Spendens ist letztlich nur durch einen direkten Kontakt mit den Spendern möglich. Besteht bei der Anwerbung neuer Spender ein persönlicher Kontakt, kann gezielt das

---

25 Vgl. Michalski 2002, S. 238; Hunziker 2010, S. 119.
26 Vgl. West 2011, S. 7.

Hauptmotiv abgefragt werden. Auch eine schriftliche Befragung, z. B. in Verbindung mit einem Spendenaufruf, ist hierbei denkbar. Schwieriger scheint die Erfassung von Abwanderungsgründen zu sein, da zunächst nur konkrete Vorfälle (z. B. offensichtliche Verärgerung oder Beschwerde) Hinweise auf eine bewusste Abwanderung geben. Eine weitere Möglichkeit besteht darin, aufbauend auf Spendenmotiven sowie Verhaltensdaten und weiteren (z. B. soziodemografischen oder psychografischen) Informationen die Zugehörigkeit zu unterschiedlichen Abwanderungssegmenten zu prognostizieren, was jedoch das Vorliegen derartiger Informationen voraussetzt. Spendenorganisationen, die erfolgreiches Bindungs- und Rückgewinnungsmanagement betreiben wollen, werden diese Informationsanforderung annehmen und erfüllen müssen.

Literatur

Aldrich, T. (2000): Re-activating lapsed donors: A case study, in: International Journal of Nonprofit and Voluntary Sector Marketing, 5(3), S. 288-293.

Bruhn, M. (2011): Marketing für Nonprofit-Organisationen: Grundlagen – Konzepte – Instrumente, Stuttgart.

Burnett, K. (2002): Relationship Fundraising: A Donor-Based Approach to the Business of Raising Money, San Francisco.

Clary, E. G./Snyder, M./Ridge, R. D./Copeland, J./Stukas, A. A./Haugen, J./Miene, P. (1998): Understanding and Assessing the Motivations of Volunteers: A Functional Approach, in: Journal of Personality and Social Psychology, 74(6), S. 1516-1530.

Crole, B. (2006): Adresskunde, in: Fundraising Akademie (Hrsg.), Fundraising: Handbuch für Grundlagen, Strategien und Methoden, Wiesbaden, S. 613–624.

Helmig, B./Hunziker, B. (2011): Spenderabwanderung als Herausforderung des Fundraising, in: Verbands-Management, 37(3), S. 32-41.

Hönig, H. J./Schulz, L. (2006): Spenderbetreuung, in: Fundraising Akademie (Hrsg.), Fundraising: Handbuch für Grundlagen, Strategien und Methoden, Wiesbaden, S. 285–309.

Mann, A. (2009): Kundenrückgewinnung und Dialogmarketing, in: Link, J./Seidl, F. (Hrsg.), Kundenabwanderung, Wiesbaden, S. 163-182.

Mattila, A. S./Cranage, D. (2005): The impact of choice on fairness in the context of service recovery, in: Journal of Services Marketing, 19(5), S. 271-279.

Michalski, S. (2002): Kundenabwanderungs- und Kundenrückgewinnungsprozesse, Wiesbaden.

Miller, L./Powell, G./Seitzer, J. (1990): Determinants of Turnover Among Volunteers, in: Human Relations, 43(9), S. 901-917.

Nathan, A./Hallam, L. (2009): A qualitative investigation into the donor lapsing experience, in: International Journal of Nonprofit and Voluntary Sector Marketing, 14, S. 317-331.

Notarantonio, E. M./Quigley, C. J. (2009): An investigation of the giving behavior of loyal, lapsed, and non-givers to a religious organization, in: International Journal of Nonprofit and Voluntary Sector Marketing, 14(3), S. 297-310.
Ringle, C. M./Wende, S./Will, A. (2005): SmartPLS 2.0, Hamburg 2005.
Rutsatz, U. (2004): Kundenrückgewinnung durch Direktmarketing: Das Beispiel des Versandhandels, Wiesbaden.
Sargeant, A. (2001): Managing donor defection: Why should donors stop giving?, in: New Directions for Philantropic Fundraising, 32, S. 59-74.
Sargeant, A./Hudson, J. (2008): Donor retention: an exploratory study of door-to-door recruits, in: International Journal of Nonprofit and Voluntary Sector Marketing, 13(1), S. 89-101.
Sargeant, A./Jay, E. (2004): Building Donor Loyalty: The Fundraiser's Guide to Increasing Lifetime Value, San Francisco.
Sauerbrey, C./Henning, R. (2000): Kundenrückgewinnung: Erfolgreiches Management für Dienstleister, München.
Schlegelmilch, B./Tynan, C. (1989): Who Volunteers?: An Investigation Into the Characteristics of Charity Volunteers, in: Journal of Marketing Management, 5(2), S. 133-151.
Schöler, A. (2006): Rückgewinnungsmanagement, in: Hippner, H./Wilde, K. D. (Hrsg.): Grundlagen des CRM: Konzepte und Gestaltung, Wiesbaden, S. 605-632.
Stauss, B./Friege, C. (1999): Regaining service customers: costs and benefits of regain management, in: Journal of Service Research, 1(4), S. 347-361.
Stöhr, M. (2008): Großspenden-Fundraising, in: Fundraising Akademie (Hrsg.), Fundraising: Handbuch für Grundlagen, Strategien und Methoden, Wiesbaden, S. 363-370.
Tang, F./Morrow-Howell, N./Choi, E. (2010): Why do older adult volunteers stop volunteering?, in: Ageing & Society, 30, S. 859-878.
Urselmann, M. (2006): Der Spendenmarkt in Deutschland, in: Fundraising Akademie (Hrsg.), Fundraising: Handbuch für Grundlagen, Strategien und Methoden, Wiesbaden, S. 80–93.
West, C. (2011): Zur Erklärbarkeit und Erklärungskraft von Spendenmotiven, in: BBE-Newsletter, 12, S. 1-8.
Wirtz, J./Mattila, A. S. (2004): Consumer responses to compensation, speed of recovery and apology after a service failure, in: International Journal of Service Industry Management, 15(2), S. 150-166.

Die Autoren

Univ.-Prof. Dr. Andreas Mann ist Inhaber des SVI-Stiftungslehrstuhls für Dialogmarketing und Leiter des DMCC – Dialog Marketing Competence Center an der Universität Kassel. Er hat zahlreiche Veröffentlichungen in seinen Arbeits- und Forschungsgebieten Dialogmarketing, Service- und Vertriebsmanagement.

Moritz Parwoll hat an der Universität Kassel Wirtschaftswissenschaften (Diplom) studiert sowie den Masterstudiengang „Kommunikationsmanagement und Dialogmarketing" abgeschlossen. Seit 2011 ist er wissenschaftlicher Mitarbeiter und Doktorand am SVI-Stiftungslehrstuhl für Dialogmarketing am DMCC – Dialog Marketing Competence Center der Universität Kassel. Seine Forschungsschwerpunkte sind das Non-Profit- und Spendenmarketing.

Kontakt

Prof. Dr. Andreas Mann
Universität Kassel
Möncheberstrasse 1
34109 Kassel
mann@wirtschaft.uni-kassel.de

Dipl.-Oec. Moritz Parwoll M. A.
Universität Kassel
Möncheberstrasse 1
34109 Kassel
parwoll@wirtschaft.uni-kassel.de

Sprache in interaktiver Kundenkommunikation

Sandra Hake / Andreas Pasing-Husemann

Inhalt

1	Einleitung	234
1.1	Problemstellung	234
1.2	Zielsetzung	236
1.3	Relevanz aus wissenschaftlicher Perspektive	237
1.4	Relevanz aus praktischer Perspektive	238
2	Begriffliche Grundlagen	239
3	Empirische Studie	240
3.1	Bestandsaufnahme der Forschung	240
3.2	Qualitative Erhebung zur Konzeptualisierung von sprachlicher Gestaltung in interaktiver Kundenkommunikation	244
3.2.1	Methodische Grundlagen der qualitativen Forschung	244
3.2.2	Studie I: Unternehmensperspektive	247
3.2.3	Studie II: Kundenperspektive	248
3.3	Zentrale Ergebnisse	250
4	Fazit und Ausblick	255

Literatur 256
Die Autoren 259
Kontakt 259

Management Summary

> Veränderte Kommunikationsbedingungen (z. B. soziale Netzwerke und technische Neuerungen) setzen Konsumenten heute immer mehr Informationskanälen und einer ständigen Informationsüberflutung aus. Interaktive und personalisierte Dialogkommunikation ist ein geeignetes Mittel, um den Konsumenten trotzdem zu erreichen und ihn erfolgreich zu beeinflussen. Die Sprache ist dabei das zentrale Medium der Kommunikation und kann erheblich zur Überzeugung des Konsumenten beitragen. Sprachliche Gestaltung von Dialogkommunikation spielt somit eine wesentliche Rolle, um den gewünschten Kommunikationserfolg zu erzielen.

1 Einleitung

1.1 Problemstellung

Unternehmen der heutigen Zeit finden ein sich ständig änderndes Kommunikationsumfeld vor. Dies ist vor allem den vielfältigen und stetig wachsenden Kommunikationsmethoden aber auch den technologischen Veränderungen der Kommunikations- und Medienlandschaft geschuldet.[1] Bislang existierendes Kommunikationsverhalten wird nachhaltig verändert z. B. durch die Nutzung von sozialen Netzwerken oder des mobilen Internet.[2]

Für Konsumenten bedeutet dies ebenfalls eine Veränderung der Kommunikationsgepflogenheiten. Sie müssen eine stetig wachsende Informationsflut bewältigen. Außerdem sind Konsumenten heutzutage ständig und überall, meist über mehrere Kommunikationskanäle simultan, erreichbar.[3] Kommunikationswissenschaftliche Studien belegen, dass die Anzahl der Kommunikationskanäle stetig wächst und wachsen wird, da „alte" Kommunikationskanäle beibehalten und nicht substituiert werden.[4] Sie können jedoch nur eine gewisse Menge an Informationen verarbeiten, da die kognitive Kapazität zur Informationsverarbeitung begrenzt ist. Konsumenten sehen sich demnach schnell einer Informationsüberlastung ausgesetzt. Als Reaktion darauf werden nur Teile der angebotenen Informationen prozessiert, der Rest wird von den Konsumenten ignoriert.[5]

---

1 Vgl. Burgers et al. (2000), S. 142.
2 Vgl. de Ruyter/Wetzels (2000), S. 276; Heinonen/Strandvik (2005), S. 187.
3 Vgl. Cho et al. (2011).
4 Vgl. Anton (2000), S. 122.
5 Vgl. Falkinger (2007), S. 267; Godfrey et al. (2011), S. 94; Jacoby (1984), S. 434.

Diese Situation stellt für Unternehmen eine besondere Herausforderung in ihrer Kommunikation dar. Konsumenten müssen sich zunächst der Existenz der Information bewusst werden, damit sie sie überhaupt wahrnehmen können. Im Anschluss muss die Aufmerksamkeit des Konsumenten auf die Information gelenkt werden, um ihn schlussendlich zum Prozessieren der Information zu bewegen.

Um den negativen Konsequenzen der Informationsüberflutung und der begrenzten Aufmerksamkeit der Konsumenten zu begegnen, können Unternehmen ihre Kommunikationsformen variieren. Eine Möglichkeit, die Erfolgschancen im Kampf um die Aufmerksamkeit des Konsumenten zu erhöhen, ist die Nutzung von Dialogkommunikation. Dialogkommunikation wird im Allgemeinen definiert durch die Eigenschaft, dass dem Konsumenten eine Antwortmöglichkeit eingeräumt wird.[6] Die Nutzung dieser Kommunikationsform bindet den Konsumenten daher aktiv in die Kommunikation ein und erhöht seine Bereitschaft, die dargebotenen Informationen zu prozessieren.

Um die Aufmerksamkeit des Konsumenten weiter zu erhöhen, können Unternehmen die Dialogkommunikation intensivieren, z. B. durch Personalisierung oder Individualisierung. Der höchste Grad der Personalisierung und Individualisierung wird bei *interaktiver Kundenkommunikation* erreicht. Diese Kommunikation findet ausschließlich zwischen Konsument und Unternehmen statt und bindet den Konsumenten aktiv in die Kommunikation ein. Interaktive Dialogkommunikation ist demzufolge ein relevantes Mittel, die Aufmerksamkeit des Konsumenten zu gewinnen. Hierzu zählt sämtliche Kommunikation, die – direkt oder indirekt – zwischen zwei Personen sattfindet (z. B. persönlicher Verkauf, Call-Center-Kommunikation, Live-Chats etc.).

Abbildung 1: Notwendigkeit effizienter Kundenkommunikation

---

6 Vgl. für eine ausführliche Diskussion des Begriffes Direktmarketing beispielsweise Fredebeul-Krein (2012), S. 17-19 oder vertiefend Wirtz (2012).

Sobald der Konsument den Dialog mit dem Unternehmen eingegangen ist, gilt es nicht mehr, seine Aufmerksamkeit zu gewinnen, sondern den Konsumenten vom Inhalt der Botschaft zu überzeugen (und idealerweise, eine Verhaltensänderung zu bewirken). Eine der ältesten Persuasionstechniken, die auf Aristoteles und Quintilian zurückgehen, ist die Lehre der klassischen Rhetorik.[7] Durch sprachliche Gestaltung und gute Ausbildung des Redners wird sichergestellt, dass das Publikum vom Inhalt der Botschaft überzeugt wird.[8]

1.2 Zielsetzung

Das Ziel dieser Untersuchung ist die Ableitung von Empfehlungen zur Optimierung der sprachlichen Gestaltung von Dialogkommunikation durch den gezielten Einsatz sprachlicher Gestaltungselemente. Dabei geht diese Studie über die Untersuchungen der klassischen Anzeigenwerbung hinaus, in denen die Auswirkungen der sprachlichen Gestaltung mittels des Einsatzes von rhetorischen Stilmitteln untersucht wurden. In der vorliegenden Untersuchung wird gezielt das Kommunikationsinstrument *Kundentelefonat* – also die Call-Center-Kommunikation – betrachtet. Einen Überblick über die zentralen Leitfragen der empirischen Studie liefert nachfolgende Abbildung.

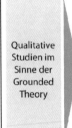

Qualitative Studien im Sinne der Grounded Theory

1. **Was umfasst sprachliche Gestaltung in interaktiver Kundenkommunikation?**
   - Welche Gestaltungselemente werden in der Kundenkommunikation verwendet?
   - Werden klassische, rhetorische Stilmittel verwendet oder findet sprachliche Gestaltung (auch) durch andere Gestaltungselemente statt?

2. **Wie kann man sprachliche Gestaltung in interaktiver Kundenkommunikation einsetzen?**
   - Welche Gestaltungselemente werden überhaupt verwendet?
   - Wie lassen sich diese Gestaltungselemente systematisieren?

Abbildung 2: Leitfragen der empirischen Studie

---

7   Vgl. Carter/Jackson (2004), S. 476.
8   Einen Einstieg in das Themenfeld der klassischen Rhetorik liefern beispielsweise Aristoteles (1999); Göttert (2009) oder Arend (2012).

1.3 Relevanz aus wissenschaftlicher Perspektive

Die Analyse der sprachlichen Gestaltung interaktiver Dialogkommunikation ist aus wissenschaftlicher Perspektive absolut notwendig und füllt eine große Lücke in der Marketingforschung. Zum ersten gibt es im Bereich der Marketingforschung bislang fast ausschließlich Erkenntnisse zum Einsatz klassischer rhetorischer Stilelemente in der Anzeigenwerbung, also der Massenkommunikation. Zum zweiten zeigt die bisherige Marketingforschung deutlich, dass Kommunikation zwischen Kunden und Unternehmen aus verschiedenen Gründen von grundlegender Bedeutung ist. So bildet sich beispielsweise die Mehrheit aller Konsumenten ihre Meinung über ein Unternehmen anhand der Kommunikation mit dem entsprechenden Mitarbeiter.[9] Außerdem kann die Interaktion zwischen Unternehmen und Konsumenten einen substanziellen Teil der Produkterfahrung ausmachen, insbesondere bei intangiblen Gütern.[10] Die Interaktion ist zudem oft die einzige Möglichkeit, den Konsumenten zu erreichen, ihn zu überzeugen und langfristige Geschäftsbeziehungen zu etablieren.[11] Letztlich kann erfolgreiche Kommunikation die Kaufentscheidung des Konsumenten beeinflussen.[12]

Um mit Konsumenten zu interagieren, nutzen die Mitarbeiter eines Unternehmens Sprache. Die sprachliche Interaktion ist demnach eine fundamentale Aufgabe des Mitarbeiters und *das* Medium interpersonaler Kommunikation zugleich.[13] Die umfassende Untersuchung der sprachlichen Gestaltung von interpersonaler Kommunikation scheint vor diesem Hintergrund unerlässlich. Nicht nur der Inhalt der Kommunikation ist dabei von erheblicher Bedeutung, sondern auch *wie* etwas gesagt wird.[14]

Eine umfassende Konzeptualisierung der sprachlichen Gestaltung von interaktiver Dialogkommunikation sowie Analysen der Effektivität verschiedener sprachlicher Gestaltungselemente stellen somit eine Bereicherung für die Marketingdisziplin dar. Ein erster Schritt in diese Richtung wird durch den vorliegenden Beitrag unternommen.

---

9   Vgl. Sun/Li (2011), S. 72.
10 Vgl. Bearden et al. (1998), S. 794; Sundaram/Webster (2000), S. 379.
11 Vgl. Crosby et al. (1990), S. 68 f.
12 Vgl. Mai/Hoffmann (2011), S. 461.
13 Vgl. Forgas (2007), S. 513; Mai/Hoffmann (2011), S. 460; Williams/Spiro (1985), S. 434.
14 Vgl. Blankenship/Holtgraves (2005), S. 22; Pontes/O'Brien Kelly (2000), S. 42.

1.4 Relevanz aus praktischer Perspektive

Obwohl Call-Center-Management-Handbücher die Relevanz der tatsächlichen Gesprächsführung nicht ausdrücklich negieren, liegt doch ein Schwerpunkt der – ohnehin eher übersichtlichen – Literatur auf dem Bereich Kennzahlen bzw. Controlling.[15]

Gerade die Qualitätsdebatte der vergangenen Jahre, die einen starken Schwerpunkt auf Exzellenz bzw. Kundenbegeisterung legt, postuliert jedoch die Relevanz des individuellen Gesprächs. Nur durch eine besondere Leistung kann hier eine Überzeugung gelingen, die – im Idealfall – die Bestandskunden loyalisiert und Interessenten zu Neukunden macht.[16]

Nun ist es eine Binsenweisheit im Call-Center, dass zwar jeder Telefonagent mit einem Leitfaden agiert – aber jeder mit seinem Eigenen. Für ein komplettes Team gültige Leitfäden werden in der Arbeitspraxis durch jeden Agenten individuell weiterentwickelt. Insbesondere in der Outbound-Telefonie und bei verkäuferischen Elementen in Inbound-Anrufen werden vorgegebene Formulierungen oder Handreichungen durch eigene Erfahrungen ergänzt – seien es Formulierungen, die sich als besonders erfolgversprechend erwiesen haben (im Sinne einer „Best Practice" z. B. bei Kollegen) oder seien es Formulierungen, die unausgeschrieben Bestandteil der gelebten Telefoniepraxis werden.

Diese Erkenntnis wird jedoch bei den Lern- und Trainingsmodulen für Call-Center nicht berücksichtigt. Selbst wenn wissenschaftliche Betrachtungen über klassische Trainingselemente (Frontalunterricht etc.) hinausgehen, ist das Avancierteste üblicherweise Gesprächssimulation o. ä.[17] – die individuellen Elemente von Gesprächen sind bisher nicht Gegenstand von Aus- und Weiterbildungen der Telefonagenten.[18]

Als Basis eines solchen Trainings, das gerade im Sinne einer Service Excellence die Gespräche auf der individuellen Ebene verbessern würde, ist eine grundlegende Erfassung der Gesprächsrealität unverzichtbar. Eine solche Studie liegt

---

15 Vgl. etwa für den deutschsprachigen Raum Becker et al. (2010), S. 48 ff., sowie (Meyer/Kantsperger 2005), S. 75.
16 Vgl. Johnston (2007) sowie den Beitrag von Hennig-Thurau/Paul (2007). Der Exzellenz-Gedanke fußt zu großen Teilen auf den Arbeiten zur Excellence von Autoren wie Peters und Waterman. Vgl. dazu etwa Peters/Waterman (1982).
17 Vgl. Murthy et al. (2008).
18 Vgl. exemplarisch für eine Schematisierung des Call-Centers, das für die individuellen Elemente keinen Platz lässt, etwa König (2010).

bisher nicht vor – hier genau ist der Ansatz der vorliegenden Untersuchung (und der damit verbundenen umfassenderen wissenschaftlichen Bearbeitung dieses Themenfelds).

2 Begriffliche Grundlagen

Begriffsklärung: Das Verhältnis von Rhetorik und sprachlicher Gestaltung von Direktkommunikation

Die klassische Rhetorik umfasst die Redekunst. Sie unterscheidet vor allem drei Redegattungen: die Gerichtsrede, die Beratungsrede sowie die Lobrede. Der Redner hat bei der Ausübung der Rede drei Ansprüche zu erfüllen: Logik, Ethos und Pathos. Mit Logik soll der Redner belehren (*docere*) und beweisen (*probare*). Das Publikum wird somit intellektuell und kognitiv angesprochen. Ethos und Pathos hingegen appellieren an die affektive Verarbeitung des Publikums. Ethos soll das Publikum gewinnen (*conciliare*) und erfreuen (*delectare*), Pathos soll das Publikum bewegen (*movere*) und aufstacheln (*concitare*).

Ferner verlangt sie vom Redner umfassende Vorbereitung und Strukturierung der Rede. Es werden fünf Bearbeitungsphasen unterschieden: Erfindung der Gedanken (*inventio*), Gliederung der Gedanken (*dispositio*), Erlernen der Rede (*memoria*), sprachliche Darstellung der Gedanken (*elocutio*), sowie das Vortragen der Rede (*pronuntiatio*).

Die sprachliche Darstellung der Gedanken unterteilt sich in die Tugenden sprachlicher Darstellung (*virtutes elocutionis*) und die generellen Stilgattungen (*genera dicendi*). Zu den Tugenden zählen die Sprachrichtigkeit (*latinitas*), die Klarheit (*perspicuitas*), der Schmuck (*ornatus*) sowie die Angemessenheit (*aptum*) (vgl. Abbildung 3).

Die Ausführungen zeigen: Klassische Rhetorik umfasst mehr, als die bloße Verwendung von Redeschmuck (*ornatus*). Sie umfasst die Konzeption sowie die Ausführung der Rede als kunstvollen Akt. Außerdem wird deutlich: Die klassische Rhetorik ist nicht ohne Weiteres auf die heutige Marketingkommunikation übertragbar. Die größten Parallelen zur Redekunst können noch in der Massenkommunikation attestiert werden. Aufgrund der strukturellen Ähnlichkeit einer Rede mit z. B. einer Anzeigenwerbung oder einem Radiobeitrag (Ziel: Persuasion des Publikums, kunstvolle und überlegte Gestaltung der Botschaft), findet der Redeschmuck der klassischen Rhetorik am ehesten in der Massenkommunikation ihre Anwendungsbereiche.

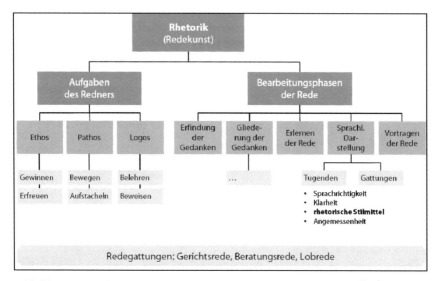

Abbildung 3: Die klassische Rhetorik als umfassende Lehre der Redekunst

In der interaktiven Direktkommunikation, werden die klassischen Mittel der Redekunst jedoch kaum Anwendung finden, da das Gespräch interaktiv verläuft. Zur Analyse der interaktiven Direktkommunikation werden daher Erkenntnisse aus den Wissenschaften der Kommunikation hinzugezogen. Ferner wird ein Konzept der sprachlichen Gestaltung von Direktkommunikation entwickelt, das allumfassender und breiter als das Konzept des klassischen Redeschmucks zu verstehen ist.

3 Empirische Studie

3.1 Bestandsaufnahme der Forschung

Zur Beantwortung der Leitfragen, insbesondere der Frage nach der Konzeptualisierung von sprachlicher Gestaltung in interaktiver Dialogkommunikation, wurde zunächst eine umfassende, interdisziplinäre Literaturrecherche durchgeführt. Dabei wurden Publikationen der Betriebswirtschaftslehre, der Psychologie, der Linguistik, der Sprech- und der Sozialwissenschaften berücksichtigt. In der betriebswirtschaftlichen Literatur wurden insbesondere die Bereiche des Verhandlungs- und Verkaufsmanagements, der Werbewirkungsforschung, der persuasiven Kommunikation sowie des unterbewussten Konsumentenverhaltens gesichtet.

Die Bestandsaufnahme der bisherigen Erkenntnisse liefert ein inkongruentes und sehr fragmentiertes Bild. In den relevanten Publikationen der Linguistik und der Sprechwissenschaften werden sehr detailliert einzelne Merkmale der interaktiven Kommunikation und der dazu genutzten Sprache betrachtet. Die Untersuchungseinheiten sind häufig sehr klein (z. B. Gesprächseröffnungs- oder -schlusssequenzen) und identifizierte Sprachmuster beziehen sich oftmals auf sehr beschränkte Ausschnitte der Gesamtkommunikation zwischen zwei Individuen. Die insgesamt zu diesem Thema existierende Literatur lässt sich wie folgt systematisieren:

Tabelle 1: Systematisierung der relevanten Literatur

Betriebswirtschaftslehre, insb. Marketing			Linguistik	Sprech-wissenschaft
Werbewirkungsforschung	Call-Center-Management	Verkaufstechniken	Kommunikationsforschung	Rhetorik, Sprechkunst
Wirkung rhetorischer Elemente in der Massenkommunikation	Offshoring von Call-Centern Allgemeines Management Personalmanagement	Adaptive Selling Beeinflussungsstrategien Käufer- und Verkäufereigenschaften Verhandlungstechniken	Situative Abhängigkeit Persönlichkeitsfaktoren Kommunikationstheorien (McLuhan usw.) Persuasion	Phonetik Verbales Non-verbales

In der betriebswirtschaftlichen Literatur, insbesondere im Bereich Marketing, findet sich hingegen kein fundierter Erkenntnisstand zur sprachlichen Gestaltung von Kundenkommunikation. Einzig im Bereich der Massenkommunikation gab es in den 1980er und 1990er Jahren intensive Forschungsbemühungen zur Identifikation sprachlicher Gestaltungselemente in Titelzeilen von Anzeigenwerbungen.

Mit „sprachlichen Gestaltungselementen" ist in dieser Forschungsströmung jedoch lediglich die Verwendung einzelner Stilelemente der Rhetorik gemeint (z. B. Alliterationen oder Reime). Hingegen gibt es bislang kaum Studien, die Empfehlungen hinsichtlich der sprachlichen Gestaltung bei der Verwendung von Kommunikationsmedien (z. B. Audiomedien, Postwurfsendungen, E-Mails und neue Medien) und anderer Kommunikationsmodalitäten (z. B. teilpersonalisierte Kommunikation oder persönliche, Kommunikation) untersuchen.

Forschungslücke mit besonderer Relevanz: sprachliche Gestaltung von Call-Center-Kommunikation

Während in einem persönlichen Gespräch die Kommunikation über mehrere Sinnesorgane wahrgenommen werden kann, wird die Kommunikation in einem Kundentelefonat auf akustisch wahrnehmbare Kommunikationselemente reduziert. Die non-verbalen Elemente, insbesondere die Signale der Körpersprache, die bis zu 55 % der Wirkung einer Nachricht ausmachen können, werden dabei unwirksam. Von besonderer Bedeutung ist hingegen das Medium Sprache im Kundentelefonat. Dem Inhalt einer Botschaft kommt mit nur 7 % der Wirkung lediglich eine untergeordnete Rolle zu.[19] Forschungsergebnisse zeigen, dass beispielsweise der Beitrag der Stimme bis zu 38 % der Wirkung einer Nachricht ausmachen kann.[20] Die sprachliche Gestaltung der Kommunikation ist demnach *der zentrale Gestaltungsparameter* eines Kundentelefonats.[21] Darüber hinaus gewinnt das Kundentelefonat, also die Kommunikation über ein Call-Center, in der Praxis mehr und mehr an Bedeutung. Viele Unternehmen nutzen das Call-Center als zentrale Schnittstelle zum Konsumenten.[22]

Trotz der großen Relevanz von Call-Centern für die Praxis, gibt es zur sprachlichen Gestaltung der Kommunikation kaum Forschungsbeiträge, aus denen Gestaltungsempfehlungen für Gespräche abgeleitet werden können. Die empirische Forschung konzentriert sich vor allem auf die Messung von Servicequalität im Call-Center (siehe dazu Abbildung 4). Die dabei erhobenen Größen beschränken sich zumeist auf Rahmenfaktoren des eigentlichen Gespräches. So werden beispielsweise die Wirkungen von Wartezeiten auf die wahrgenommene Servicequalität untersucht. Weitere häufig erhobene Größen sind die Beurteilung von Call-Center-Agenten durch ihre Vorgesetzten, die Anrufdauer, die Anrufanzahl, die ein Agent während einer Schicht abwickelt, die durchschnittlichen Redezeiten von Agenten und Kunden, die sogenannte „First-Call-Solution-Rate" und die durchschnittliche Nachbearbeitungszeit eines Anrufes. Diese Größen erfassen nur die Rahmenbedingungen der eigentlichen Interaktion zwischen dem Call-Center-Agenten und dem Kunden. Die interpersonale Kommunikation selbst und deren Bestandteile werden jedoch kaum betrachtet.

---

19 Vgl. Williams/Spiro (1985), S. 435.
20 Vgl. dazu beispielsweise Blankenship/Holtgraves (2005), S. 3; Mehrabian/Ferris (1967), S. 252.
21 Vgl. Holmqvist/Grönroos (2012).
22 Vgl. dazu beispielsweise Atlason et al. (2008), S. 295; Gans et al. (2003), S. 79 f.; Murthy et al. (2008), S. 384; Sun/Li (2011), S. 72.

Es gibt einige erste Studien, die sich mit der interpersonalen Kommunikation selbst beschäftigen. So finden sich beispielsweise Studien, die sich mit einzelnen Effekten wie Dialekt und Akzent und daraus resultierenden Kompetenzzuweisungen beschäftigen. Ferner können unter Umständen Ergebnisse aus der Verhandlungsforschung zum Auftreten von Interaktionsstilen übertragen werden, empirisch ist dies im Call-Center-Kontext jedoch noch nicht untersucht worden. Die erhobenen Erfolgsgrößen bestehen zumeist aus Wahrnehmungsgrößen, wie wahrgenommener emotionaler und fachlicher Kompetenz, sozialer Identifikation oder wahrgenommener Kundenorientierung. Zudem werden ausschließlich Verhaltensabsichten wie Kaufabsicht, Wiederanrufabsicht oder Loyalitätsabsicht erhoben. Tatsächliche Verhaltensgrößen wurden bislang nicht empirisch erhoben.

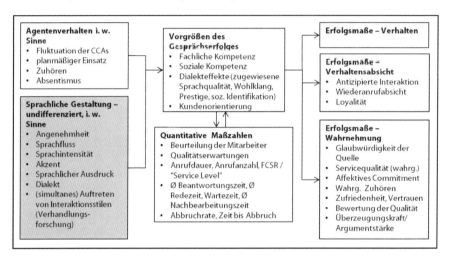

Abbildung 4: Überblick über die bisherige Forschung zur Call-Center-Kommunikation

Die Bestandsaufnahme der für die interpersonale, interaktive Kundenkommunikation relevanten Studien zeigt also den substanziellen Forschungsbedarf auf diesem Gebiet. Theoretische Vorüberlegungen und Wissen aus der Praxis lassen vermuten, dass das klassische Konzept der rhetorischen Stilmittel im Kundentelefonat nur sehr eingeschränkt einsetzbar ist. Vielmehr muss eine Erweiterung des Rhetorik-Konzepts für die interaktive Dialogkommunikation erarbeitet werden, um erste Aussagen über die Effekte des Einsatzes von sprachlichen Gestaltungselementen ableiten zu können.

3.2 Qualitative Erhebung zur Konzeptualisierung von sprachlicher Gestaltung in interaktiver Kundenkommunikation

3.2.1 Methodische Grundlagen der qualitativen Forschung

Die übliche Methode der qualitativen Forschung stellt die *Grounded Theory* dar, die von Barney Glaser und Anselm Strauss entwickelt wurde. Die Grounded Theory ist ein systematisches Verfahren zur Erhebung und Auswertung qualitativer Daten mit dem Ziel der Theoriebildung.[23] Die Methodik der Grounded Theory ist somit besonders für Forschungsgebiete geeignet, in denen es noch kein umfangreiches und überprüftes theoretisches Fundament gibt.

Eine Prämisse der Grounded Theory ist es, möglichst unvoreingenommen in allen Phasen der Untersuchung zu sein. Bei der Generierung der Forschungsfrage wird eine theoretische Fundierung meist vollständig abgelehnt. Möglich sind aber auch offenere Auslegungen der Grounded Theory, bei denen ein gewisses theoretisches Vorwissen in die Untersuchung einfließt.[24] Generell sollen in der Grounded Theory zu Beginn des Forschungsprojektes keine Hypothesen gebildet werden. Ein zentrales Element der Grounded Theory ist die ständige Reflexion sowie die stufenweise Erweiterung des (Vor-)Wissens. Ein zirkulärer Ablauf ist also charakteristisch für die Grounded Theory (vgl. Abbildung 5).

Die Daten für die Grounded Theory können aus verschiedenen qualitativen *Erhebungsmethoden* generiert werden. Diese untergliedern sich in Befragungen, Beobachtungen und Inhaltsanalysen.[25] Die Probandenauswahl erfolgt in der Regel mit Hilfe des *Theoretical Sampling*. Diese Auswahlmethode ist nicht zufällig, sondern sucht die Probanden gezielt aus, um die Forschungsfrage bestmöglich zu beantworten (z. B. Experten auf dem Gebiet der Call-Center Kommunikation). Dieser Prozess wird im Laufe der Datenerhebung, unter Berücksichtigung der sich entwickelnden Theorie, angepasst. Das Ziel ist nicht, wie in der quantitativen Datenerhebung, eine für die Grundgesamtheit repräsentative Stichprobe zu erheben. Die Repräsentativität einer Erhebung wird in der Grounded Theory nicht über die Stichprobe, sondern über die entwickelten Konzepte erzielt. Die Probandenauswahl stellt damit eine Datenerhebung auf Grundlage der sich durch den Forschungsprozess entwickelnden Theorie dar.[26]

---

23   Vgl. Lamnek (2010), S. 90-92 oder vertiefend Glaser/Strauss (2008).
24   Vgl. Goulding (2002), S. 55.
25   Vgl. Kepper (2008), S. 178.
26   Vgl. Szabo (2009), S. 114.

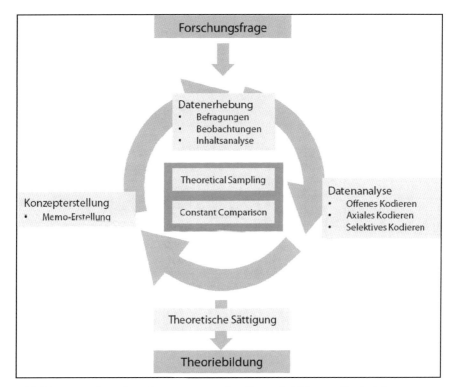

Abbildung 5: Der Forschungsprozess der Grounded Theory (in Anlehnung an Szabo (2009), S. 112.)

Im Wechsel mit der Datenerhebung erfolgt die *Datenanalyse* in der Grounded Theory durch das Kodieren der Daten. Daten sind dabei zumeist transkribierte Texte. Diese können wie oben beschrieben z. B. aus Beobachtungen oder Befragungen resultieren. Es werden drei verschiedene, aufeinander folgende Schritte des Kodierens unterschieden: das offene Kodieren, das axiale Kodieren sowie das selektive Kodieren. Beim *offenen Kodieren* werden im vorliegenden Datenmaterial zunächst Indikatoren (zumeist Textstellen) identifiziert. Diese werden als Kodes bezeichnet. Im zweiten Schritt, *dem axialen Kodieren*, werden die generierten Kodes miteinander verknüpft, in Beziehung gesetzt und anhand weiterer erhobener Daten überprüft. In dieser Phase werden Konzepte und Kategorien definiert und ihnen werden konstituierende Kodes zugewiesen. Im letzten Schritt, dem *selektiven Kodieren*, werden die identifizierten Kategorien zu einer Kernkategorie zusammengefasst (vgl. Abbildung 6).

Die Analyse der Daten erfolgt anhand der Methode der *Constant Comparison*, also dem kontinuierlichen Vergleich.[27] Die erzielten Ergebnisse, Kodes und Kategorien werden zu Kernkategorien zusammengefasst und mit den anderen erhobenen Daten auf Gemeinsamkeiten und Unterschiede hin untersucht. Dadurch werden Kategorien überhaupt erst definiert und im Laufe des Forschungsprozesses kontinuierlich redefiniert. Durch den ständigen Vergleich wird zudem die Wahl des darauffolgenden Datenerhebungsprozesses determiniert und damit auch die Auswahl der nächsten Probanden.

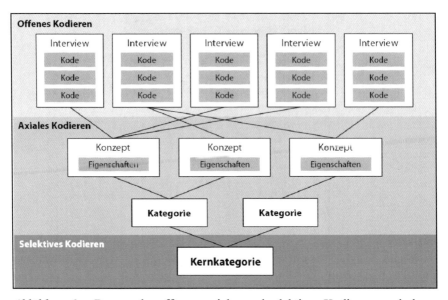

Abbildung 6: Prozess des offenen, axialen und selektiven Kodierens nach der Grounded Theory (in Anlehnung an Fredebeul-Krein (2012), S. 84)

Die Datenerhebung wird erst dann beendet, wenn keine neuen Erkenntnisse gewonnen werden können. Dies wird als theoretische Sättigung bezeichnet.[28] Hierzu sollten die Kategorien klar definiert, voneinander abgrenzbar und das Verhältnis der Kategorien zueinander geklärt sein. Die Theorie steht damit nicht am Beginn des Forschungsprozesses sondern stellt das Endprodukt eines induktiven Forschungsvorgehens dar.[29] Die Methode der Grounded Theory stellt somit

---

27 Vgl. hier und im Folgenden Goulding (2002), S. 68.
28 Vgl. Muckel (2011), S. 337.
29 Vgl. Szabo (2009), S. 109.

eine adäquate Methodik zur Bearbeitung der oben aufgeworfenen Leitfragen dar und wird daher in den beiden folgenden qualitativen Studien heran gezogen.

3.2.2 Studie I: Unternehmensperspektive

Zur Erfassung der sprachlichen Gestaltungselemente in Kundentelefonaten wurde eine qualitative Studie durchgeführt. Die Durchführung der Studie erfolgte nach Maßgabe der Grounded Theory, da wie zu Beginn dieses Beitrags bereits gezeigt, keine hinreichende theoretische Basis existiert. In dieser Studie wurde die Einzelbefragung in Form von Tiefeninterviews gewählt (vgl. Abbildung 7). Beim Tiefeninterview steht nicht der Befragte selber, sondern vielmehr seine Funktion als Experte auf einem bestimmten Gebiet und das damit verbundene Wissen im Mittelpunkt des Forschungsinteresses. Da die Call-Center-Kommunikation den Untersuchungsrahmen dieses Beitrags bildet, wurden in Studie I Experten aus der Call-Center-Unternehmenspraxis einzeln befragt. Die Befragungen erfolgten vornehmlich hinsichtlich der sprachlichen Gestaltung von Call-Center-Kommunikation, aber auch zu Themen wie Gesprächsaufbau, Standardisierung, Normierung der Gespräche durch Leitfäden, Argumentationsstrategien, Einwand- und Vorwandbehandlungstechniken, Training, Implementierung und Kontrolle der Servicequalität in Call-Centern. Die Rolle des Forschers war dabei stets zurückhaltend und moderierend. Es wurden viele offene Fragen gestellt, um Verzerrungen im Antwortverhalten und erwünschtes Antworten weitestgehend auszuschließen.

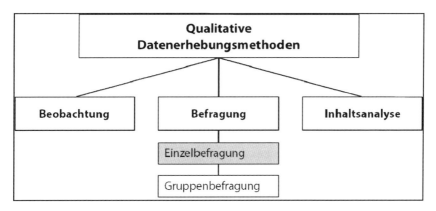

Abbildung 7: Datenerhebungsmethode in der qualitativen Studie I

Die qualitative Datenerhebung und Analyse umfasste insgesamt 14 Tiefeninterviews. Nach 14 Einzelbefragungen, von denen 13 Interviews verwertbar waren, zeigte sich deutlich, dass von weiteren Interviews kein weiterer Erkenntnisgewinn zu erwarten gewesen wäre.[30] Der Grad der theoretischen Sättigung war demnach erreicht. Alle Tiefeninterviews dauerten von 30 bis 63 Minuten und wurden im Anschluss an die Befragung transkribiert und mit Hilfe der Software MAXQDA analysiert. Eine Übersicht über die geführten Interviews, Branchen und Gesprächspartner ist Tabelle 2 zu entnehmen.

Tabelle 2: Interviewstatistik

Anzahl:	14 qualitative Tiefeninterviews
Nutzbar:	13 qualitative Tiefeninterviews
Dauer:	30-63 Min
Branchen:	Call-Center-Dienstleistungen, Energieversorger, Marktforschung, Service-Center-Dienstleistungen, Telekommunikation
Positionen:	Kommunikationstrainer/in, Geschäftsleitung, Fach- und Verhaltenstrainer/in, Standortleiter/in, Teamleiter/in, Hotline Management Neukundengeschäft, Informationsmanager/in
Alter der Interviewpartner:	27-54 Jahre

3.2.3 Studie II: Kundenperspektive

Nach Durchführung und Auswertung der in Studie I durchgeführten Einzelbefragungen wurde deutlich, dass die Perspektive des Rezipienten, also des Kunden, darin zu wenig betrachtet worden war. Daher wurde eine zweite qualitative Studie zur sprachlichen Gestaltung von Call-Center-Kommunikation durchgeführt, in der die Kundenperspektive explizit in den Fokus gerückt wurde. Als Erhebungsmethode wurde in der zweiten Studie die Gruppenbefragung gewählt (vgl. Abbildung 8). Diese ermöglicht es, dass die befragten Personen sich gegenseitig

---

30 Eines der Tiefeninterviews war nicht für die Analyse verwertbar, da die Tonaufzeichnung während der Befragung von zu schlechter Qualität für eine inhaltlich einwandfreie Transkription war. Die Notizen des Forschers, die während dieser Befragung entstanden sind, deckten sich aber weitestgehend mit den vorherigen Erkenntnissen. Ein substanzieller Erkenntnisverlust ist demnach nicht zu erwarten.

inspirieren und erhöht die Wahrscheinlichkeit einer möglichst facettenreichen Betrachtung des Themas.

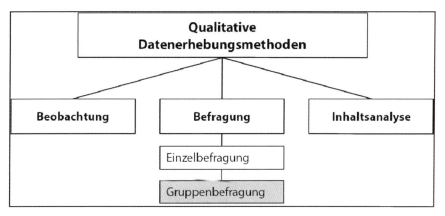

Abbildung 8: Datenerhebungsmethode in der qualitativen Studie II

Zur Datenerhebung wurden insgesamt acht Fokusgruppen durchgeführt. Insgesamt nahmen 44 Probanden teil, so dass jede Fokusgruppe aus vier bis sechs Teilnehmern bestand. Mit 59 % der Teilnehmer waren über die Hälfte der Probanden weiblich. Der Altersdurchschnitt lag bei 25,2 Jahren. Tabelle 3 gibt einen Überblick über die demografischen Daten der einzelnen Fokusgruppen.

Tabelle 3: Fokusgruppenstatistik

Anzahl:	8 Fokusgruppen
Nutzbar:	8 Fokusgruppen
Teilnehmerzahl:	4-6 Teilnehmer pro Gruppe
Dauer:	ca. 60 Min
Geschlechterverteilung:	59 % weiblich, 41 % männlich
Alter der Fokusgruppenteilnehmer:	23-30 Jahre

Alle Diskussionsteilnehmer strebten zur Zeit der Befragung einen Hochschulabschluss an oder hatten diesen bereits erworben. Die Teilnehmer waren zwischen 23 und 30 Jahren alt. Diese Homogenität der Teilnehmer ist dem Auswahlprozess geschuldet, entspricht aber voll und ganz dem in der Grounded Theory verlangten Theoretical Sampling. Die theoretische Sättigung sollte innerhalb dieser sozialen Gruppe erreicht werden, denn Forschungsschwerpunkt ist nicht das Aufzeigen von Unterschieden zwischen sozialen Gruppen. Die Diversität der Ansichten wurde durch die unterschiedlichen Erfahrungen der Teilnehmer gewährleistet. Die Gruppenzuteilung der Teilnehmer erfolgte zufällig und wurde nicht beeinflusst. Jede Gruppendiskussion dauerte etwa eine Stunde und wurde mit Hilfe eines Diktiergeräts nach Einwilligung der Teilnehmer aufgezeichnet. Die Diskussionen wurden in allen Gruppen während des Erhebungsprozesses lediglich partiell moderiert. Die Moderatorenrolle beschränkte sich auf die Aufrechterhaltung der Diskussion, die Einhaltung des Diskussionsthemas sowie eine gelegentliche Impulsgebung bei zu festgefahrenen Diskussionsabschnitten. Weiterhin wurden kritische Nachfragen gestellt, um die Verständlichkeit und die Tiefe der ausgeführten Punkte zu erhöhen.

3.3 Zentrale Ergebnisse

Bevor die zentralen Ergebnisse der qualitativen Studien vorgestellt werden, soll nochmals in Erinnerung gerufen werden, dass die klassischen Mittel der Redekunst in der interaktiven Dialogkommunikation kaum Anwendung finden werden. Wie in Abschnitt 2 bereits erörtert, handelt es sich bei den Stilmitteln der Rhetorik um Gestaltungselemente, die am ehesten in der Massenkommunikation anwendbar sind. Die interpersonale, interaktive Dialogkommunikation läuft jedoch fundamental anders ab, da sie dem Rezipienten eine direkte Antwortmöglichkeit eröffnet. Auf die Antwort des Rezipienten muss das Unternehmen dann wiederum eingehen und eventuellen Bedenken oder Einwänden begegnen. Wie also lässt sich interpersonale Dialogkommunikation erfassen und gestalten?

Die kommunikationswissenschaftliche Forschung zeigt, dass interpersonale Kommunikation grundsätzlich aus verbalen und non-verbalen Elementen besteht. Die non-verbalen Elemente werden wiederum in vokale Elemente und Kinetik unterteilt. Zu den verbalen Kommunikationselementen zählen alle inhaltlichen Bestandteile der Kommunikation wie beispielsweise Argumentationsstrategien oder Einwandbehandlungstechniken. Zu den non-verbalen Kommunikationselementen gehören grundsätzlich kinetische und vokale Bestandteile. Vokale Kommunikationselemente sind dabei alle Parameter, die der Rezipient – bewusst oder unbewusst – akustisch wahrnehmen kann. Dazu gehören beispielsweise die Stimme, das Sprachtempo oder die Lautstärke. Die Kinetik wiederum umfasst alle visuell wahrnehmbaren Elemente der Kommunikation, wie beispielsweise die Körpersprache, aber auch die Körperhaltung der Gesprächspartner zueinander. Aus den Beispielen wird also deutlich, dass der Redeschmuck im Sinne der klassischen Rhetorik nur einen kleinen Teil der interpersonalen Kommunikation ausmacht (vgl. Abbildung 9).

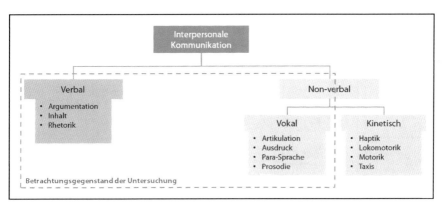

Abbildung 9: Bestandteile interpersonaler Kommunikation

Die Ergebnisse der qualitativen Studien zeigen nun, dass diese Einteilung für die interpersonale Dialogkommunikation im Call-Center nicht differenziert genug ist. Die Expertenmeinungen waren einhellig, dass in der telefonischen Dialogkommunikation mit Kunden eine weitere Kategorie an Kommunikationselementen eine Rolle spielt. Dies ist die Kategorie der *hybriden Kommunikationselemente*. Sie umfasst Konstrukte höherer Ordnung, die sowohl aus verbalen, als auch aus vokalen Elementen bestehen. Beispielhaft seien hier Empathie oder Authentizität genannt (vgl. Abbildung 10).

Wie bereits in den Abschnitten 1.3 und 1.4 ausführlich erörtert, ist die Sprache gerade in der Call-Center-Kommunikation von besonderer Bedeutung, da der Gesprächspartner in der Regel nicht sichtbar ist und nur über das Telefon wahrgenommen wird. Betrachtungsgegenstand dieser Untersuchung sind somit die verbalen, die hybriden sowie die ausschließlich auditiv wahrnehmbaren, vokalen Kommunikationselemente.

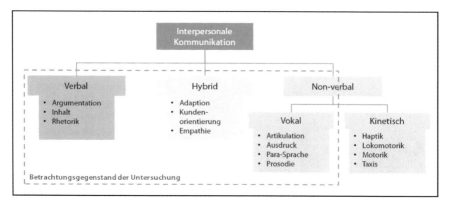

Abbildung 10: Bestandteile interpersonaler Kommunikation – Integration der hybriden Kommunikationselemente

Neben der Unterteilung in verschiedene Kommunikationselemente haben die qualitativen Studien gezeigt, dass die sprachliche Gestaltung in unterschiedlichem Ausmaß und mit unterschiedlicher Intensität stattfinden kann. Einzelne Schlüsselwörter oder Reizwörter entfalten sicherlich eine andere Wirkung als ein kontinuierlich empathischer und authentischer Call-Center-Agent. Deshalb werden zusätzlich zu den Elementen der Kommunikation die *Gestaltungsebenen* der interpersonalen Kommunikation berücksichtigt. Die Gestaltungebenen zeigen an, zu welchem Anteil des Gespräches ein Gestaltungselement verwendet wird. Unterschieden werden die Wortebene (lexikalische Ebene), die syntaktische Ebene (Satzebene) sowie die Gesprächsebene. Jedes sprachliche Gestaltungselement kann somit in die Matrix der Kommunikationselemente und Gestaltungsebenen eingeordnet werden (vgl. Abbildung 11).

Das Ergebnis der qualitativen Studien und der interdisziplinären Literaturreche ist ein umfangreicher Katalog an sprachlichen Gestaltungselementen, die in der interaktiven, interpersonalen Dialogkommunikation aus theoretischer Sicht Anwendung finden können. Dieser Katalog umfasst insgesamt 113 sprachliche Gestaltungselemente sowie 13 Kontrollgrößen. Entsprechend der verschiedenen Felder der oben vorgestellten Matrix von sprachlichen Gestaltungselementen finden sich 74 verbale, 19 vokale sowie 20 hybride Elemente. Die Kontrollgrößen sind nicht im engeren Sinne sprachliche Gestaltungselemente, wurden in den qualitativen Studien jedoch mehrfach genannt und für wichtig befunden. Da der Katalog eine Grundlage für weitere Untersuchungen in diesem Feld bildet, wurden die Kontrollgrößen daher mit aufgenommen. Einen Überblick über den Katalog liefert Tabelle 4.

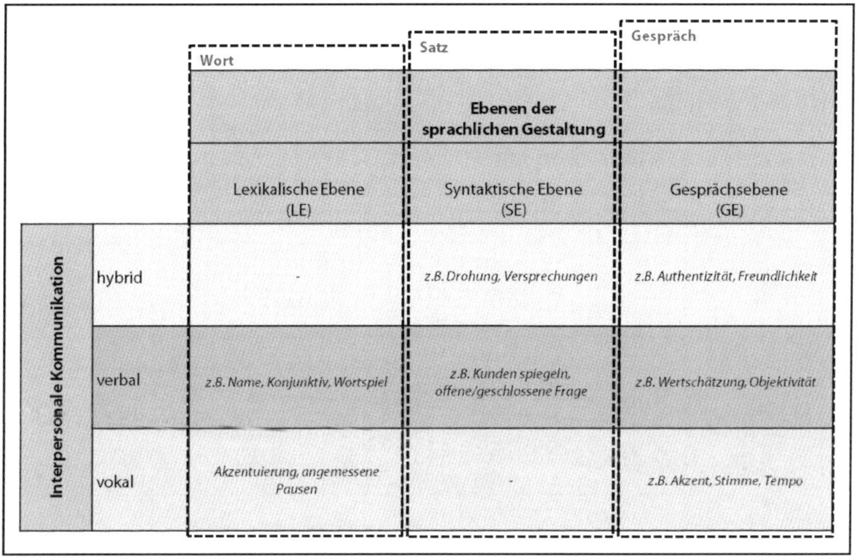

		Wort	Satz	Gespräch
			Ebenen der sprachlichen Gestaltung	
		Lexikalische Ebene (LE)	Syntaktische Ebene (SE)	Gesprächsebene (GE)
Interpersonale Kommunikation	hybrid	-	z.B. Drohung, Versprechungen	z.B. Authentizität, Freundlichkeit
	verbal	z.B. Name, Konjunktiv, Wortspiel	z.B. Kunden spiegeln, offene/geschlossene Frage	z.B. Wertschätzung, Objektivität
	vokal	Akzentuierung, angemessene Pausen	-	z.B. Akzent, Stimme, Tempo

Abbildung 11: Systematisierung der sprachlichen Gestaltungselemente – Kommunikationselemente und Gestaltungsebenen

Grundsätzlich zeigt sich anhand dieses Kataloges, dass die sprachliche Gestaltung von Call-Center-Kommunikation keinesfalls auf den Inhalt der Kommunikation reduzierbar ist.[31] Mit einer Anzahl von insgesamt 38 von 112 Elementen ist den vokalen und den hybriden Elementen eine große Bedeutung in der Kommunikation zuzuordnen. Ferner konzentriert sich die Mehrheit der verbalen Gestaltungselemente auf der Ebene des Wortes und des Satzes, während die hybriden und vokalen Gestaltungselemente eher auf Gesprächsebene zu finden sind. Die vokale und die hybride Kommunikation finden also tendenziell mit höherer Intensität statt als die verbale Gestaltung der Kommunikation. Dieser Befund ist strukturell mit früheren Forschungsergebnissen der Massenkommunikation vereinbar. Rhetorische Stilelemente werden häufig verwendet, um die Aufmerksamkeit für die Anzeigenwerbung zu erhöhen. Sie führen jedoch nicht immer zu einer intensiveren Verarbeitung der Information, sondern sorgen häufig dafür, dass die Anzeige nur oberflächlich verarbeitet und heuristisch bewertet wird. Es ist also zu vermuten, dass die verbale Gestaltung sowohl vom Unternehmen, als

---

31 Der Katalog enthält alle sprachlichen Gestaltungselemente, die in den qualitativen Studien sowie der interdisziplinären Literaturrecherche identifiziert werden konnten. Dargestellt in der obigen Tabelle ist jeweils der Überbegriff bzw. eine Gruppierung von ähnlichen sprachlichen Gestaltungselementen. Der vollständige Katalog kann bei der Autorin erfragt werden.

auch vom Rezipienten eine geringere kognitive Kapazität fordert, während die vokalen und hybriden Kommunikationselemente komplexer zu verarbeiten sind.

Tabelle 4: Katalog der sprachlichen Gestaltungselemente

Element	Ebene	Sprachliche Gestaltungselemente	Anzahl
hybrid	SE	Beeinflussungsstrategie	9
		Argumentation/Wortwahl	1
	GE	agentenbezogene Eigenschaften	2
		interpersonale Gesprächskompetenz	4
		Sprechkompetenz	3
verbal	LE	Emotionale Beeinflussung	4
		geeignete Ansprache	5
		Konjunktivverwendungen	2
		Redeschmuck	12
		Störungen im Sprachfluss	6
	SE	Argumentation	8
		Einwandbehandlungstechniken	11
		Fragetechniken	9
		Phrasen	7
		Redeschmuck	5
	GE	fachliche Gesprächskompetenz	2
		Dialogelemente des Kundenmanagements	3
vokal	LE	Akzentuierung	1
		Angemessene Pausen	3
	GE	Angenehme Stimme	5
		Sprechausdruck	10
		Kontrollgrößen	*13*
Summe			**126**

Außerdem bestätigt sich die anfängliche Vermutung, dass die klassische Rhetorik eine untergeordnete Rolle in der interpersonalen Dialogkommunikation spielt. Zur wissenschaftlich fundierten und intersubjektiv nachvollziehbaren Vorgehensweise wurden dazu zunächst alle ca. 150 in der einschlägigen Literatur bekannten rhetorischen Stilelemente zusammengestellt und mit der Call-Center-Kommunikation angemessenen Beispielen ausgestattet. Im Anschluss beurteilten weitere fünf Experten die Stilmittel hinsichtlich der Relevanz, Trennschärfe sowie der Manipulierbarkeit (im Sinne von Steuerbarkeit mittels Agententrainings). Daraus ergaben sich ca. 20 relevante Elemente. Diese wurden wiederum mit 20 weiteren, irrelevanten Elementen angereichert und von einem unabhängigen Kodierer innerhalb vorliegender Aufzeichnungen realer Kundentelefonate identifiziert. Es zeigte sich, dass nach dieser Beurteilungsmethode lediglich zwölf rhetorische Stilelemente auf Wortebene und fünf rhetorische Stilelemente auf Satzebene überhaupt als relevant erachtet werden können. Dieser Befund bestätigt zum einen die anfängliche Vermutung bezüglich der mangelnden Anwendbarkeit der klassischen Rhetorik in der interpersonalen Dialogkommunikation, zum anderen steht der Befund wiederrum in Einklang mit der Forschung zur Anzeigenwerbung, die den rhetorischen Stilmitteln in der Massenkommunikation eine große Relevanz attestiert, nicht jedoch in der Dialogkommunikation.

Abschließend bleibt zu erwähnen, dass der vorliegende Katalog das Ergebnis der ersten umfassenden Konzeptualisierung von sprachlicher Gestaltung darstellt. Es zeigt sich deutlich, dass das Konzept der sprachlichen Gestaltung deutlich weiter zu begreifen ist, als es die Stilmittel der klassischen Rhetorik vermuten lassen. Es handelt sich bei der sprachlichen Gestaltung von Dialogkommunikation nicht allein um die formale Gestaltung eines festgelegten Inhalts, vielmehr ist die inhaltliche Gestaltung integraler Bestandteil der sprachlichen Gestaltung des interaktiven, interpersonalen Dialogs.

4 Fazit und Ausblick

Bisherige Verfahren in der Praxis berücksichtigten die individuelle Ausgestaltung der telefonischen Kommunikation kaum bzw. gar nicht. Die meisten bisherigen betriebswirtschaftlichen Erwägungen des Themenkreises „Sprache in der Kundenkommunikation" bleiben auf der theoretischen Ebene stecken, gewissermaßen im Labor. Sehr kleine Stichprobengrößen und teilweise problematische Versuchsanordnungen (etwa die Verquickung von Sprache und Vorlesen) führen zu einem vergleichsweise großen Desiderat, das die Untersuchung auf Basis der vorgelegten Systematik befriedigen soll.

Die Betrachtung der sprachlichen Elemente einer hinreichend großen Stichproben liefert zum einen belastbare Hinweise auf die tatsächlich wirkmächtigen Elemente eines verkaufsbasierten Gesprächs. Sowohl die relative Wichtigkeit verbaler Elemente als auch die Relevanz hybrider kommunikativer Bausteine sind hierbei zumindest nicht intuitiv prognostizierbar, insofern leistet die Untersuchung zunächst einen wesentlichen Beitrag zum Verständnis der Rolle von Sprache in interaktiver Kundenkommunikation.

Der Call-Center-Praxis liefert das bereits wichtige Anhaltspunkte für neue Arten der Betrachtung und Bewertung der eigenen Leistungen, mit den zu erwartenden Ableitungen vor allem für die Konstruktion von Aus- und Weiterbildungselementen. Es bleiben der Forschung weitere Fragen zu klären: Ist das beobachtete nur dem Setting einer Inbound-Verkaufstelefonie zu Eigen? Welche Rolle spielen Produkt, Vorgeschichte, Erfahrungen etc.? Hier wird ein weites Feld aufgespannt, in dem die Untersuchung der sprachlichen Wirkung im Call-Center noch zahlreiche Erkenntnisse zu liefern verspricht.

Literatur

Anton, Jon (2000): The Past, Present and Future of Customer Access Centers. In: *International Journal of Service Industry Management*. Vol. 11 (2), 120-130.
Arend, Stefanie (2012): Einführung in Rhetorik und Poetik. Darmstadt: WBG (Wissenschaftliche Buchgesellschaft).
Aristoteles (1999): Rhetorik. Stuttgart: Reclam.
Atlason, Július/Epelman, Marina A./Henderson, Shane G. (2008): Optimizing Call Center Staffing Using Simulation and Analytic Center Cutting Plane Methods. In: *Management Science*. Vol. 54 (2), 295-309.
Bearden, William O./Malhotra, Manoj K./Uscátegui, Kelly H. (1998): Customer Contact and the Evaluation of Service Experiences: Propositions and Implications for the Design of Services. In: *Psychology & Marketing*. Vol. 15 (8), 793-809.
Becker, Wolfgang/Ammermann, Jens-Christian/Ulrich, Patrick/Marr, Julia (2010): Callcenter-Controlling. Konzepte, Modifikationen und Handlungsempfehlungen. Stuttgart: Kohlhammer.
Blankenship, Kevin L./Holtgraves, Thomas (2005): The Role of Different Markers of Linguistic Powerlessness in Persuasion. In: *Journal of Language and Social Psychology*. Vol. 24 (1), 3-24.
Burgers, Arjan/de Ruyter, Ko/Keen, Cherie/Streukens, Sandra (2000): Customer Expectation Dimensions of Voice-to-Voice Service Encounters: A Scale-Development Study. In: *International Journal of Service Industry Management*. Vol. 11 (2), 142-161.
Carter, Pippa/Jackson, Norman (2004): For the Sake of Argument: Towards an Understanding of Rhetoric as Process. In: *Journal of Management Studies*. Vol. 41 (3), 469-491.
Cho, Jaehee/Ramgolam, Dina Inman/Schaefer, Kimberly Mary/Sandlin, Anu Nadina (2011): The Rate and Delay in Overload: An Investigation of Communication Overload and Channel Synchronicity on Identification and Job Satisfaction. In: *Journal of Applied Communication Research*. Vol. 39 (1), 38-54.
Crosby, Lawrence A./Evans, Kenneth R./Cowles, Deborah (1990): Relationship Quality in Services Selling: An Interpersonal Influence Perspective. In: *Journal of Marketing*. Vol. 54 (3), 68-81.

de Ruyter, Ko/Wetzels, Martin G. M. (2000): The Impact of Perceived Listening Behavior in Voice-to-Voice Service Encounters. In: *Journal of Service Research.* 2 (3), 276-284.

Falkinger, Josef (2007): Attention Economies. In: *Journal of Economic Theory.* Vol. 133 (1), 266-294.

Forgas, Joseph P. (2007): When Sad is Better than Happy: Negative Affect Can Improve the Quality and Effectiveness of Persuasive Messages and Social Influence Strategies. In: *Journal of Experimental Social Psychology.* Vol. 43 (4), 513-528.

Fredebeul-Krein, Tobias (2012): Koordinierter Einsatz von Direktmarketing und Verkaufsaußendienst im B2B-Kontext. Wiesbaden: Gabler Verlag.

Gans, Noah/Koole, Ger/Mandelbaum, Avishai (2003): Telephone Call Centers Tutorial, Review, and Research Prospects. In: *Manufacturing & Service Operations Management.* Vol. 5 (2), 79-141.

Glaser, Barney G./Strauss, Anselm L. (2008): The Discovery of Grounded Theory. Strategies for Qualitative Research. 3. Aufl., New Brunswick: Aldine.

Godfrey, Andrea/Seiders, Kathleen/Voss, Glenn B. (2011): Enough is Enough! The Fine Line in Executing Multichannel Relational Communication. In: *Journal of Marketing.* Vol. 75 (4), 94-109.

Göttert, Karl-Heinz (2009): Einführung in die Rhetorik. Grundbegriffe, Geschichte, Rezeption. 4. Aufl., Paderborn: Fink.

Goulding, Christina (2002): Grounded Theory. A Practical Guide for Management, Business and Market Researchers. London: Sage.

Heinonen, Kristina/Strandvik, Tore (2005): Communication as an element of service value. In: *International Journal of Service Industry Management.* Vol. 16 (2), 186-198.

Hennig-Thurau, Thorsten/Paul, Michael (2007): Mitarbeiteremotionen als Steuerungsgröße des Dienstleistungserfolges. In: Matthias H. J. Gouthier (Hrsg.): Service Excellence als Impulsgeber: Strategien – Management – Innovationen – Branchen. Wiesbaden: Gabler, 363-382.

Holmqvist, J./Grönroos, C. (2012): How Does Language Matter for Services? Challenges and Propositions for Service Research. In: *Journal of Service Research.* Vol. 15. (4), 430-442.

Jacoby, Jacob (1984): Perspectives on Information Overload. In: *Journal of Consumer Research.* Vol. 10 (4), 432-435.

Johnston, Robert (2007): Insights into Service Excellence. In: Matthias H. J. Gouthier (Hrsg.): Service Excellence als Impulsgeber: Strategien – Management – Innovationen – Branchen. Wiesbaden: Gabler, 17-36.

Kepper, Gaby (2008): Methoden der qualitativen Marktforschung. In: Andreas Herrmann, Christian Homburg und Martin Klarmann (Hrsg.): Handbuch Marktforschung: Methoden – Anwendungen – Praxisbeispiele. Wiesbaden: Gabler, 175-212.

König, Verena (2010): Innengerichtetes, identitätsbasiertes Markenmanagement in Call Centern. Wiesbaden: Gabler.

Lamnek, Siegfried (2010): Qualitative Sozialforschung. Lehrbuch. 5. Aufl., Weinheim, Basel: Beltz.

Mai, Robert/Hoffmann, Stefan (2011): Four Positive Effects of a Salesperson's Regional Dialect in Services Selling. In: *Journal of Service Research.* Vol. 14 (4), 460-474.

Mehrabian, Albert/Ferris, Susan R. (1967): Inference of Attitudes From Nonverbal Communication in two Channels. In: *Journal of Consulting Psychology.* Vol. 31 (3), 248-252.

Meyer, Anton/Kantsperger, Roland (2005): Call Center Benchmarking – Was die Besten anders machen und wie Sie davon profitieren können. Wiesbaden: Gabler.

Muckel, Petra (2011): Die Entwicklung von Kategorien in der Methode der Grounded Theory. In: Günter Mey und Katja Mruck (Hrsg.): Grounded Theory Reader. 2. Aufl., Wiesbaden: VS Verlag für Sozialwissenschaften, 333-352.

Murthy, N. N./Challagalla, G. N./Vincent, L. H./Shervani, T. A. (2008): The Impact of Simulation Training on Call Center Agent Performance: A Field-Based Investigation. In: *Management Science.* Vol. 54 (2), 384-399.

Peters, Thomas/Waterman, Robert (1982): In Search of Excellence. Lessons from America's Best-run Companies. New York: Harper & Row.

Pontes, Manuel C. F./O'Brien Kelly, Colleen (2000): The Identification of Inbound Call Center Agent's Competencies that are Related to Callers' Repurchase Intentions. In: *Journal of Interactive Marketing.* Vol. 14 (3), 41-49.

Sun, Baohong/Li, Shibo (2011): Learning and Acting on Customer Information: A Simulation-Based Demonstration on Service Allocations with Offshore Centers. In: *Journal of Marketing Research.* Vol. 48 (1), 72-86.

Sundaram, D. S./Webster, Cynthia (2000): The Role of Nonverbal Communication in Service Encounters. In: *Journal of Services Marketing.* Vol. 14 (5), 378-391.

Szabo, Erna (2009): Grounded Theory. In: Carsten Baumgarth (Hrsg.): Empirische Mastertechniken. Eine anwendungsorientierte Einführung für die Marketing- und Managementforschung. Wiesbaden: Gabler, 107-130.

Williams, Kaylene C./Spiro, Rosann L. (1985): Communication Style in the Salesperson-Customer Dyad. In: *Journal of Marketing Research.* Vol. 22 (4), 434-442.

Wirtz, Bernd W. (2012): Direktmarketing-Management: Grundlagen – Instrumente – Prozesse. 3. Aufl., Wiesbaden: Gabler.

Die Autoren

Sandra Hake studierte Wirtschaftswissenschaften mit den Schwerpunkten Marketing, Human Ressource Management und internationale Wirtschaftsbeziehungen an der Ruhr-Universität Bochum. Seit April 2009 ist sie wissenschaftliche Mitarbeiterin und Doktorandin am Institut für Marketing von Prof. Dr. Krafft an der Westfälischen Wilhelms-Universität Münster. Ihre Forschungsinteressen liegen im Bereich Direktmarketing und Sales Management.

Andreas Pasing Husemann studierte zunächst Wirtschafts- und Technikgeschichte, Theorie der Geschichte sowie Pädagogik an der Ruhr-Universität Bochum und der University of Liverpool (MA 1996). Von 2000 bis 2012 war er Mitarbeiter der buw-Unternehmensgruppe in Osnabrück, wo er zunächst als Call-Center-Agent, dann als Teamleiter, Projektleiter, Vertriebsconsultant und schließlich als Manager Geschäftsentwicklung tätig war. Er betreute u. a. die Forschungsaktivitäten der buw Unternehmensgruppe.

Kontakt

Dipl.-Ök. Sandra Hake
Institut für Marketing
Am Stadtgraben 13-15
48143 Münster
s.hake@uni-muenster.de

Andreas Pasing-Husemann, MA
buw Unternehmensgruppe
Rheiner Landstraße 195
49078 Osnabrück
andreas.pasing@gmx.de
Zur Forschungsarbeit bei buw: daniela.bravin@buw.de

Dialogorientierung im Marketing für Städte und Regionen

Prof. Dr. Marion Halfmann

Inhalt

1 Ausgangssituation im Stadt- und Regionenmarketing 262
1.1 Begriffliche Grundlagen: Stadt – Region – Stadtregion 263
1.2 Die Region als Träger und Objekt des Marketings 264
1.3 Schritte des Entwurfs einer Regionenmarketingkonzeption 266
2 Systematisierung des Dialogmarketings für Städte und Regionen 268
3 Anwendungsbeispiele 269
4 Fazit 273

Literatur 273
Der Autor 274
Kontakt 274

Management Summary

> Städte und Regionen sind aufgrund vielfältiger Umfeldfaktoren heute mehr denn je einem schärferen Wettbewerb ausgesetzt. Wissenschaft und Praxis spiegeln den aktuell hohen Bedarf an professionellen Vermarktungsansätzen in diesem Bereich jedoch kaum wider. Der vorliegende Beitrag will diese Lücke schließen, indem eine Systematisierung möglicher Anwendungen des Dialogmarketings für Regionen vorgestellt wird, die auf der Gegenüberstellung der Art des genutzten Mediums und der Rolle der Region bei der Vermarktung beruht. Auf Basis dieses Grundgedankens lassen sich Kategorien dialogorientierten Regionenmarketings unterscheiden, für die erfolgversprechende Umsetzungsmöglichkeiten vorgestellt werden.

1 Ausgangssituation im Stadt- und Regionenmarketing

Steigender Wettbewerbs- und Margendruck sind Herausforderungen, denen sich heutzutage längst nicht nur Unternehmen ausgesetzt sehen. Auch Städte und Regionen sind zunehmend mit den Auswirkungen der Globalisierung und einem damit einhergehenden steigenden Konkurrenzkampf konfrontiert. In vielen Regionen müsste das Marketingbudget signifikant steigen, um erfolgreich um Unternehmen, Touristen und Niederlassungswillige konkurrieren zu können. Angesichts der prekären Finanzsituation vieler Kommunen ist dies jedoch vielfach eher Wunschvorstellung als Realität.

Auslöser dieser Entwicklung sind unter anderem technologische Veränderungen. Durch neue Informations- und Kommunikationstechnologien wird die Überbrückung von Distanzen erleichtert und eine weitgehende örtliche Unabhängigkeit ermöglicht.[1] Ökonomische Veränderungen wie der Abbau von Handelsbeschränkungen, grenzüberschreitende Allianzen sowie der Zwang zur Realisierung von Skaleneffekten tragen zudem dazu bei, dass sich Organisationen allein nach Kriterien der wirtschaftlichen Vorteilhaftigkeit für einen Standort entscheiden und Motive wie Kundennähe oder Traditionen eine untergeordnete Rolle spielen. Entsprechendes gilt für Privatpersonen, die aufgrund sozio-kultureller Veränderungen Ortswechsel sehr viel mehr als Bestandteil ihrer Biographie hinnehmen als noch vor Jahren.[2] Überdies verschärft die demographische Entwicklung den Wettbewerb um Nachwuchskräfte und junge Bürger. Die Folge sind starke Wanderungsbewegungen, wie sie sich innerhalb Deutschlands durch deutliche Nord-Süd- und Ost-West-Wanderungen bemerkbar machen. Aktuellen Untersuchungen zufolge verzeichnet der Freistaat Sachsen beispielsweise 6,1 Abwanderer auf 1.000 Einwohner jährlich, während Bayern und Rheinland-Pfalz als Gewinnerstaaten der innerdeutschen Bevölkerungswanderung jährlich 2,8 bzw. 2,6 Zuwanderer auf 1.000 Einwohner vermelden können.[3]

Festhalten lässt sich, dass ein zugkräftiges Stadt- und Regionenmarketing entscheidende Voraussetzung für die Zukunftssicherung des Standorts ist. Ein Blick in die wissenschaftliche Literatur rund um das Thema Regionenmarketing spiegelt den starken Bedarf jedoch nicht ansatzweise wider. Nur wenige Ansätze im Marketing beschäftigen sich dezidiert mit Standorten als konkreten Untersuchungsobjekten. Der vorliegende Beitrag stellt einen ersten Ansatz zur Kategorisierung von Maßnahmen des Dialogmarketings für Städte und Regionen vor und gibt einen Einblick, in welcher Form diese nutzbringend eingesetzt werden können.

---

1 Vgl. Balderjahn (2000), S. 4.
2 Vgl. Schneider (2005), S. 90.
3 Vgl. Statistisches Bundesamt (2011).

1.1 Begriffliche Grundlagen: Stadt – Region – Stadtregion

Eine wesentliche Aufgabe des Regionenmarketings bildet die Abgrenzung des Begriffes der Region als Gegenstand der wissenschaftlichen Auseinandersetzung. Einschlägige Definitionsansätze beruhen im Wesentlichen auf dem Ansatz von Boustedt aus den 1950er Jahren des letzten Jahrhunderts, der die Definitionsansätze des Bundesinstituts für Bau-, Stadt- und Raumforschung stark geprägt hat.[4] Demnach sind Städte verdichtete Siedlungen mit spezifischen Funktionen in der Arbeitsteilung und räumlichen Herkunft. In Deutschland werden als Städte Gemeinden mit Stadtrecht ab 2.000 Einwohnern und mehr bezeichnet.[5]

Eine Region ist ein nach bestimmten (meist administrativen) Kriterien abgegrenzter Wirtschaftsraum mit kulturellen und wirtschaftlichen Verflechtungen.[6] Der Übergang von der Stadt zur Region ist fließend, da Städte annahmegemäß die Tendenz haben, über ihre administrativen Grenzen hinaus zu wachsen, während gleichzeitig die umliegenden Gemeinden Charakteristika annehmen, die der Stadt ähneln. Ausgehend von dieser Überlegung entstehen teilweise Stadtregionen, die Kernstadt und umliegende Gebiete einschließen, welche in gemeinsamer Form nach außen auftreten. Ein Beispiel stellt die Region Wolfsburg dar, die sich mit Hilfe der als Public Private Partnership organisierten Wolfsburg AG einheitlich und gemeinschaftlich als starke Wirtschaftsregion am Markt präsentieren.[7]

Abhängig von den durch Pendelbeziehungen entstehenden Verbindungen unterscheidet man rund um die Kernstadt regionale Zonen unterschiedlich starker Zugehörigkeit.[8] Als Kernstadt sind kreisfreie Städte sowie kreisangehörige Oberzentren mit mehr als 100.000 Einwohnern zu sehen, die einen engen Zusammenhang mit dem zugehörigen Ergänzungsgebiet aufweisen. Gegebenenfalls kann die Kernstadt durch einen Satelliten ergänzt werden, der als Trabant in der umliegenden Region Stadtmerkmale erfüllt. Definiert sich die Tagesbevölkerung als Summe von Einwohnern und Einpendlern, reduziert um die Auspendler, so ist das sogenannte Ergänzungsgebiet der Kernstadt durch Einpendlerüberschuss gekennzeichnet sowie durch den Umstand, dass mindestens 50 % der Auspendler in die Kernstadt pendeln. Hingegen pendeln aus dem sogenannten, weiter entfernt liegenden engeren Pendelverflechtungsraum mindestens 50 % der Auspendler in eine Kernstadt oder auch in das Ergänzungsgebiet.[9] Weiter außen liegende Ringe weisen entsprechend geringere Pendleranteile auf (vgl. Abb. 1).

---

4 Vgl. Krau (2005), S. 90.
5 Vgl. Bege (2010), S. 10.
6 Vgl. ähnlich Bege (2010), S. 11.
7 Vgl. www.wolfsburg-ag.com; abgerufen am 31.10.2012.
8 Vgl. Heineberg (2006), S. 59 ff.
9 Vgl. Bundesinstitut für Bau-, Stadt- und Raumforschung (2012).

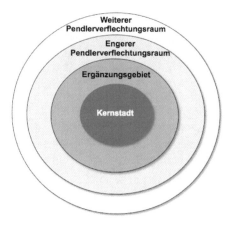

Abbildung 1: Modell der Stadtregion[10]

Im Folgenden wird der Begriff der Region als Oberbegriff verwendet, der die Stadt sowie die durch Verflechtungsbeziehungen mit ihr verknüpften Randgebiete mit einschließt. Eine scharfe Grenzziehung zwischen der Stadt einerseits und der Region andererseits ist, wie dargestellt, weder möglich noch im Kontext des vorliegenden Beitrags zielführend.

1.2 Die Region als Träger und Objekt des Marketings

Regionen als Gegenstand des Marketings weisen Besonderheiten auf, die eine allgemeingültige Übertragung der Methoden des Konsumgütermarketings nicht möglich machen. Dazu gehört vor allem, dass der Region eine Doppelrolle als Akteur und Objekt des Regionenmarketings zukommt.[11] Konkret bedeutet dies, dass regionale Träger (z. B. Landesregierungen, Kreisverwaltungen etc.) neben der Wissenschaft (vor allem Forschungseinrichtungen, Hochschulen) Unternehmen und Privatpersonen/Einwohnern einerseits Maßnahmen des Regionenmarketings initiieren und verantworten, anderseits aber auch das zentrale Objekt der Marketingbemühungen darstellen. Als Gegenstand des Marketings bildet die Region als Standort mit ihren konstituierenden Merkmalen die anzubietende Kernleistung, die durch Serviceleistungen (z. B. Maßnahmen der Wirtschaftsförderung) sowie dem

---

10 In Anlehnung an Heineberg (2006), S. 61.
11 Vgl. Balderjahn (2000), S. 59.

durch die Regionenmarke[12] kommunizierten Leistungsversprechen ergänzt wird. Außerordentlich vielfältig sind die Adressaten des Regionenmarketings, die sich aus ansässigen und standortsuchenden Unternehmen, Organisationen und Verbänden, Geschäftsreisenden, Fachkräften, Touristen, Bürgern und sonstigen Anspruchsgruppen zusammensetzen können (vgl. Abb. 2).

Abbildung 2: Stadt/Region als Träger und Objekt des Marketings[13]

Neben der dargestellten Mehrfachrolle zeichnen sich Regionen durch weitere Besonderheiten aus, die eine unreflektierte Übertragung von Marketingansätzen aus anderen Bereichen verbieten und eine erfolgreiche Vermarktung erschweren. Auffallend ist die Fülle und Heterogenität der Anspruchsgruppen, die, sofern es sich um Ortsansässige handelt, mit der Region möglicherweise bereits in Geschäftsbeziehungen stehen und (zum Beispiel im Falle von Unternehmungen) aufgrund ihrer wirtschaftlichen Bedeutung starken Einfluss ausüben können. Zudem ist zwar ein wachsender Wettbewerb um Standorte zu beobachten, jedoch findet parallel kein signifikantes Wachsen der Budgets statt, so dass Aspekten der Marketingeffizienz eine große Bedeutung zukommt. Hinzunehmen ist ferner, dass die Region als Produkt nur langfristig und durch aufwändige Entscheidungsprozesse veränderbar ist. Dem Instrument der Produktpolitik kommt deshalb nur eingeschränkte Wirksamkeit zu. Auch ein klassischer Vertrieb, wie er bei der Vermarktung kommerzieller Produkte zum Einsatz kommt, ist im Regionenmarketing nicht anzutreffen. Klassisches Pricing ist nur in Grenzen möglich,

---

12 Vgl. Balderjahn (2004), S. 2364.
13 In Anlehnung an Schnurrenberger (2000), S. 11.

da erstens die Akteure in der Region weitgehend selbständig ihre Preisvorstellungen umsetzen und die Region als Träger des Marketing zweitens nicht vollkommen frei bei der Preisfestlegung ist.

1.3 Schritte des Entwurfs einer Regionenmarketingkonzeption

Aus den genannten Gründen folgt der Entwurf einer Regionenmarketingkonzeption im Detail einer abweichenden Logik als aus dem klassischen Marketing bekannt, wenn gleichwohl auch Parallelen zu erkennen sind.[14] Den Startpunkt stellt die Analyse der Ausgangssituation dar, der sich gegenständlich hier auf die Region sowie deren Ziele und Leitbilder richtet. Darauf aufbauend sind Marketingstrategien abzuleiten, die die primäre Stoßrichtung festlegen und den Rahmen für weitere Präzisierungen bilden. Leistungs- und Positionierungsstrategien, bei denen aktiv die Profilierung einer Region in eine bestimmte Richtung vorangetrieben wird, stellen in diesem Kontext ein Beispiel einer erfolgsträchtigen Strategie im Regionenmarketing dar. Ein Beispiel bildet in diesem Zusammenhang die Marketingstrategie der Metropolregion Frankfurt RheinMain, die sich im Rahmen der Kampagne „Da liegt unsere Stärke" als „Wissens- und Wirtschaftsregion mit hoher Lebensqualität – international, multikulturell und innovativ" verstanden wissen will.[15] Davon abzugrenzen sind Akquisitions- und Bindungsstrategien, die etwa auf die Rückführung von Abwanderern abzielen (z. B. in den östlichen Bundesländern) oder Kommunikationsstrategien, die primär Imagepflege und Bekanntheit zum Inhalt haben. Eine der bekanntesten Aktivitäten im Kontext einer Kommunikationsstrategie stellte beispielsweise die Kampagne „Wir können alles außer Hochdeutsch" des Landes Baden-Württemberg dar, die in den 1990er Jahren Bekanntheitswerte in der deutschen Bevölkerung von bis zu 86 % erzielen konnte.[16]

Aufbauend auf der Strategiedefinition erfolgt die Formulierung eines abgestimmten Mix von Marketingmaßnahmen.[17] Im Rahmen der *Leistungspolitik* erfolgt die detaillierte Gestaltung des Leistungsangebots der Region, das sich unter anderem aus den direkten regionalen Dienstleistungen, Leistungen der Infrastruktur und auch den allgemeinen Nutzenmerkmalen der Region (z. B. geographische Gegebenheiten) zusammen setzt. Die Leistungsbündel variieren je nach Anspruchsgruppe und sind je nach Zusammensetzung zu einem unterschiedlichen Grad gestaltbar.

---

14 Vgl. ähnlich Balderjahn (2007), S. 15 ff.
15 Vgl. www.region-frankfurt.de; abgerufen am 26.10.2012.
16 Vgl. www.baden-württemberg.de.
17 Vgl. Balderjahn (2007), S. 15.

Dialogorientierung im Marketing für Städte und Regionen 267

Abbildung 3: Akquisitions- und Bindungsstrategie in der Region Sachsen-Anhalt/Magdeburg[18]

Neben der Leistungspolitik spielt die *Markenpolitik* im Regionenmarketing eine zentrale Rolle. In Anlehnung an die klassische Markendefinition bildet die Regionenmarke die subjektive Vorstellung von einer Region, ihren Merkmalen, Stärken und Schwächen in den Köpfen der Anspruchsgruppen ab. Durch geeignete Maßnahmen kann der Markenauftritt langfristig gepflegt und variiert werden.

Ein dominierender Marketing-Mix-Bereich im Regionenmarketing ist die *Kommunikationspolitik* mit dem Ziel, die Region und ihre Nutzeneigenschaften an relevante Anspruchsgruppen heran zu tragen. Als Maßnahmen kommen dabei die aus dem klassischen Marketing bewährten Instrumente rund um Werbung, Verkaufsförderung, Public Relations sowie (in geringerem Maße) auch persönliche Kommunikationsmaßnahmen in Betracht. Aufgrund der Erkenntnis, dass regionales Marketing jedoch nicht selten mit überschaubaren Budgets operiert, spielen auch Online-Marketing sowie innovative Maßnahmen wie z. B. Guerilla Marketing eine wichtige Rolle. Bedauerlicherweise ist die Praxisrelevanz dieser Aktivitäten trotz ihrer teilweise bestechenden Kosten-Reichweite-Relation im Bereich der Vermarktung von Regionen noch gering.

---

18 Vgl. www.hierbleiben-magdeburg.de; abgerufen am 21.11.2011.

Entscheidungen über die *Kundenbeziehungspolitik* stellen einen letzten wichtigen Marketing-Mix-Bereich für Regionen dar. Festzulegen ist im Einzelnen, in welcher Form und Intensität die Region den Kontakt zu den Anspruchsgruppen pflegt. Als mögliche konkrete Maßnahmen kommen beispielsweise regelmäßige Veranstaltungen zur Wirtschaftsförderung, Stadtfeste aber auch gemeinschaftlich durchgeführte Aktionen im Zuge einer Public-Private-Partnership in Frage.

Im Nachgang und begleitend zur Umsetzung der Marketingentscheidungen findet idealerweise ein systematisches *Marketing-Controlling* statt. Eine stabile Grundlage bildet dabei ein Gerüst erfolgsrelevanter Kennzahlen, die an die genannten Marketing-Mix-Bereiche anknüpfen. Nur die wenigsten Regionen verfügen jedoch über derartige Transparenz, so dass der Erfolgsnachweis oft ausbleibt oder sich in der Überprüfung der ordnungsgemäßen Budgetverausgabung erschöpft. Mit zunehmender Verbreitung des Regionenmarketings ist davon auszugehen, dass die aus dem klassischen Marketing bekannten Ansätze in angepasster Form Anwendung finden werden.

2 Systematisierung des Dialogmarketings für Städte und Regionen

Unter Rückgriff auf eine weite Interpretation des Dialogmarketings, die sämtliche Marketingbemühungen einschließt, welche auf Interaktion zwischen Absender und Adressat ausgerichtet sind, können unabhängig von der gewählten Strategie und der Ausrichtung des Marketing-Mix dialogorientierte Elemente realisiert werden, wenngleich Schwerpunkte in der Kundenbeziehungs- und Kommunikationspolitik zu sehen sind. Da systematisches Regionenmarketing für viele Verantwortliche noch Neuland ist, finden sich in der einschlägigen Fachpresse breit gestreute Praxisbeispiele, die hinsichtlich Zielrichtung und Form der Umsetzung stark variieren.

Ein mögliches Unterscheidungskriterium dialogorientierter Ansätze für Regionen bildet die *Art des genutzten Mediums*. Demgemäß ist zwischen Offline- und Online-Medien zu unterscheiden. Zu den Offline-Medien zählen beispielsweise klassische Medien mit Responsecharakter, während Maßnahmen im Kontext des Web 2.0 den Online-Dialogmarketingmaßnahmen zuzuordnen sind.

Eine weitere Differenzierung der dialogorientierten Marketingmaßnahmen ergibt sich durch die Betrachtung der *Rolle der Region bei der Vermarktung*. In Anlehnung an die Praxis aus konsumnahen Branchen kann die Region einerseits zunächst reines Objekt sein, dessen Vermarktung im Rahmen von Marketingentscheidungen festgelegt wird. Aufgrund der Besonderheiten des Regionenmarketings bietet es sich andererseits an, die Region nicht nur als Gegenstand, sondern auch als Instrument des Marketing zu nutzen. In diesem Sinne stellt die Region die Kulisse der Dialogmarketingaktivitäten dar, die „live" mit einbezogen wird. Es liegt auf der Hand, dass dieser Kategorie von Dialogmarketingmaßnahmen im Regionenmarketing eine besondere Bedeutung zukommt, denn kein anderes Instrument kann in diesem Fall die Charakteristika der Region so vortrefflich herausstellen wie das persönliche Erlebnis. Maßnahmen des Eventmarketings, die beispielhaft dieser Kategorie zuzuschlagen sind, spielen im Dialogmarketing von Regionen eine herausgehobene Rolle.

Aus der Gegenüberstellung der dargestellten Kategorien des dialogorientierten Regionenmarketings ergibt sich eine Matrix, bei der mögliche Maßnahmen jeweils im Schnittbereich der jeweiligen Medienart und der Rolle der Region liegen (vgl. Abb. 4).

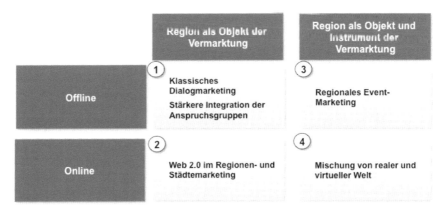

Abbildung 4: Systematisierung des Dialogmarketings für Städte und Regionen

3 Anwendungsbeispiele

Sofern die Region primär als Gegenstand des Dialogmarketings begriffen wird, bieten sich offline klassische Dialogmarketingaktivitäten sowie Maßnahmen einer stärkeren Anspruchsgruppenintegration an (s. Feld 1/Abbildung 4). Ein Beispiel wirksamer Umsetzung einer Akquisitions- und Bindungsstrategie bilden in diesem Kontext die in Mecklenburg-Vorpommern durchgeführten Pendleraktionen, bei denen klassische Medien mit Responseelementen (Print, Telefonmarketing) mit persönlicher Werbung kombiniert werden.[19] Seit 2010 verteilt die durch ein Public Private Partnership entstandene Agentur mv4you in Zügen zwischen und von/nach Hamburg und Berlin sogenannte Pendlertaschen, die Adressen, Stelleninformationen und Give Aways ansässiger Unternehmen in Mecklenburg-Vorpommern beinhalten und zu einem Umzug in die Region motivieren sollen. Die Finanzierung der Aktionen erfolgt teils aus öffentlichen Mitteln und teils durch die Initiative regionaler Unternehmen.

Während der Einsatz klassischer Dialogmarketinginstrumente primär auf eine wirksamere Marketingkommunikation zielt, richten sich Maßnahmen einer stärkeren Integration von Anspruchsgruppen auch auf die Veränderung der Region im Sinne einer verbesserten Leistungspolitik. Die Veranstaltung von Wettbewerben, durch die diverse Anspruchsgruppen zur Mitwirkung aufgerufen werden sollen, bieten sich in diesem Zusammenhang an. Beispielhaft sei hier die durch die Region Würzburg im Jahr 2009 ausgerufene Aktion „Ideas First" genannt, bei der über eine Internetplattform Ideen für eine Kommunikationskampagne für die Region eingesammelt wurden.[20] Rund 90 Kampagnenvorschläge erreichten die Endausscheidung, bei der durch Vertreter aus Politik und Wirtschaft der Gewinnerclaim „Würzburg, die Provinz auf Weltniveau" gekürt wurde.

Unter Nutzung der interaktiven Möglichkeiten des Internets ergeben sich weitere innovative Anwendungsfelder der Dialogorientierung im Regionenmarketing (s. Feld 2/Abbildung 4). Vor allem der Auftritt in sozialen Netzwerken kann demnach für Regionen mit kleinem Budget eine Breitenwirkung erzeugen, die offline nur schwer zu erzielen ist. Ein gelungenes Beispiel stellt das Regionenmarketing der Tourismus-Organisation der Schweiz dar, die durch originelle Aktionen, Foto-Uploads und aktuelle Informationen rund 275.000 Fans auf der Plattform *Facebook* einsammelte. Die Kampagne „Sebi & Paul", bei der ein interaktives Video zum Mitmachen an einem Gewinnspiel einlud, bei dem es einen Urlaub mit „echten" Freunden in einer Schweizer Berghütte ohne Internetempfang zu gewinnen gab, führte allein im Jahr 2011 zu 50.000 zusätzlichen Fans, rund 16.000 Aufrufen pro Tag und der Auszeichnung mit einem bronzenen Löwen in Cannes.[21]

Bislang nur wenig durch Regionen genutzt werden die Möglichkeiten von Location Based Services, die durch die Übermittlung des Standortes von Nutzern mobiler Geräte perfekt zur Übermittlung lokaler Informationen und damit zum

---

19 Vgl. www.mv4you.de; abgerufen am 21.11.2011.
20 Vgl. www.wuerzburg.de; abgerufen am 26.10.2012.
21 Vgl. www.creativity-online.com; abgerufen am 26.10.2012.

Einsatz im Regionenmarketing geeignet sind.[22] Mit derzeit 25 Mio. Nutzern ist das Netzwerk *Foursquare* einer der verbreitetsten Dienste dieser Art. Das Anlegen einer Profilseite ist hier auch Unternehmen und anderen Institutionen möglich, so dass mittels der standortbezogenen Dienste regional relevante Informationen an die entsprechenden „Follower" übermittelt werden können. Dazu gehören beispielsweise Veranstaltungshinweise, Informationen für Touristen oder auch Angebote ausgewählter Wirtschaftsunternehmen am Ort.

Die Einsatzbeispiele für regionales Event-Marketing, bei dem die Region Instrument und Gegenstand des Marketings im Offline-Kontext ist (s. Feld 3/Abb. 4), sind hinsichtlich ihrer Ziele und Wirksamkeit unterschiedlich einzustufen. Ein kritischer Erfolgsfaktor ist der originelle Charakter der Veranstaltung, die aus der Fülle der mittlerweile verfügbaren Regional-Events hervorstechen sollte. Gleichzeitig ist auch zu beachten, dass die häufig sehr kostenintensiven Events einen große Adressatenkreis ansprechen sollten, um Breitenwirkung zu entfalten. Die mittlerweile beliebten Regionalmessen, die oft recht spezielle Zielgruppen ansprechen und zuweilen wenig bleibenden Eindruck hinterlassen, sind vor diesem Hintergrund differenziert zu betrachten. Positiver sind hingegen Veranstaltungen anzusehen, die Ortsansässige und Besucher/Ansiedlungsinteressierte gleichermaßen ansprechen. Ein einprägsames Beispiel stellt in diesem Zusammenhang der im Ruhrgebiet regelmäßig durchgeführte „!Sing – Day of Song" dar, an dem im Jahr 2012 53 Ruhrmetropolen teilnahmen.[23] Zu bestimmten Zeiten wird in allen teilnehmenden Städten gemeinsam gesungen; zudem finden Gesangsauftritte statt. Das prinzipiell simple Konzept findet mit 60.000 Besuchern extrem großen Anklang und stärkt das Gemeinschaftsgefühl in der Region.

Unter Nutzung von Online-Medien ergeben sich besonders innovative Möglichkeiten, die Region zum attraktiven Marketingobjekt und -instrument parallel werden zu lassen. „Augmented Reality" bezeichnet die Überlagerung von Live-Bildern, die z. B. mit der Kamera eines Smartphones eingefangen werden, mit relevanten Informationen wie z. B. Bedienungsanleitungen, Preisinformationen oder Produktbeschreibungen. Durch Kommentar- und Bewertungsfunktionen ergeben sich Dialoge zwischen Sender und Empfänger. Eine mehrfach preisgekrönte Applikation, die auf Augmented Reality basiert und dem Regionenmarketing zuzuordnen ist, stellt das 2010 vorgestellte StreetMuseum des Museum of London dar. Mit der kostenlosen iphone-App ist es möglich, bei einem Rundgang in der Stadt London Sehenswürdigkeiten zu fotografieren, wobei dann unmittelbar historische Aufnahmen sowie weitere Informationen über die Attrak-

---

22 Vgl. Zunke (2011), S. 44 ff.
23 Vgl. www.dayofsong.de.

tionen zurück gespielt werden. Ortsunabhängig kann die App über Google Maps genutzt werden.

Abbildung 5: StreetMuseum-App des Museum of London[24]

Bietet die Applikation neben der Vermischung von Realität und Virtualität zudem die Option der Vernetzung von Nutzern untereinander mit dem Ziel eines gemeinsamen Spiels, so betritt man das Feld der Alternate Reality Games. Auf Basis realer Informationen, z. B. gestreut als mysteriöse Briefe oder gruselige Beweisstücke, werden die Spieler auf Webseiten geführt mit dem Ziel, ein spielerisches Rätsel zu lösen.[25] Aufgrund der Tatsache, dass dabei verschiedene Orte besucht werden, eignen sich derartige Anwendungen sehr gut für die Inszenierung der Region im Rahmen des Regionenmarketings. Ein Beispiel dafür bildet das Alternate Reality Game Gbanga, bei dem in Abhängigkeit vom Aufenthaltsort verschiedene Aufgaben zu lösen sind, um in einer erfundenen Mafia-Hierarchie „aufzusteigen". Dazu ist mit Mitspielern aus der Nähe Kontakt aufzunehmen, so dass es sich bei der kostenlosen Anwendung um einen Mix aus Al-

---

24 Vgl. www.creativereview.co.uk; abgerufen am 21.11.2011.
25 Vgl. Hillenbrand (2010).

ternate Reality Game, Social Network und Location Based Service handelt. Das Spiel wird auch als „White Label"-Version angeboten, bei der alle Details kundenspezifisch (z. B. nach den Bedürfnissen eines regionalen Anbieters) anpassbar sind. Auf diesem Weg entstand unter anderem eine spielerische Anwendung für den Zurich Zoo („Gbanga Zooh").[26]

4 Fazit

Die Möglichkeiten, in der Region einen intensiven Dialog mit und zwischen Anspruchsgruppen durch aktuelle Methoden des Marketings zu etablieren, sind außerordentlich vielfältig. Gleichwohl dominieren klassische Kommunikationsinstrumente wie Pressemeldungen, Website-Marketing sowie Printanzeigen das Regionenmarketing.[27] In konsumnahen Branchen ist längst deutlich geworden, dass der Verbraucher von heute nicht mehr nur rezeptiv eingebunden werden will, so dass Möglichkeiten der Interaktion und Response zu nutzen sind. Mehr noch als in bekannten Branchen ist die effektive Vermarktung von Regionen ein Prozess, bei dem eine bunte Palette verschiedener Anspruchsgruppen aktiv mit einzubeziehen ist. Aus diesem Grund kommt dem dialogisch orientierten Ansatz gerade für das Regionenmarketing große Zukunft zu.

Literatur

Balderjahn, I.: Standortmarketing. Stuttgart 2000.
Balderjahn, I.: Markenpolitik für Städte und Regionen. In: Bruhn, M. (Hrsg.): Handbuch Markenartikel, 2. Aufl., Wiesbaden 2004, Band 3, S. 2357-2374.
Balderjahn, I.: Erfolg durch Regionenmarketing. Vortrag auf dem Regional-Marketing-Kongress am 29. November 2007 in Lübeck. URL: http://www.uni-potsdam.de/db/ls_marketing/dmdocuments/balderjahn.pdf; abgerufen am 31.10.2012.
Bege, S.: Das Konzept der Metropolregion in Theorie und Praxis. Ziel, Umsetzung und Kritik. Wiesbaden 2010.
Bundesinstitut für Bau-, Stadt- und Raumforschung: Laufende Stadtbeobachtung – Raumabgrenzungen. URL: http://www.bbsr.bund.de/nn_1067638/BBSR/DE/Raumbeobachtung/Raumabgrenzungen/Gro_C3_9Fstadtregionen/stadtregionen__node.html?__nnn=true; abgerufen am 31.10.2012.
Heineberg, H.: Stadtgeographie. 3. Auflage, Paderborn 2006.

---

26 Vgl. www.venturelab.ch; abgerufen am 26.10.2012.
27 Vgl. Mertel-Meyer/Block (2011), S. 5.

Hillenbrand, T.: Schnitzeljagd zwischen den Welten. Spiegel-Online vom 11.03.2010. URL: http://www.spiegel.de/netzwelt/games/alternate-reality-games-schnitzeljagd-zwischen-den-welten-a-682315.html; abgerufen am 26.10.2012.

Krau, I.: Stadtregion als kooperatives Netzwerk. Zur Zukunft von Mobilität und Kommunikation in der Stadtregion München. In: Deutsches Institut für Urbanistik (Hrsg.): Zukunft von Stadt und Regionen. Wiesbaden 2005.

Mertel-Meyer, L./Block, J.: Umfrageauswertung Toolbox Stadtmarketing. Bundesvereinigung für City- und Stadtmarketing Deutschland e.V.. Präsentation. Kiel/Hildesheim 2011. URL: http://www.bcsd.de/upload/docs/Toolbox%20Stadtmarketing.pdf; abgerufen am 26.10.2012.

Schneider, N.: Einführung: Mobilität und Familie. In: Zeitschrift für Familienforschung, 17. Jg. 2005, H. 2, S. 90-96.

Schnurrenberger, B.: Standortwahl und Standortmarketing. Diss., Potsdam 2000.

Statistisches Bundesamt: Datenreport 2011. URL: https://www.destatis.de/DE/Publikationen/Datenreport/Downloads/Datenreport2011.pdf?__blob=publicationFile; abgerufen am 29.10.2012.

Zunke, K.: Zeitenwende im Regio-Marketing. In : acquisa, H. 4, 59. Jg. 2011, S. 44-46.

Der Autor

Prof. Dr. Marion Halfmann ist Professorin für BWL, insbesondere Marketing und marktorientiertes Management an der Hochschule Rhein-Waal. Ihre Forschungsschwerpunkte liegen in den Bereichen Marktforschung, Zielgruppen- und Dialogmarketing. Vor ihrer aktuellen Tätigkeit war Prof. Dr. Halfmann als Professorin an der Fachhochschule Köln sowie lange Jahre in strategischen Unternehmensberatungen tätig.

Kontakt

Prof. Dr. Marion Halfmann
Hochschule Rhein-Waal
Fakultät für Gesellschaft und Ökonomie
Marie-Curie-Straße 1
47533 Kleve
marion.halfmann@hochschule-rhein-waal.de

Alfred Gerardi Gedächtnispreis

Ziel des Alfred Gerardi Gedächtnispreises, den der Deutsche Dialogmarketing Verband seit Mitte der 1980er Jahre vergibt, ist die Förderung der wissenschaftlichen Auseinandersetzung mit den Themen des Dialogmarketings. Ausgezeichnet werden herausragende Abschlussarbeiten an Hochschulen im deutschsprachigen Raum (Deutschland, Österreich, Schweiz). 2012 wurde er erstmals in vier Kategorien vergeben: Dissertation, Masterarbeit bzw. Diplomarbeit Hochschule, Bachelorthesis und Diplomarbeit Akademien.

Bereits 1985 hatte der DDV in Gedenken an seinen damals überraschend verstorbenen Präsidenten Alfred Gerardi diesen Award konzipiert, im darauffolgenden Jahr wurde er erstmals verliehen. In diesen knapp drei Jahrzehnten wurden bislang weit über 100 Abschlussarbeiten, vorrangig Dissertationen und Diplomarbeiten, ausgezeichnet.

Die Arbeiten sollen sich mit aktuellen Themen des Dialogmarketings befassen, etwas Neues aufgreifen und im Ergebnis einen Wissensfortschritt mit verwertbaren Ergebnissen für die Marketingpraxis erbringen. Dabei werden als preiswürdig Arbeiten angesehen, die über dem Durchschnitt dessen liegen, was Studierende normalerweise erarbeiten und die gleichzeitig wissenschaftlichen Ansprüchen genügen. Die Jury bilden namhafte Vertreter von Dialogmarketing-Agenturen und aus dem Hochschulbereich. Im Jahr 2012 waren dies unter dem Vorsitz von Bernd Ambiel (Ambiel Direkt-Marketing-Beratung), Robert Bidmon (Drittmittelprojekt Universitäten München und Rostock), Norbert Briem M.A. (Jahns and Friends, Agentur für Dialogmarketing und Werbung AG), Prof. Dr. Gert Hoepner (Fachhochschule Aachen), Prof. Dr. Heinrich Holland (Fachhochschule Mainz), Michael Schipper (BBDO Germany GmbH) Prof. Dr. Lutz H Schminke (Hochschule Fulda) und als Ehrenmitglied Heinz Fischer (Fischer Direktmarketing Consultant), der im November 2012 verstorben ist.

Die Preisträger wurden mit Förderpreisen von insgesamt 10.000 Euro ausgezeichnet. Erfahrungsgemäß stehen für die Sieger des Alfred Gerardi Gedächtnispreises viele Türen weit offen.

Preisträger 2012

Aus den insgesamt 27 Bewerbungen des Jahrgangs 2011/13 wählte die Jury nach intensiven Beratungen die folgenden vier Preisträger aus:

Beste Dissertation

Dr. Christian Schulze
„Customer Acquisition and Value Management"
Goethe-Universität Frankfurt am Main
Betreuer: Prof. Dr. Bernd Skiera

Beste Masterarbeit

Lena Wengerter
„Crossmedia: Integration von Online und Offline im Dialogmarketing. Eine Untersuchung des Status Quo in der Praxis."
Fachhochschule Mainz
Betreuer: Prof. Dr. Heinrich Holland

Beste Bachelorarbeit

Steffen Walter
„Preise und Klicks im Suchmaschinenmarketing."
Goethe-Universität Frankfurt am Main
Betreuer: Dr. Nadia Abou Nabout

Beste Diplomarbeit Akademien

Steffanie Rohr
„Mobile Tagging: Brückenschlag zwischen analoger und digitaler Welt."
dda Deutsche Dialogmarketing Akademie
Betreuer: Dirk Kedrowitsch

Über alle Details des Alfred Gerardi Gedächtnispreises informiert eine eigene Website www.aggp.de, über die stets die Informationen zur aktuellen Phase des

Wettbewerbs (Ausschreibung, Teilnahmebedingungen, Einsendeschluss, Preisträger, Preisverleihung etc.) abgerufen werden können. Selbstverständlich ist der Wettbewerb auch auf Facebook (www.facebook.com/AlfredGerardi) und Twitter (twitter.com/alfred_gerardi) aktiv. Die „Bibliothek" des Wettbewerbs auf der Website gibt darüber hinaus einen (fast) vollständigen Überblick über die Einreichungen der vergangenen Jahrzehnte: Eine Kurzfassung der meisten Arbeiten kann direkt eingesehen werden, die komplette Arbeit kann bei Interesse gegen Schutzgebühr auch bestellt werden. Sollten Arbeiten in Buchform veröffentlicht worden sein, so finden sich hier die bibliographischen Angaben.

Kontakt

Deutscher Dialogmarketing Verband e.V.
Hasengartenstraße 14
65189 Wiesbaden
www.ddv.de
www.aggp.de
www.facebook.com/AlfredGerardi
twitter.com/alfred_gerardi
E-Mail: aggp@ddv.de

Dank an die Sponsoren

Sponsoren und Partner:

Medienpartner:

Der Alfred Gerardi Gedächtnispreis wird unterstützt durch die Unternehmen:

Printed by Printforce, the Netherlands